企业财务风险管理

风险管控方法与案例分析

覃春平　王玉秋 ◎ 编著

人民邮电出版社

北京

图书在版编目（ＣＩＰ）数据

企业财务风险管理：风险管控方法与案例分析 / 覃春平，王玉秋编著. -- 北京：人民邮电出版社，2022.5
　ISBN 978-7-115-58883-8

　Ⅰ．①企… Ⅱ．①覃… ②王… Ⅲ．①企业管理－财务管理－风险管理－研究 Ⅳ．①F275

中国版本图书馆CIP数据核字(2022)第045766号

内 容 提 要

风险无处不在，无时不在。经济越发展，风险管理越重要。财务人员如何有效地强化风险意识和加强风险管理？如何参与企业经营管理的业务层面，防范风险，帮助筑牢风险管理的第一道防线？本书以国资委发布的《中央企业全面风险管理指引》为基础，融合了企业大量的实践经验，提供"从理论到实践，再从实践促进理论提高"的财务风险管理思维方式，帮助财务人员掌握防控风险的方法和应采取的措施。

本书对来自一线的企业财务风险案例进行总结、提炼，以达到举一反三的目的。本书尽量用通俗的语言表达专业词汇，用实际案例讲解政策落地措施，让大家阅读时感到生动、有趣。

◆ 编　　著　覃春平　王玉秋
　　责任编辑　刘　姿
　　责任印制　周昇亮

◆ 人民邮电出版社出版发行　　北京市丰台区成寿寺路 11 号
　　邮编　100164　电子邮件　315@ptpress.com.cn
　　网址　https://www.ptpress.com.cn
　　北京虎彩文化传播有限公司印刷

◆ 开本：700×1000　1/16
　　印张：16　　　　　　　　　　　2022 年 5 月第 1 版
　　字数：237 千字　　　　　　　　2025 年 1 月北京第 7 次印刷

定价：79.80 元

读者服务热线：(010)81055296　印装质量热线：(010)81055316
反盗版热线：(010)81055315
广告经营许可证：京东市监广登字 20170147 号

序一

近日收到覃春平和王玉秋两位同学《企业财务风险管理：风险管控方法与案例分析》的书稿，邀我作序。我认真阅读了相关材料，发现两位作者十分用心地对财务风险进行了梳理，结合大量案例，阐述了财务风险防范的基本逻辑，即"谋定而后动""虑而后能得"，要注重业财融合多点防范风险，更要善于从实践中学习，举一反三，不断提升风险防范的能力。这本书探讨财务风险管理问题，既有理论分析，更注重案例分析，框架清晰，逻辑缜密，值得一读。

风险无处不在。小到个人，大到国家乃至星球，无时无刻不面临着风险，无一不是在应对风险的过程中获得成长和发展。把控住风险，企业才能长盛不衰，国家才能长治久安。在上海国家会计学院 2021 届专业学位硕士研究生毕业典礼上，我跟同学们分享了去山西考察学习晋商文化的一点感悟。可以说，历史上，晋商因把控风险而兴，也因风险失控而衰。"生意兴隆通四海，财源茂盛达三江"，明清晋商在商界称雄五个多世纪。从把握机会实现跨越式发展到行稳致远，发展延续数百年，到最后走向没落。晋商的崛起，缘起于敢于创新，敢于担当风险；晋商的延续发展，得益于倡导形成并严格遵守商号规则和行业规则，成功控制风险；晋商的没落，是因为没有解决随着外部环境变化而凸显出的经营管理上的制度性缺陷和弊端，缺乏与时俱进的战略眼光，没能解决好发展中的经营风险和战略风险。当然，清朝末期的外敌入侵、内乱以及政府的腐败无能，也无限放大了企业正常经营的风险。

晋商是最先实行经营权和所有权分离的商贾，东家对掌柜给予足够的权利和信任，"管事而得其人，则营业无不发达；不得其人，则财东有莫大之危险"，掌柜选择不当，可能会倾家荡产。晋商在对掌柜这个职位的风险控制上，有很多值得借鉴的方式方法。选人上，为了解掌柜德行，东家除与候选人面谈和参考知情人的评价外，还要设计各种场景，加以考验。为了防止出现掌柜权力滥用问题，实行"出资者为银股，出力者为身股"制度，晋商推行顶股制，把掌柜的利益与东家的利益捆绑在一起，形成上下一心的利益共同体。在内控制度上，晋商内部有严格的制度对掌柜进行约束，若有违反，所有晋商东家都不会聘用他，违规者很难有立足之地。从不想"违"到不敢"违"，这是晋商控制用人风险的一个十分具体、鲜活的案例。

世界充满了风险。风险并不可怕，可怕的是无视风险的存在和看不见各种显性和隐性风险；风险并不可怕，可怕的是在风险面前裹足不前或面对风险不知所措。人类发展史也是一部风险应对史，其中有诸多成功的道和术，也有无数失败的悔和恨。凝聚了春平和玉秋两位同学大量心血的这本著作，既有对道的探讨，也有对术的阐述。相信读者在阅读这本书受到启迪的同时，也不会感到枯燥、无趣。

两位作者都是全国高端会计人才培养工程的学员。先贤孔子教导人们要"学而时习之"，在上海国家会计学院，我们鼓励学员们博学深思，学以致用。这本书是两位同学学习和实践的重要成果，我要向他们表示衷心祝贺。

是为序。

李扣庆

上海国家会计学院党委书记、院长

2021 年 7 月 12 日

序二

用管理的眼光看待风险

2006 年国务院国资委印发了《中央企业全面风险管理指引》，由此开始了中央企业打头阵的国有企业风险管理工作。看了覃春平和王玉秋两位的《企业财务风险管理：风险管控方法与案例分析》书稿后，发现这本书与其他风险管理书籍最大的不同之处：一是全书基本围绕《中央企业全面风险管理指引》展开论述，有理论，更有实践，比较浅显易懂；二是书中大篇幅介绍的企业风险案例，均来自企业一线，有较大的参考价值。

风险和风险管理是耳熟能详的词，尤其是财务一线和法务一线的同志，天天会与之打交道。概括风险主要的关键词是"未来的不确定"。风险的范围很大、很广，财务上有财务风险，法律上有法律风险，经营上有经营风险，公司治理上有内控风险，因此做好风险管理非常不易。我认为从企业角度做好风险管理，主要应做好以下几个方面的工作。

一是提高全员的风险意识。《中央企业全面风险管理指引》下发后，企业开展风险管理应该能做到有章可循，方向性和路径更为清晰。如果说以前风险管理是点，那么现在的风险管理要连线，到面，要成体系。这些工作的推进，需要企业全体职工都具有风险意识。

二是企业领导要高度重视。火车跑得快全靠车头带。任何企业管理举措的推进，都离不开企业领导的大力支持，尤其是企业的主要领导，风险管理

1

也不例外。

三是加强企业各级领导及专业风险管理人员的风险管理培训。风险管理的推广运用没有基层和一线的企业领导及主要负责人支持是很难全面执行到位的。企业领导要带头学风险、识风险、控风险和及时化解风险，同时也要重视风险管理人才的培养。

四是做好风险管理案例的收集。企业应按照各个专业或各个板块成立不同的风险管理专业组，收集整理近些年来遇见的各种风险案例，企业内部的，外部的，成功的，失败的，都要收集整理，并定期予以更新，形成动态机制。

五是定期做好总结、复盘。总结和复盘是为了进一步做好风险管理工作，明确哪些工作存在不足，需要改进和加强，或哪些工作做得还不错，可以借鉴、推广。

上述说的这些内容，这本书均有详细的论述和讲解。比如：对合同风险的论述，介绍了合同协议起草和审核的要点；对税务风险的管理，系统地介绍了如何构筑企业税务风险的"防火墙"；对于项目投资风险，着重介绍了如何抓住经济评价的关键点。收集的如永煤集团信用债违约事件、海航集团破产重整的警示等风险管理案例，能让企业经营者引以为戒，稳健经营。

本书集结了众多企业一线案例，通俗易懂，言简意赅，有理论，有实践，读起来不枯燥，引人入胜，给人启发。阅读这本书，我相信大家都会有所思、有所感，进而有所行动，并使个人和所在企业或部门受益良多。我非常乐意为此书作序，并推荐给大家。

毋贤祥

国务院国资委二级巡视员

援青任西宁市工信局（国资委）党委委员

西宁市国资委副主任

2021 年 7 月 12 日

序三 做好风险管理，筑牢企业的"生命护栏"

我们在公开媒体上，经常可以看到这样的新闻：一些企业，突然间陷入危机，然后在很短的时间就倒下了。当我们深入探究其中的原因时发现，它们似乎都遵循这样一个规律：起步成长—急剧扩张—大规模融资—债务累积不堪重负—某个导火索引发危机—一蹶不振或破产倒闭。所以，很多人认为扩张过快是企业垮掉的最重要原因，但我认为不尽然。

所有大企业无不是从小企业一步步成长起来的，但为什么有的企业能够基业长青，而有的企业却昙花一现？规模的快速扩张只是企业陷入危机的表面原因，真正深层次的原因是风险管理能力的孱弱。

做好风险管理是一个组织机构健康的重要保障。企业，作为一个商业经营的组织，风险管理是其最重要的基本盘，是关乎企业能否健康运营、持续经营的"生命护栏"。对于一家自主经营、自负盈亏的企业来说，无论其盈利能力有多强，无论其技术水平有多高，无论其规模有多大，如果没有风险管理这个"生命护栏"为其保驾护航，就很难经得起风吹浪打。

在名著《鲁滨孙漂流记》一书中，主人公鲁滨孙总结荒岛求生的经验时写道，如果不把自己平安渡过第一次灾难看作上天对自己的拯救，那么下一次大祸临头就会变本加厉。有一个企业家说过，经营企业就像玩一场"荒岛求生"的游戏，能在游戏中长久活下来的人，不是靠体格的强壮、头脑的聪明，而是靠成功防范毒蛇猛兽、海啸风暴、风雨雷电等各种危险的侵袭。没有谨慎、稳健的风险意识和风险管理能力，也许能侥幸逃脱一两次危机，但你要明白，幸运不会一直眷顾你。

企业经营必然面临各种风险，既有企业内部的风险，比如销售回款风险、采购供应风险、生产质量风险、财务债务风险等，也有外部的风险，比如新冠肺炎疫情带来的市场需求萎缩风险，风暴、海啸、地震等自然灾害带来的财产损失风险等。风险表面上看起来是无处不在、杂乱无章的，管理者似乎无从下手，实际上风险是可以通过科学、系统的管理体系成功防范的。风险不可能完全被杜绝，但有效的策略和体系可以规避风险，使损失降至最低。

《孙子兵法》曰：善守者，藏于九地之下，善攻者，动于九天之上。一个将领，不但要善于进攻，也要善于防守。防守时，能将自己的兵力深藏于很深的地下，让敌人无形可窥；进攻时，能将自己的兵力迅速展开，让敌人猝不及防。

领兵打仗与经营企业当然属于不同的领域活动，但二者也有相通之道。战争需要兼顾好"进攻"与"防守"，而经营企业同样要平衡好"进攻"与"防守"，如果"防守"失策，那么再厉害的"进攻"也可能因"防守"漏洞而功亏一篑。每一个企业经营者，在带领团队"进攻"的过程中，努力扩大业务，开疆拓土，与此同时，务必要构筑起一道"防守"的"生命护栏"，那就是建立坚不可摧的风险管理体系。

风险管理是企业的一项核心竞争力。华为公司提出了"深淘滩，低作堰"的经营理念。所谓"深淘滩"就是不断挖掘企业经营的内部潜力，完善内部风险控制体系，降低经营成本，持续加大核心竞争力的投入。所谓"低作堰"，就是节制对利润的贪欲，企业经营当然要追求盈利，但是绝不过度追求利润最大化，必须为供应商、客户保留必要的利润空间，从而保证整个产业链生态的良性、健康发展。

华为公司这种"深淘滩，低作堰"的经营理念，实际上是对企业经营的"进攻"与"防守"的一种深谋远虑的平衡。"进攻"就是企业经营必须增加收入，创造利润，做大规模；"防守"就是要完善内部风险管理体系，加强成本控制，实现内外部产业链的共存、共赢，保障企业在各个层面都能够得到安全的、良性的、可持续的发展。华为公司的核心竞争力，不仅仅是其较强的技术研发实力和市场开发能力，更重要的是其拥有稳健经营的理念和强大的风险管控能力。

企业推行风险管理，绝不是单纯依靠企业高层管理者树立风险意识就能成功的，也不是建立一些风险管理制度就万事大吉，风险管理必须建立一套完善的系统。那么如何从实战的角度搭建企业风险管理的系统呢？《企业财务风险管理：风险管控方法与案例分析》一书给了我们答案。这本书告诉我们，企业风险管理的推行，必须坚持"顶层设计"和"联防联控"。"顶层设计"就是要从战略的高度、行业的角度出发，必须经由企业最高决策机构的全力推行。坚持"联防联控"就是要坚持全员深度参与的基本路线，各部门通力合作，既要有战略，还要有落地的战术，这样才能保证风险管理战略实施成功。

这本书既有对历史典故的生动解读，也有对现实风险管理案例的深入剖析；既有对理论的详细阐述，也有对实操经验的分享；既从行业、战略、理念等宏观的角度论述风险管理的必要性，又从风险的识别与评估、风险的预警、风险的应对、风险的审计、风险的考核等微观的角度来介绍风险管理体系的建立方法。

如果你厌倦了教科书式的纯理论讲解，想找一本由实战经验丰富的专业人士撰写的企业风险管理图书，不但内容全面、系统、专业而且不乏阅读的趣味性，那我认为这本书是你的最佳选择，强烈推荐阅读。

谢士杰

畅销财经书籍作者

北京丹华昊博集团财务总监

2021 年 9 月 18 日

践行"两论"做实财务风险管理

　　从《实践论》和《矛盾论》"两论"总结出人类认识世界、改造世界的公式是"实践、认识、再实践、再认识",这种循环可至无穷,但每一次实践和认识的循环内容,都能达到高一级程度。通俗地讲,认识是理论,理论来源于实践,又必须回到实践中去,这样理论才能得到检验和发展,并能进一步地指导实践,从而再总结提高,促进理论的提升。市面上关于财务风险管理方面的书籍较多,但书中对企业实际财务风险管理总结的案例不多。因此,认真总结在企业经历过的风险管理案例,践行从实践中来到实践中去的真理,进一步提升财务风险管理理论,进而丰富和指导实践,让财务风险管理的理论和实践相互促进、相互提高,就是我们编著本书的目的。

　　为之于未有,治之于未乱。风险无处不在,不仅对人来讲,需要强化风险意识和加强风险管理,对企业而言同样如此。经济越发展,财务越重要。当前财务不再是普通的"账房先生",而要参与企业经营管理的各个方面,更侧重价值创造和风险控制。比如开滦集团,风险管理工作开展较早,风险控制意识早已贯彻到生产、经营的整个过程之中。如围绕风险控制建设制定财务战略,实施财务集中管控,构建内部控制体系和全面成本管理模式。2006年国务院国资委印发了《中央企业全面风险管理指引》,2007年开滦集团制定实施了财务风险管理办法，2013 年和 2015 年分别对财务风险管理办法进行修订。同时进一步完善财务风险管理体系，促使企业不断地改革创新，提升财务风险管控能力，更新完善财务风险管理体系，使之更加适合当前企业面临的复杂多变的市场环境，增强企业抵御风险的能力，使企业在当前外部经济形势下行的环境下逆势而上，稳住了企业经营发展的基本盘，基本没有产生财务风险。近年来，大型企业集团，如海航集团、潞安集团、渤海钢铁、永泰能源、永煤集团等纷纷出现债务危机，开滦集团仍能持续地保持高质量发展，受益于其成熟的、完善的财务风险管理体系。

知所从来，思索将往；以往知来，以见知隐。十九届五中全会提出"十四五"时期经济社会发展要以推动高质量发展为主题，而高质量发展离不开财务风险管理体系的保驾护航。本书分为四章。第 1 章介绍企业风险管理的概念、分类、作用、目标和原则，着重介绍了风险管理基本流程，并用企业风险案例进行了诠释；第 2 章主要聚焦财务风险管理，重点讲述了财务风险管理的目标、深化内部控制体系建设、完善财务风险管理制度、建立财务风险预警机制、实行定期财务风险评估、制定财务风险应对措施、强化风险管理工作考核、开展定期财务风险审计、严格财务风险责任追究等管理流程和做法；第 3 章主要从合同管理、现金流管理、成本管理、基本建设管理、税务管理等方面，用企业实际案例来诠释如何全过程参与业务经营管理，业财联动，控制相关风险；第 4 章主要列举永煤集团、海航集团等涉及法律风险、战略风险、财务风险、市场风险、运营风险的具体案例，分析风险形成的原因和获得的启示，举一反三，引以为戒，防范风险。

本书穿插的案例绝大多数是来自企业一线，经历过"炮火洗礼"的案例。这些案例分别来自企业日常管理制度、工作报告、专项报告、财务调研成果等。

本书适合企业董事、监事和经理层等高层管理者阅读，在管理企业时既有利于其增加风险管理意识，又有利于其掌握防控风险的方法和措施；也适合从事风险管理、内控管理、投融资、审计、企业研究的专业人士阅读，为他们识别风险、评估风险和化解风险提供参考；更适合所有财务会计人员阅读，本书不仅讲述了财务风险，更多地利用财务专业知识去发现问题、分析问题和解决问题，而且列举了许多管理会计案例和业财联动案例，供参考和学习。

本书秉承从实践中来到实践中去的理念，我们真诚希望借本书的出版，能够为企业财务风险管理提供有益参考，并与关心和支持财务风险管理的领导和同行沟通交流，为企业高质量发展做出新的积极贡献！

目录

第1章

风险管理：谋定而后动

第2章

财务风险管理：虑而后能得

第3章

"多点开花"，业财联动控风险

第4章

"举一反三"，分析案例防风险

第 1 章

风险管理：
谋定而后动

有这样一个寓言：

有一只老鼠，十分胆小、懦弱，一天找到了狮子，狮子号称森林之王，它认为狮子是无所不能的，于是请求狮子给自己一个最安全、最快乐的去处。

狮子说："既然你不愿做老鼠，那你就去做人吧。""做人有风险吗？"老鼠问。"有，互相猜疑，会遭遇各类天灾、战争、残杀、病毒……"狮子答道。"还可以做别的吗？""做马，行吗？""做马有风险吗？""有，受鞭打，被宰杀……"老鼠又要求换一个。换成老虎，得知老虎也有风险。"啊，恕我斗胆，看来只有狮子您没风险了，让我留在您身边吧，给您做牛做马！"老鼠突然请求道。狮子哼了一声："我，我也有风险，环境遭到破坏，生活环境中的食物和栖息地受到影响，还有人类不断的猎杀，我和我的同类都将无法很好地生存。"

自然界有它自己的法则，万物相生相克，不会出现没有制约和威胁的动物。这个寓言的含义可能有多种，但最简单的一个含义——森林之王都有风险，表达的是风险几乎无处不在，无时不有，无人不有。对于风险的概念，我听得最多的是从朋友口中说出来的，他是做保险的。说到这里，似乎我能感受到读者的会心一笑，"天有不测风云，人有旦夕祸福"。人的一生至少会面临五大风险：一是意外风险；二是健康风险；三是教育风险；四是养老风险；五是经济风险。风险无处不在，只有防患于未然，才能消除因为意外给家庭带来的不测和伤害。没有嘲讽的意思，朋友的喋喋不休除了让我知道了这项工作的不易，也让风险二字深深地印在我脑海里。

据了解，风险管理的启蒙思想是由企业安全管理思想带动的。企业安全管理思想随着工业化进展早在 19 世纪已经开始萌芽，它是伴随工业革命的诞生而出现的。对于风险管理的发展历程，很多专家会有不同的划分，主流观点是风险管理大致经历七个阶段，详见图 1-1。

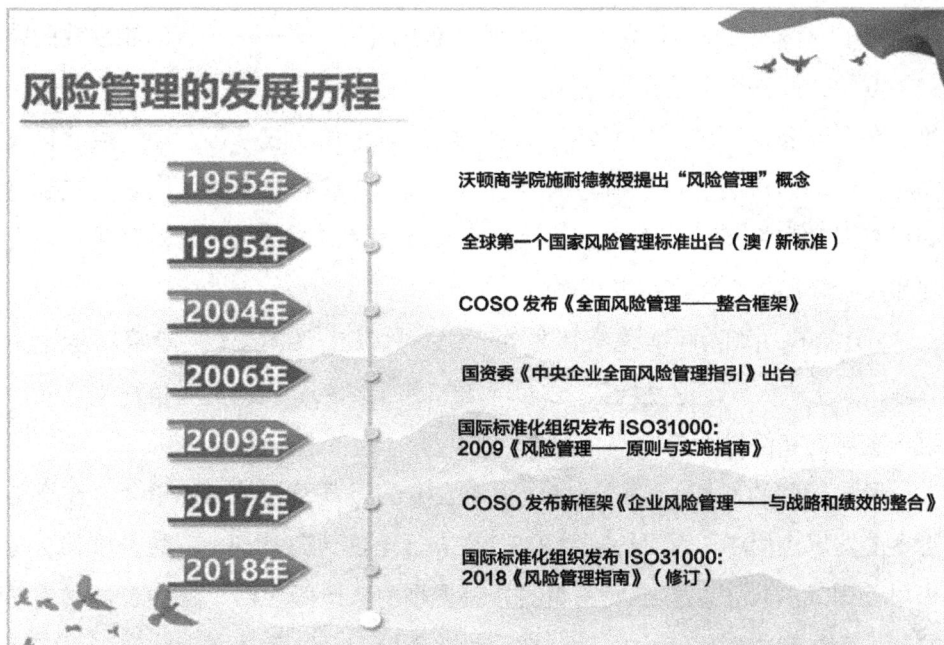

图 1-1　风险管理的发展历程

1955 年，在美国宾夕法尼亚大学的沃顿商学院，施耐德教授提出了"风险管理"的概念，他是第一个提出风险管理的人。

1995 年，由澳大利亚和新西兰联合制定的澳 / 新标准明确定义了风险管理的标准程序，这是世界上第一个国家风险管理标准。

2004 年，美国反虚假财务报告委员会下属的发起人委员会（The Committee of Sponsoring Organizations of the Treadway Commission, COSO）发布了《全面风险管理——整合框架》，虽后期做了部分更新，但框架中的很多内容至今仍在沿用。

2006 年，国务院国资委发布了《中央企业全面风险管理指引》（以下简称《指引》），这是中国第一个全面风险管理指导性文件，标志着中国登上了风险管理的中心舞台。

2009 年，国际标准化组织发布了 ISO31000：2009《风险管理——原则与实施指南》，开启了全球标准化风险管理的新起点。

2017 年，COSO 正式发布更新版《企业风险管理——与战略和绩效的整合》框架文件。这个更新版风险管理框架，几经磨砺，2016 年 9 月发布讨论稿，在全球公开征求意见。经历了近一年的讨论和反复修订、上千条意见反馈和几十场研讨会，在外审与内控之间博弈，在战略与风险、绩效与控制之间反复斟酌和权衡。这个文件的发布一而再再而三被推迟，它对现代企业发展和风险管理，必将产生深刻影响。

2018 年，国际标准化组织发布了 ISO31000：2018《风险管理指南》（修订）正式文件，这是自其 2009 年发布的全球第一版风险管理指南之后，第一次对其文件进行的更新和升级。

风险管理的发展，起步虽晚，但对企业的经营发展越来越重要。在风险管理的发展进程中，2004 年，COSO 发布《全面风险管理——整合框架》是个里程碑式的阶段，它出现在美国企业大量财务造假之时，社会各界对内部控制失败失望之时的"危难"时刻，由五个职业会计团体联合并潜心研究近 4 年的时间才诞生的，很多内容沿用至今。2006 年，国务院国资委发布的《指引》[①]，标志着中国吹响了全面风险管理的号角。

1.1 "以古鉴今"话风险

风险管理作为专有概念在我国提出较晚，但纵观我国历史，风险意识和智慧无处不在。

---

① 本书风险管理理论主要参考《中央企业全面风险管理指引》编写。

　　"居安思危，思则有备，有备无患"出于《左传·襄公·襄公十一年》，意思是：处于安全环境时要考虑到可能出现的危险，考虑到危险就会有所准备，事先有了准备就可以避免祸患。这是较具代表性的风险意识。

　　"平则虑险，安则虑危"出自《荀子·仲尼》，强调：处在平安的境遇中，应该想到动荡和困难的情境，要想到可能发生的危机、危险，以便提高警惕，防患于未然。

　　"有不尽者，亦宜防微杜渐，而禁于未然"出自《元史·张桢传》，意思是：当错误的思想和行为刚有苗头或征兆时，就加以预防与制止，坚决不让它继续发展。这同样也是强调，当危害或风险刚出现时，就应予以消灭，将其扼杀于萌芽状态。

　　东汉时期政论家、史学家荀悦在《申鉴·杂言》中提到："进忠有三术：一曰防；二曰救；三曰戒。先其未然谓之防，发而止之谓之救，行而责之谓之戒。防为上，救次之，戒为下"。此话原意如下。尽忠心来劝谏君王，有三种方法、三种情况：第一种是预防，在事情还没有发生，就懂得制止，把这件事情化解，也就是上面说的"禁于未然"；"二曰救"，就是事情刚发生赶紧补救，亡羊补牢，犹未为晚；"三曰戒"，这"戒"就是指已经造成错误了，引以为戒，作为警示教育。"先其未然谓之防"，防患于未然，这叫"防"；"发而止之谓之救"，事情发生了赶紧终止，这是"救"；"行而责之谓之戒"，事情已经发生，以这个事情来批评、提醒，这是"戒"。"防"是上策，"救"是中策，"戒"是下策，不要等事情发生了，再来提醒，那就悔之晚矣。我国历史悠久，古人的智慧博大精深，每天读一读，看一看，就会发现，即使是当下发生的一些大事故、出现的各类危机，通过历史故事、格言等都能找到相应的解决问题的办法。

　　企业也需对风险有着高度的敏感性和深刻的认识。2006 年 6 月，国务院国资委印发的《指引》，要求中央企业根据自身实际情况开展全面风险管理工作，同时拉开了国有企业风险管理的大幕。以 2008 年为转折点，因美国次贷危机引发的全球性金融危机，国内外宏观经济环境发生了复杂而深刻的变化，企业面临的不确定因素骤然增加，很多原本隐性的风险转变为现实的危机；还有劳动力等要素成本持续上升，传统比较优势逐渐缺失等严峻挑战，企业各种结构性、深层次的矛盾集中显现，这使得全面风险管理提升工作显得尤为迫切。2020 年受新冠肺炎疫情的影响，虽然全球经济迅速萎缩，但我国率先稳住疫情、率先复工复产、率先实现经济增长由负转正，成为全球唯一实现经济正增长的主要经济体。中央企业作为这个经济体中的"压舱石"，效益同比不降反增，应该说得益于 14 年前全面风险管理实施的布局，得益于持之以恒地推进全面风险管理，管理部门对风险管理的提前谋划、推进、落实，不可谓不高瞻远瞩、未雨绸缪。

中国总会计师协会在 2019 年发布的《中国总会计师（CFO）能力框架》明确提出，"价值创造、管理风险是总会计师履职的最终目标。总会计师履职应具备的道德遵从能力、专业能力、组织能力、商业能力，都是为价值创造、管理风险目标服务的"。现在很多企业的财务负责人岗位职责中毫无例外都会有一条：强化财务风险管理，防范经营风险。工作期间，无论是做所出资企业财务机构负责人还是财务负责人，抓好财务风险管理工作是工作的一个重要内容或方面。其实不光财务负责人，还有其他专业负责人，甚至每一名员工，都可以用"价值创造、管理风险"来衡量和要求自己。

1.1.1 曲突徙薪

《汉书·霍光传》记载：有一个造访主人的客人，看到主人的炉灶的烟囱是直的，旁边还堆积着柴草，便建议主人，把灶上的烟囱改装得弯曲些，把柴草搬远一点，不然会有发生火灾的忧患。但主人不悦也不理睬。不久，主人家里果然失火，邻居一同来救火，幸好把火扑灭了。于是，主人摆设酒席来感谢他的邻居。被火烧伤的人在上位，其他人各自以功劳的大小依次坐，但是没有请建议曲突徙薪的人。有人对主人说："当初如果听了那位客人的话，也不会有火灾的忧患，也不用破费摆设酒席。现在评论功劳，邀请宾客，为什么建议曲突徙薪的人没有受到恩惠，而被烧伤的人却被奉为上宾呢？"主人这才醒悟去邀请那位客人。曲突徙薪插图如图 1-2 所示。

图 1-2　曲突徙薪插图

　　疫情时期，"吹哨人"这个词让人记忆犹新。建议"曲突徙薪"的人就是类似"吹哨人"的人。吹哨人没有被感谢，而被烧伤的人为上客，其实说不过去。但我认为"曲突徙薪"和"焦头烂额"这两人都应该为上客。前面讲到的荀悦说的，进忠三术中的防、救，这个故事正好都符合。故事主要的启示是：不注意小的隐患，就会发生大的事故，最后导致灾难。如今几乎所有的灾难，都重复着"曲突徙薪"的情节。因此我们应该未雨绸缪，事先采取措施，防止危险发生，对可能发生的事故应防患于未然，消除可能产生事故的因素。

1.1.2 扁鹊三兄弟与"治未病"

　　据《鹖冠子·世贤第十六》记载，魏文侯向扁鹊请教，询问他家兄弟三人中谁的医术水平最高。扁鹊如实回答，在他兄弟三人中，大哥的医术最好，二哥的医术稍差点，他的医术最差。魏文侯两眼发蒙，疑惑不解："你说自己的医术水平最差，为啥你的医术名声最大呢，怎么解释？"

扁鹊回答道："我大哥治病，一般在病情尚未发作就通过医术铲除病根，其医术高超外人不知道，只有家人知道，所以没有名气。我二哥治病，是在疾病初起，症状表浅时施治，虽药到病除，但乡里人认为他只是会治小病的赤脚医生，故名声不大。而我治病，都是在病人病情危重、痛苦万分之时予以施治，应用针灸、药物，甚至动用手术，使病人转危为安，逐渐痊愈，大家都认为我的医术神奇，所以能名闻天下。"

扁鹊借用兄弟三人的对比，把这个深奥的问题讲明白了。"治未病"是中医的健康观点，需要多年的实践经验总结来发现问题。就好比一个经验丰富的汽车司机，听发动机的响声，就能听出汽车的故障一样，扁鹊的大哥就是通过"望闻问切"来发现病根，并有效地去除病根的。这个故事的主要启示：未病先防，这才是最高明的医术，就好比"上兵伐谋，不战而屈人之兵"，这是战争的最高境界。风险管理也是如此，是等风险事件发生了再完美地处理，还是提前防范将风险"扼杀在萌芽状态"，不言而喻，显然后者更好。

1.1.3 蔡桓公之死

据《韩非子·喻老》记载，有一次，扁鹊因事路过齐国，去拜见蔡桓公。交谈中他发现蔡桓公的神色不正，就说："您患病了，好在现在病在肤肌，如不及时治疗，病情就会加重。"蔡桓公不以为然地说："我没有病。"扁鹊见蔡桓公不信，只好告辞。他刚走出宫门，蔡桓公就对左右的人嘲笑说："这个医生是个好名利的人，想通过治没有病的人的病，来显示自己的医术高明。"

过了十天，扁鹊又碰见蔡桓公，看了看蔡桓公的脸色，便严肃地说："您的病已经进到血脉，再不治病情就要恶化了！"蔡桓公听了很不高兴，扁鹊只好悻悻而退。又过了十天，扁鹊特地去探望蔡桓公，他看蔡桓公的脸色十分难看，就大惊失色地说："不好！您的病已经进到肠胃了，再不治疗就会有生命危险！"蔡桓公一听此话，顿时翻了脸，拂袖而去。又过了十天，扁鹊见到蔡桓公，远远一望，转身就走。蔡桓公感到很奇怪，连忙派人前去追问。扁鹊摇摇头对来人说："病在皮肤里，用热敷可治；病在肌肉里，针灸可以去病；病在肠胃里，还可以用清火的药剂抢救；病入骨髓，那是注定要死，无可挽救了。蔡桓公屡次拒绝医治，已病入骨髓，我也无能为力！"

蔡桓公听了回话，似信非信。五天以后，他突然遍体疼痛，疾病骤发，这才慌了手脚，急忙派人去请扁鹊。哪知扁鹊早已料到蔡桓公不可救药，又怕加害于己，便躲到秦国去了。不久蔡桓公不治而死。蔡桓公之死插图如图 1-3 所示。

图 1-3　蔡桓公之死插图

扁鹊从提醒蔡桓公，到其死亡，也就不到一个月。蔡桓公之死有以下原因。一是对专业人士的劝诫，丝毫不引起重视；二是面对自己的健康，没有任何防范风险的意识。对扁鹊的风险提示，不以为然，甚至讥讽。这是个反面例子，这个故事在现在的社会很有代表性，给企业的主要启示是：企业的管理者要善于听取不同的意见，要有风险意识，没看到、没体会到、没感知到，并不代表风险不存在或不会发生，没有风险意识是大多数人或企业的问题，应引以为戒。

1.1.4 古人风险智慧和风险的概念

"曲突徙薪""扁鹊三兄弟与'治未病'""蔡桓公之死"三个故事，各具有代表性。第一个故事是一个失败的风险故事，未做好"顶层"设计，没把烟囱改弯，使柴草远离烟囱，导致失败，这类似企业的"战略风险"，战略风险出了问题，企业出现重大风险是必然的；第二个故事说的是未病先防的医术是最高明的，用风险的语言说就是，扁鹊的大哥按照风险管理流程，提前收集风险管理初始信息，做出判断和警示，依靠专业能力予以化解，所以医术最高；第三个故事可以理解为蔡桓公没有做好或重视风险信息的收集，没有做好风险应对策略，等问题暴露出来，再想应对、补救，为之晚矣。

这三个故事都跟风险管理有关，那什么是企业风险呢？

2006 年 6 月国务院国资委印发《指引》，它是我国第一个较为完整的风险管理框架，标志着我国风险管理理论和实践进入了一个新的阶段，意义重大。《指引》有别于 COSO《全面风险管理——整合框架》，是根据《中华人民共和国公司法》《企业国有资产监督管理暂行条例》等法律法规而制定的，制定的目的是增强企业竞争力，提高投资回报，促进企业持续、健康、稳定发展。

《指引》中风险的定义是指未来的不确定性对企业实现其经营目标的影响。解读这个定义，有两个关键点需要注意。

1. 风险是关于"未来的不确定性"。过去和现在属于已发生和正在发生的领域，没有风险，但将来的事情对所有人都可能存在不确定性，这就是风险。为了准确度量和管理风险，风险总是定义在未来的某一个时间段内的。比如，买房的人都知道，现房价格一般比期房价格高，除了一部分资金时间价值外，还有一部分是购买现房时，开发商已为购房者购房承担的风险买单，如房屋质量风险，能否正常交付的风险等；交强险和机动车商业保险一般一年一买，保险合同总是在一年内有效的，保险费就是未来一年风险的机会成本。

2. 风险与企业经营目标紧密相关。 目标不一样，风险也不一样。一般来说，企业目标定得越高，风险越大；目标定得越低，风险越小。我们常说高风险高收益，就是这个道理。万达集团董事长实现 1 亿元的小目标和我们实现 1 亿元的目标的风险的大小肯定不一样。

风险对实现企业的经营目标有好处，也可能有坏处。所谓好坏或正负面都是相对结果的判断而言的，风险本身无所谓好坏。把风险看作纯粹负面的东西，有利于专注防范风险带来的负面效应，但同时有可能忽略风险中蕴藏的机会。因此，企业对风险正负面影响的考虑应该结合在一起，这和"没有风险就没有回报，高回报蕴含着高风险"的观点是一致的，收益是对承担风险的补偿。

1.1.5 企业风险是怎么分类的

《指引》中把风险分为**战略风险、财务风险、市场风险、运营风险和法律风险**。风险的分类标准不是绝对的，企业可根据其经营目标和自身业务的特点进行分类。

战略风险是指不确定因素对企业实现战略发展目标和实施发展规划的影响。为减少这些影响，企业要结合市场情况保持企业的核心竞争优势，选择合适的产品组合，抓住发展机会，规避市场损失等方面的风险因素。

财务风险包括利率和汇率的变动、原材料或产品价格波动、信用政策等不确定因素对企业现金流的影响，以及企业在理财方面的行为对企业财务目标的影响。

市场风险是指未来市场价格（利率、汇率、股票价格和商品价格）的不确定性对企业实现其既定目标的影响。市场风险可以分为利率风险、汇率风险、股票价格风险和商品价格风险，这些市场因素可能直接对企业产生影响，也可能通过其竞争者、供应商或者消费者间接对企业产生影响。

运营风险指供应链的管理、运营资源的调配、关键人员的流动、法律规定、监督检查等涉及企业运营方面的不确定性因素对企业运营目标方面的影响。

法律风险是指不同国家或地区法律法规环境的差异性、具体法律法规的新制定和变更给企业带来的影响。

企业风险分类详见表1-1。

表1-1　企业风险分类

序号	分类标志	种　类
1	按照风险内容划分	（1）战略风险（2）财务风险（3）市场风险 （4）运营风险（5）法律风险
2	按照能否为企业带来盈利等机会划分	（1）危险性因素（只为企业带来损失） （2）控制性风险（或不确定风险） （3）机会风险 （2）（3）是既有为企业带来损失的可能性，也有为企业带来盈利的可能性的风险
3	按照来源和范围划分	（1）外部风险（法律风险、政治风险、经济风险。一个国家法律健全稳定，市场竞争处在法律法规的框架内运行，经济稳健发展，竞争会更加公平和规范，企业的整体经营环境会更好一些，决策和行动也就具有一定可预期性） （2）内部风险（战略风险、财务风险、经营风险）
4	按照风险有效性划分	（1）固有风险（不采取任何防范措施可能造成的损失） （2）剩余风险（采取了相应应对措施之后仍可能造成的损失，将风险控制在可承受范围之内是指将剩余风险控制在可承受度之内）
5	按照作用的时间划分	企业的短期、中期和长期风险

企业所面对的风险不是只有一类，不是非黑即白、非此即彼的，经常是兼而有之的，"你中有我，我中有你"。在实际运用中，各个企业可以根据实际情况，在上述大类的基础上，再进行细分，细分没有绝对的标准，但基于一个原则——便于识别风险和评估风险。

案例

某钢铁集团公司在做风险分类时[①]，专门设计了风险辨识分析调查表，围绕 8 个标杆部门 21 项核心业务管理流程开展风险辨识，共辨识具体风险表现 236 条，汇总定义了 5 类 47 项风险，形成了初始风险分类标准框架，详见表 1-2。

表 1-2 某钢铁集团公司风险分类

风险类别编号	风险类别	风险名称编号	风险名称	风险类别编号	风险类别	风险名称编号	风险名称
一	战略风险	01	政策风险	四	运营风险	25	存货风险
		02	宏观经济风险			26	安全风险
		03	战略规划风险			27	环保风险
		04	兼并购风险			28	节能风险
		05	战略实施风险			29	信息管理风险
		06	资源保障风险			30	资产管理风险
		07	体系结构风险			31	工程项目实施风险
		08	集团管控风险			32	声誉风险
		09	制度保障风险			33	企业文化风险
二	财务风险	10	资金风险			34	监察风险
		11	担保风险			35	技术研发风险
		12	一般股权投资风险			36	技术贸易风险
		13	预算管理风险			37	信息系统实施风险
		14	会计核算与报告风险			38	信息系统安全风险
		15	税务管理风险			39	审计风险
		16	金融资产投资风险			40	灾害性风险
三	市场风险	17	利率风险			41	海外项目管理风险
		18	汇率风险			42	人力资源风险
		19	信用管理风险			43	诉讼纠纷风险
		20	市场竞争风险			44	合规风险
		21	价格风险	五	法律风险	45	重大决策法律风险
		22	营销风险			46	合同管理风险
四	运营风险	23	生产性投资风险			47	知识产权风险
		24	采购风险				

---

① 根据公司官网信息及公开资料整理。以下选取的某化工集团、某集团公司、某电力集团公司、某通信集团公司、某电网公司、某开发投资公司等的优秀、经典案例均引自各公司官网信息，或根据公司资料整理。

　　国务院国资委发布的《2018 年度中央企业全面风险管理汇总分析报告》披露，2018 年各中央企业主要面临健康安全环保风险、投资风险、现金流风险、国际化经营风险、竞争风险、政策风险、业务转型风险、人力资源风险、质量风险、战略管理风险和法律纠纷风险（并列第十）等十大风险。

　　2020 年新冠疫情的影响和国际经济形势的变化，给我国经济发展带来较大的冲击。根据迪博企业风险管理技术有限公司以 2019 年度沪深交易所上市公司为样本，通过对上市公司披露的年度报告中的风险信息进行整理分析来看，剔除金融工具相关的风险因素，通过对上市公司披露的风险因素进行归类分析发现，上市公司共披露了战略、市场、运营、财务、法律 5 大类 60 小类 19 000 多条风险信息。按照 60 类风险在上市公司出现的频次进行统计发现，2020 年我国企业面临的主要风险分别是重大突发事件风险、市场竞争风险、投资风险、政策风险、科技创新风险、采购与供应链管理风险、国际化经营风险、人力资源风险、宏观经济风险、安全环保风险。

　　按照风险种类的排序（见图 1-4）列示，十大风险中重大突发事件风险、市场竞争风险、政策风险、科技创新风险、采购与供应链管理风险重要性同比上升，投资风险、人力资源风险重要性不变，宏观经济风险、安全环保风险重要性同比下降。

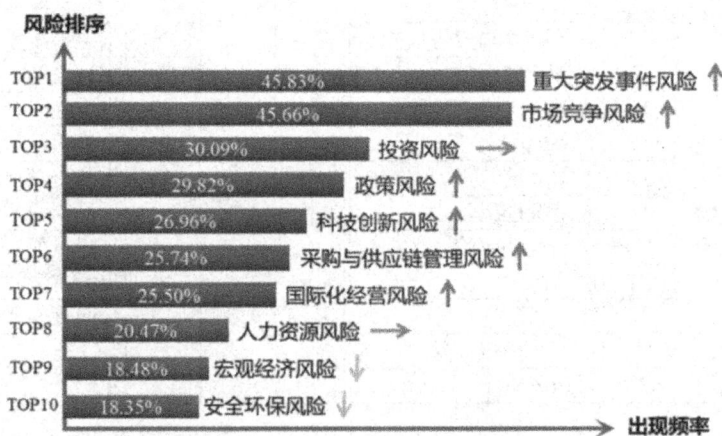

图 | 2020年我国企业主要风险排序变化（与2019年相比）

图 1-4　2020 年我国企业主要风险排序

图片来源：迪博企业风险管理技术有限公司

1.1.6 企业风险管理主要做什么

根据《指引》，全面风险管理是指企业围绕总体经营目标，通过在企业管理的各个环节和经营过程中执行风险管理的基本流程，培育良好的风险管理文化，建立健全全面风险管理体系，包括风险管理策略、风险理财措施、风险管理的组织职能体系、风险管理信息系统和内部控制系统，从而为实现风险管理的总体目标提供合理保证的过程和方法。

这个定义中，包含着风险管理需要做的几项工作。

第一是制定风险管理的总体目标。全面风险管理总体目标详见表 1-3。

表 1-3　全面风险管理总体目标

序号	全面风险管理总体目标（5项）
1	确保将风险控制在与总体目标相适应并可承受的范围内
2	确保内外部，尤其是企业与股东之间实现真实、可靠的信息沟通，包括编制和提供真实、可靠的财务报告
3	确保遵守有关法律法规
4	确保企业有关规章制度和为实现经营目标而采取重大措施的贯彻执行，保障经营管理的有效性，提高经营活动的效率和效果，降低实现经营目标的不确定性
5	确保企业建立针对各项重大风险发生后的危机处理计划，保护企业不因灾害性风险或人为失误而遭受重大损失

企业经营目标不一样，风险管理的目标也不一样。比如开滦（集团）有限责任公司煤业分公司，因为主要负责各矿业公司生产经营管理，它的全面风险管理的具体目标：一是企业风险控制度达到与总体目标相适应，并在可以承受的范围之内；二是实现公司内外，各层面之间全面、真实、及时的信息沟通和反馈；三是保证煤业分公司所属各矿业公司、各业务部门对国家有关法律、法规及集团公司有关规章制度的贯彻执行；四是确保为实现煤业分公司战略目标以及细分的经营目标而采取重大措施的贯彻执行，保障经营管理的有效性，提升经营活动的效率和效果，降低实现经营目标的不确定性；

五是制定完备的各项重大风险发生后的危机处理计划，保护煤业分公司不因灾害性风险或人为失误而遭受重大损失。

第二是在企业管理的各个环节和经营过程中执行风险管理的基本流程。《指引》所称风险管理基本流程包括以下主要工作：

1. 收集风险管理初始信息；

2. 进行风险评估；

3. 制定风险管理策略；

4. 提出和实施风险管理解决方案；

5. 风险管理的监督与改进。

以上是实施全面风险的主要流程。

第三是培育良好的风险管理文化。根据《指引》，培育良好的风险管理文化主要需要做到以下几点。

1. 企业应注重建立具有风险意识的企业文化，促进企业风险管理水平、员工风险管理素质的提升，保障企业风险管理目标的实现。

2. 风险管理文化建设应融入企业文化建设全过程。大力培育和塑造良好的风险管理文化，树立正确的风险管理理念，增强员工风险管理意识，将风险管理意识转化为员工的共同认识和自觉行动，促进企业建立系统、规范、高效的风险管理机制。

3. 企业应在内部各个层面营造风险管理文化氛围。董事会应高度重视风险管理文化的培育，总经理负责培育风险管理文化的日常工作。董事和高级管理人员应在培育风险管理文化中起表率作用。重要管理及业务流程和风险控制点的管理人员和业务操作人员应成为培育风险管理文化的骨干。

4. 企业应大力加强员工法律素质教育，制定员工道德诚信准则，形成人人讲道德诚信、合法合规经营的风险管理文化。对于不遵守国家法律法规和企业规章制度、弄虚作假、徇私舞弊等违法及违反道德诚信准则的行为，企业应严肃查处。

5. 企业全体员工尤其是各级管理人员和业务操作人员应通过多种形式，努力传播企业风险管理文化，牢固树立风险无处不在、风险无时不在、严格防控纯粹风险、审慎处置机会风险、岗位风险管理责任重大等意识和理念。

6. 风险管理文化建设应与薪酬制度和人事制度相结合，这有利于增强各级管理人员特别是高级管理人员的风险意识，防止盲目扩张、片面追求业绩、忽视风险等行为的发生。

7. 企业应建立重要管理及业务流程、风险控制点的管理人员和业务操作人员岗前风险管理培训制度。采取多种途径和形式，加强对风险管理理念、知识、流程、管控核心内容的培训，培养风险管理人才，培育风险管理文化。

第四是建立健全全面风险管理体系。全面风险管理体系包括风险管理策略、风险管理组织职能体系、内部控制系统、风险理财措施和风险管理信息系统五个模块。

风险管理策略是企业风险管理活动的指导方针和行动纲领，是针对企业面临的主要风险设计的一整套风险处理方案。

风险管理组织职能体系是风险管理的具体实施者，通过合理的组织结构设计和职能安排，可以有效管理和控制企业风险。

内部控制系统作为全面管理体系的一部分，通过针对企业的各个主要业务流程设计和实施一系列政策、制度、规章和措施，对影响业务流程目标实现的各种风险进行管理和控制。

风险理财措施是指企业运用金融手段来管理、转移风险的一整套措施、政策和方法。

风险管理信息系统是传输企业风险和风险管理状况的信息系统，其包括企业信息和运营数据的存储、分析、模型、传送及内部报告和外部披露系统。

目前世界上最先进的体系化风险防范机制是在企业建立的全面风险管理体系，全面风险管理代表着风险管理的最前沿的理论和最佳实务。

1.1.7 风险管理"三重"要先行

《指引》要求，企业应本着从实际出发、务求实效的原则，以对重大风险、重大事件（指重大风险发生后的事实）的管理和重要流程的内部控制为重点，积极开展全面风险管理工作。其实这条要求隐藏的含义是，在企业全面风险管理体系还不健全前，风险管理也要提前开展，以**"重大风险" "重大事件" "重要流程"**这"三重"为抓手，先行推进。1992 年 COSO 颁布《内部控制——整合框架》，国外的风险管理基本从这个框架演进而来，因此国外风险管理体系还是比较超前的、相对比较完善的。我国内控制度起步晚，企业推行风险管理需要一个过程，即使企业没有相关内控制度或相关内控制度不健全，也可以先行推进风险管理，以上述提到的"三重"为重点、切入点。

案例

　　某化工集团有限公司是一家全球性、国际性的大型企业，结合企业业务特点，在重大风险控制上以利汇率风险、流动性风险和工程建设风险三个方面为切入点，落实责任主体，明确应对策略，细化管控措施，其中也有一些重大风险的管控方法充分体现了集团特色。

　　在利汇率风险管理方面，尝试引入 VaR（风险价值模型）等量化工具分析、评估集团利、汇率风险敞口，代替以往仅靠盯市操作的模式；在业务方面，对于特定业务板块资金运作带来的利、汇率风险，考虑到产品操作风险过大，转为通过"风险敞口核定，辅之 NDF（无本金交割远期外汇交易）操作"的模式，运用多种手段跟踪、分析、评估资金运作风险，在风险可控的前提下，支持业务正常运转；在操作平台管理方面，保持和现有境外衍生品操作平台管理人员的联系，沟通产品操作和平台管理经验。

　　在流动性风险管理方面，公司发布流动性风险管理办法，从制度层面加大对流动性风险管理力度的同时，积极探索量化指标监控手段，初步建立了涵盖六大主要流动性风险指标的监控体系，通过每月测算人民币资金池余额、海外资金池余额、股份公司现金比率、流动比率、速动比率及现金与总资产之比这六个流动性风险指标，掌控境内外资金池流动性状况。该指标体系的建立提高了流动性风险的可视性和可控性，实现了流动性风险管理手段从定性分析逐步向定量分析转化。

在工程建设风险管理方面，公司总结特定行业建设经验，结合建设需要，组织编制了仓储、化工项目工程建设风险管理手册，其中《风险管理手册》以国际先进的项目管理体系（PMBOK）及项目风险管理国际标准（ISO31000）为基础，以工程建设风险管理办法为依据，围绕工程建设质量、进度、造价和 HSE 等目标，对工程建设项目全周期（从政府审批到勘察设计，从采购施工到试运行以及竣工验收，最终到项目后评价）进行风险事件的识别、评估、监控及建议性风险应对措施制订等风险管理活动进行了具体描述和指导，从而帮助项目团队有效管控项目风险，确保工程建设实现总体目标。

1.1.8 风险管理三道"防火墙"

《指引》要求，企业开展全面风险管理工作应与其他管理工作紧密结合，把风险管理的各项要求融入企业管理和业务流程中。具备条件的企业可建立风险管理三道防线：各有关职能部门和业务单位为第一道防线；风险管理职能部门和董事会下设的风险管理委员会为第二道防线；内部审计部门和董事会下设的审计委员会为第三道防线。三道防线可称为三道"防火墙"。

原国务院国资委副主任邵宁在有关讲话中，对这三道防线有这样的解读：首先，即使有了风险管理部门，业务管理部门也是防范风险的主体，风险管理部门不会比业务管理部门更清楚风险点在哪里；其次，即使没有风险管理部门，业务管理部门也有防范风险的本能，但是仅靠业务管理部门防范风险是不够的，因为很多业务管理部门和一线单位的风险防范措施往往是偏具体业务性的，不系统、不完整、不规范，也不标准，风险管理部门必须要对业务管理部门的风险管理进行系统性、完整性、规范性的指导和监督；最后，风险管理是否有效，第一道、第二道防线是否发挥了应有的作用，是否存在重大问题没有反映出来，需要独立第三方——审计部门进行评价。中国五矿集团将集团总部与各经营单位分别定位为"风险管理"和"管理风险"

的部门，清晰划分了两个层面的风险管理职能，并充分发挥审计的第三道防线功能，从而使得风险管理体系有效运转，这一做法值得大家学习。宝钢将业务管理和风险管理职能关系比喻成木桶理论中"板"和"箍"的关系，形象、清晰地表达了风险管理职能定位。

案例

某集团公司关于三道"防火墙"的做法比较有特点，从强化三道防线职能角度，来建立健全全面风险管理体系，实现了速度、效益与风险的内在平衡。

一是建设五大核心业务架构，强化第一道防线职能。公司以集约化、扁平化、专业化为方向，按照效率优先、目标导向、实事求是、安全稳定的原则，强化全业务流程管控和关键风险集中监控，建立"大规划、大建设、大运行、大生产和大营销"五大体系，变革组织架构，压缩管理层级，缩短业务链条，实现公司管理由条块分割向协同统一、分散粗放向集中精益方式的根本性转变，全面提升公司运营效率和风险防控能力。重点是以标准化为基础、信息化为支撑，建立包含各专业、贯穿各层级、覆盖各级电网的大规划体系；建立总部、省公司、地（市）县公司科学分工、分层承担电网建设任务的大建设体系；建立输变电设备运行集中监控与电网调度高度融合的大运行体系；建立检修专业化和运维一体化、按电压等级运维检修电网设备的大检修体系；建立市场营销、客户服务和计量检定配送省级集约、24小时面向客户的大营销体系。

二是健全风险管理工作体系，强化第二道防线职能。健全组织架构。公司成立全面风险管理委员会，公司党组书记、总经理担任委员会主任。公司所属53家单位均相应成立了组织机构。完善管理制度：公司先后研究制定了《关于开展全面风险管理工作的指导意见》《全面风险管理与内部控制工作方案》《公司全面风险管理与内部控制工作管理办法（试行）》。建立报告机制：建立了覆盖全公司的全面风险报告体系，组织公司总部各部门、各单位开展风险编制与评估工作，全面完成各年度全面风险管理报告编报工作。建设信息系统：2010 年，公司启动了风险管理信息系统建设工作，利用 SAP-GRC 成熟技术并结合公司管理实际开发建设专业化的风险管理信息平台，提高了公司风险管理工作效率。试点开展评价：公司深入开展全面风险管理评价体系研究，明确风险管理组织、内部控制、风险管理文化等 10 类考评对象，设置 131 项评价指标及评分标准，构建了公司全面风险管理评价体系，并组织青海、天津公司进行试点测评。

三是建立协同监督工作机制，强化第三道防线职能。公司坚持标本兼治、综合治理、惩防并举、注重预防的方针，统一协调整合审计、监察、财务、法律等内部监督力量，构建了协调配合、信息互通、形成合力、监督到位的协同监督机制，将风险管理与内部控制纳入经济责任审计、专项审计、财务稽核、党风廉政建设责任制检查重要内容，对各部门、单位执行风险管理与内部控制情况进行检查评价，分析挖掘内部控制设计缺陷、执行薄弱环节以及外在显现的风险因素和隐含潜在的风险因子；对跨部门的风险管理与内部控制管理策略、解决方案进行评价，对内部控制管理职责分工的合理性、管理流程的完备性、风险信息沟通的效率和效果等内容进行评估分析，及时改进、完善风险管理与控制方案和措施。

1.2 "理论武装" 知风险

讲到风险，不得不介绍一个组织——COSO，它是美国反虚假财务报告委员会（通常称 Treadway 委员会）下属的发起人委员会（The Committee of Sponsoring Organizations of the Treadway Commission）的英文缩写。名字很长，但意思一目了然，它是 1985 年由美国管理会计师协会（IMA）、美国注册会计师协会（AICPA）、美国会计协会（AAA）、财务经理人协会（FEI）、内部审计师协会（IIA）联合创建的，其主要职责是研究、探讨财务报告中的舞弊产生的原因，并寻找解决之道。

1992 年 9 月，COSO 发布《内部控制——整合框架》，1994 年进行了增补。这些成果马上得到了美国审计署（GAO）的认可，美国注册会计师协会（AICPA）也全面接受其内容并于 1995 年发布了《审计准则公告第 78 号》。由于 COSO 报告提出的内部控制理论和体系集内部控制理论和实践发展之大成，成为现代内部控制最具有权威性的框架，在业内备受推崇，在美国及全球得到广泛推广和应用。2004 年 10 月，COSO 发布《全面风险管理——整合框架》（以下简称"ERM 框架"）。2017 年 9 月，COSO 发布修订版 ERM 框架即《企业风险管理——与战略和绩效的整合》（以下简称"ERM2017"）。

在内部控制理论和企业风险管理研究领域，COSO 是很具有权威性和影响力的，自发布内部控制整合框架以来，作为在美上市公司内控体系建设的指导框架，不仅得到了美国证监会的认可，而且在全球范围内被众多国家相关企业和上市公司监管机构借鉴、采用和推广，如我国财政部 2008 年发布的《企业内部控制基本规范》即采用了 COSO1992 年发布的内部控制框架要素和内容。

1.2.1 COSO《内部控制——整合框架》

根据有关资料显示，在 20 世纪 70 年代中期，美国"水门事件"之后，立法者和监管团体开始对内部控制问题给予高度重视。美国于 1977 年制定了《反海外贿赂法》，旨在限制美国公司及个人贿赂国外政府官员的行为，而且对在美国上市公司的财会制度做出了相关规定。理论及实务界对内部控制的理解分歧却由来已久，立法者、监管者和商人的不同利益决定了各自不同的立场。20 世纪 90 年代初成立的 COSO，开创性地提出了一套成体系的内部控制整体框架，这标志内部控制理论发展到新的阶段，赢得了各方的好评。COSO 内部控制框架并非唯一的内部控制框架，但却是美国证券交易委员会唯一推荐使用的内部控制框架，《萨班斯·奥克斯利法案》第 404 条款的"最终细则"也明确表明 COSO 内部控制框架可以作为评估企业内部控制的标准。

COSO 报告提出，内部控制用以提高效率，减少资产损失风险，帮助保证财务报告的可靠性和对法律法规的遵从。报告中有些新的理念和观点，值得借鉴。

1. 基本目标清晰。内部控制本身不是目标，而是实现目标的手段。为公司生产经营保驾护航。

2. 形成体系。COSO 提出了三类目标、五项构成要素概念，把内部控制细分为经营效率与效果、财务报告可靠和遵纪守法三类目标和控制环境、风险评估、控制活动、信息与沟通和监测活动五项构成要素。这些概念构建了一套评价内部控制系统完整的标准，详见图 1-5。

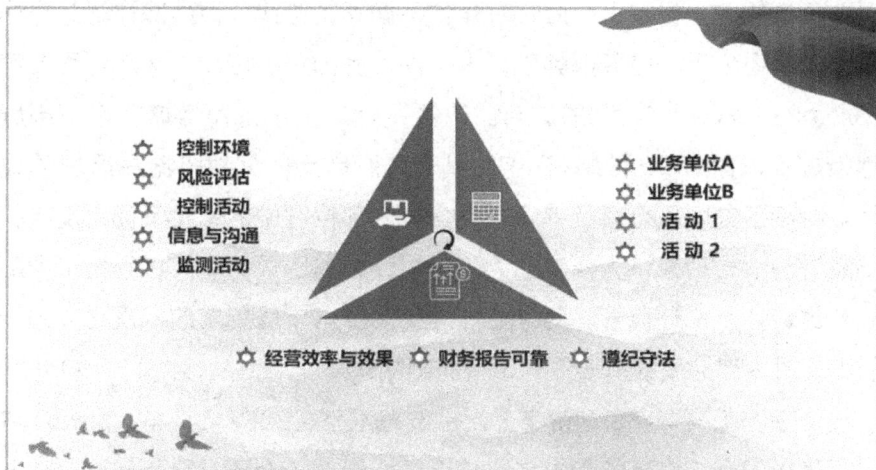

图 1-5　内部控制框架

3. 提出内部控制是"过程"，并由控制环境、风险评估、控制活动、信息与沟通和监测活动五项要素构成。五项要素不是内部控制过程中先后顺序上的一道道工序，而是一个多方向交叉的、多维的、反复的过程。COSO 报告突出了内部控制过程中的复杂性和各控制要素之间有机的、多维的联系与影响。

4. 强调了董事会在内部控制中的作用。COSO 认为董事会与公司内部控制之间是有联系的，公司中一些行为需要董事会批准或授权。一个客观、能动和富有调查精神的董事会，能够及时发现并修正公司经理班子逾越内部控制的行为。

5. 内部控制系统不是孤立的，是个嵌入式系统，与其他管理交织融合在一起。

1.2.2 COSO《全面风险管理——整合框架》

2001 年年底以来，美国爆发了以安然、世通、施乐等公司财务舞弊案为代表的会计丑闻，重创了美国资本市场，同时也暴露了内部控制制度上还是有较大缺陷的，而 1992 年 COSO 发布《内部控制——整合框架》就是为了治理财务造假的。投资人、监管者非常不理解，这些公司内部控制制度非常完善，怎么还会出现财务舞弊呢，由此促使美国《萨班斯·奥克斯利法案》（Sarbanes-Oxley Act）的颁布。该法案针对上市公司增加了许多严厉的法律措施，成为继 20 世纪 30 年代以来政府制定的处罚措施最严厉的公司法律。明确了首席执行官及首席财务官在内部控制中的直接责任，及其将承担的经济与形式后果，大幅度加大了对会计舞弊的处罚力度；强化了内部审计、外部审计及审计监管。此次立法是美国资本市场制度的一次重大进步，也使人们对内部控制的重要性有了更深刻的认识。

在《萨班斯·奥克斯利法案》出台的背景下，2004 年年底，COSO 废除了沿用很久的企业内部控制报告，颁布了全新的《全面风险管理——整合框架》。此报告保留了部分传统内部控制的某些概念，无论是在框架上，还是在要素方面，都有较大的进步。

一、与《内部控制——整合框架》之间的区别 [1]

相比《内部控制——整合框架》，《全面风险管理——整合框架》有五点突破。

一是提出风险组合观。 在单独考虑如何实现企业各个目标的过程中，《企

---

[1] 引自公开资料，作者为顾霞。

业风险管理——整合框架》更看中风险因素。对企业内部而言，其风险可能落在该企业的风险容忍限度范围内，但从企业总体来看，总风险可能会超过企业总体的风险偏好范围。因此企业风险管理要求以风险组合观看待风险，对相关的风险进行识别并采取措施使企业所承担的风险在风险偏好范围内。

二是战略目标内涵及目标增加。《内部控制——整合框架》将企业的目标分成三类，即经营目标、报告目标、合规性目标。其中经营目标、合规性目标与《全面风险管理——整合框架》相同，但报告目标有所不同。《全面风险管理——整合框架》中，报告被大大地拓展为企业所编制的所有报告，包括对内、对外的报告，而且内容不仅包含更加广泛的财务信息，而且包含非财务信息。另外，《全面风险管理——整合框架》增加一大目标，即战略目标，它处于比其他目标更高的层次。战略目标来自一个企业的使命或愿景，因而经营目标、报告目标和合规性目标必须与其相协调。企业的风险管理在实现其他三类目标的时候，首先应该从企业战略目标出发。

三是引入风险容量及风险容限。《全面风险管理——整合框架》引入风险容量和风险容限两个概念。风险容量是指企业在追求愿景的过程中所愿意承受的广泛意义的风险数量，它在战略制定和相关目标选择时起到风向标的作用。风险容限是指在企业目标实现过程中所能接受的偏离程度。在确定各目标的风险容限时，企业应考虑相关目标的重要性，并将其与企业风险容量联系起来，将风险控制在风险容量的最大范围内，以保证企业能在更高层次上实现其目标。

四是新增风险管理三要素。《全面风险管理——整合框架》拓展了COSO 的风险评估要素，在《内部控制——整合框架》的基础上新增了三个风险管理要素：目标设定、事项识别、风险应对。它们将企业的管理重心更多地移向风险管理。同时，在内部环境中，强调了董事会的风险管理理念。

五是其他要素的扩展。《全面风险管理——整合框架》明确指出，在某些情况下，控制活动本身也起到风险应对的作用；《全面风险管理——整合框架》扩大了企业信息和沟通的构成内容，企业的信息系统的基本职能应以时间序列的形式收集、捕捉数据，其收集数据的详细程度则视企业风险识别、风险评估和应对需要而定，并保证将风险维持在风险偏好的范围内；《全面风险管理——整合框架》要求企业设立新的部门，即风险管理部门，并描述了风险管理官的职能与责任，扩充了董事会的职能。另外，从实质内容看，内部控制仅是管理的一项职能，而全面风险管理贯穿于管理过程的各个方面。内部控制主要通过防范性的视角去降低企业内部可控的各种风险，侧重于财务和运营等领域；而全面风险管理强调通过前瞻性的视角去积极应对企业内外各种可控和不可控的风险，侧重于战略、市场、法律等领域。

二、《全面风险管理——整合框架》主要内容

在《全面风险管理——整合框架》中，企业风险管理的定义是："**企业风险管理是一个过程，它由一个主体的董事会、管理当局和其他人员实施，应用于战略制定并贯穿于企业之中，旨在识别可能会影响主体的潜在事项，管理风险以使其在该主体的风险容量之内，并为主体目标的实现提供合理保证。**"这个定义重点强调了企业风险管理的几个概念：（1）这是一个持续性的过程；（2）贯穿企业各个层面、单元以及各个人员，强调全员和全流程、全过程；（3）与企业战略制定有关，因此要给予足够高的重视；（4）关注潜在事项及其对经营主体的影响；（5）只能提供合理保证（不能提供绝对保证，这是很多企业不予重视的原因之一）；（6）企业风险管理能够实现一个或多个单一或交叉的目标。这个定义比较宽泛，它抓住了企业和其他组织如何管理风险至关重要的关键概念，为不同组织形式、行业和部门的应用提供了基础。它直接关注特定主体既定目标的实现，并为界定企业风险管理的有效性提供了依据。

COSO 的 ERM 框架是三方面齿轮联动，详见图 1-6。这种联动表现形式，有助于全面深入地理解控制和管理对象，分析解决控制中存在的复杂问题。

第一个齿轮是目标体系，包括 4 类目标：（1）战略目标，即高层次目标，与使命相关联并支撑使命；（2）经营目标，高效率地利用资源；（3）报告目标，报告的可靠性高；（4）合规性目标，符合适用的法律和法规。

第二个齿轮是管理要素，包括 8 个相互关联的构成要素，它们源自管理当局的经营方式，并与管理过程整合在一起，具体为：控制环境、目标设定、事项识别、风险评估、风险应对、控制活动、信息与沟通、监测活动。

第三个齿轮是主体单元，包括公司、科室、业务单位、子公司 4 个层面。

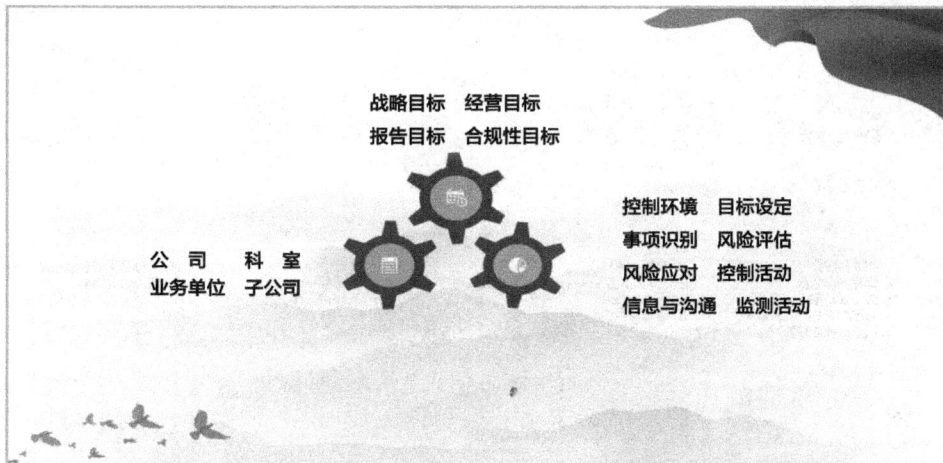

战略目标　经营目标
报告目标　合规性目标

控制环境　目标设定
事项识别　风险评估
风险应对　控制活动
信息与沟通　监测活动

公司　科室
业务单位　子公司

图 1-6　企业风险管理整合框架

要强调的是：谁也不能保证使用《全面风险管理——整合框架》及其包含的原则、工具、方法就能 100% 规避风险，风险管理的有效性涉及多个方面的因素。比如人员的主观性判断、人员的能力、人员间的沟通，以及高层的支持等因素都会影响风险管理的最终效果。

1.2.3 COSO《企业风险管理——与战略和绩效的整合》

随着内外部环境不断变化，企业经营中面临的风险越来越复杂，管理者更加关心风险管理对企业价值创造的作用。本书开头提到的《中国总会计师（CFO）能力框架》，提出总会计师履职最终目标就两项：一个是价值创造，另一个就是管理风险。旧版风险管理框架还没有涉及一些价值创造的内容，无法满足管理者和投资人更高的要求。因此 2014 年 COSO 着手对风险管理框架进行更新，几经波折，于 2017 年正式发布了《企业风险管理——与战略和绩效的整合》。新版框架包含五大元素和 20 条细分原则，详见图 1-7。

图 1-7　《企业风险管理——与战略和绩效的整合》框架

与《全面风险管理——整合框架》相比，《企业风险管理——与战略和绩效的整合》主要特点有（二者区别见表 1-4）：一是《企业风险管理——与战略和绩效的整合》丰富了风险的定义，简化了企业风险管理的定义，优化了风险偏好和风险承受度的概念；二是《企业风险管理——与战略和绩效的整合》强调了风险管理与文化、战略、绩效、价值的关系，其核心思想是风险管理应融入企业的战略和运营中，丰富对战略相关议题的研讨，体现企业风险管理对决策的支持作用，从而实现价值创造；三是《企业风险管理——与战略和绩效的整合》突出了文化在风险管理工作中的地位和作用；四是《企业风险管理——与战略和绩效的整合》以原则为导向，更好地为企业建立相应的风险管理体系提供参考。

表 1-4　COSO 新旧两版的区别

项目		《企业风险管理——与战略和绩效的整合》	《全面风险管理——整合框架》
定义	风险	事项发生并影响战略和商业目标实现的可能性	只强调负面影响
	风险管理	组织在创造、保持时间价值的过程中，结合战略制定和执行，以形成管理风险的文化，通过实践获得能力	企业风险管理是一个过程，它由一个主体的董事会、管理当局和其他人员实施，应用于战略制定并贯穿于企业之中，旨在识别可能会影响主体的潜在事项，管理风险以使其在该主体的风险容量之内，并为主体目标的实现提供合理保证
内涵		价值导向、风险管理嵌入性	无明显体现
展现方式		链式结构	魔方
结构		5 元素 +20 原则	4 目标 +8 要素 +4 主体单元
原则		20 项原则	无明显原则

1.2.4 风险管理与内部控制的关系

风险管理和内部控制之间的关系一直是理论界争论的焦点，实践中有很多企业和风险管理从业者不能真正理解两者之间的区别和联系，有的将其完全对立，有的将其简单地等同。目前，主流观点还是 COSO2004 年发布的《全面风险管理——整合框架》对两者的阐释，两者的联系与区别详见表 1-5。

表 1-5　风险管理与内部控制的联系与区别

联系 / 区别	内容
联系	全面风险管理涵盖了内部控制。COSO 框架中明确地指出全面风险管理体系框架包括内部控制，将之作为一个子系统
	内部控制是全面风险管理的必要环节。内部控制的动力来自企业对风险的认识和管理。对于企业所面临的大部分运营风险，或者对于在企业的所有业务流程之中的风险，内部控制是必要的、高效的和有效的风险管理方法。同时维持充分的内部控制系统也是国内外许多法律法规的合规要求。因此，满足内部控制系统的要求也是企业风险管理体系建立应该达到的基本状态

联系/区别	内容
区别	两者的范畴不一致。内部控制仅是管理的一项职能，主要通过事后和过程的控制来实现其自身的目标，而全面风险管理则贯穿于管理过程的各个方面，重要的是在事前制定目标时就充分考虑了风险的存在。在两者所要达到的目标上，全面风险管理多于内部控制
	两者的活动不一致。全面风险管理的一系列具体活动并不都是内部控制要做的。全面风险管理包含风险管理目标和战略的设定、风险评估方法的选择、管理人员的聘用、有关的预算和行政管理以及报告程序等活动。而内部控制所负责的是风险管理过程中及以后的重要活动，如对风险的评估和由此实施的控制活动、信息与交流活动和监督评审与缺陷的纠正等工作。两者最明显的差异在于内部控制不负责企业经营目标的具体设立，而只是对目标的制定过程进行评价，特别是对目标和战略计划制定当中的风险进行评估
	两者对风险的对策不一致。全面风险管理框架引入了风险偏好、风险容忍度、风险对策、压力测试、情景分析等概念和方法，因此该框架在风险度量的基础上，有利于企业的发展战略与风险偏好相一致，增长、风险与回报相联系，进行经济资本分配及利用风险信息支持业务前台决策流程等，从而帮助董事会和高级管理层实现全面风险管理的四项目标。这些内容都是现行的内部控制框架所不能做到的
从发展趋势来看，随着内部控制或风险管理的不断完善和更加全面，它们之间必然相互交叉、融合，直至统一	

前国务院国资委副主任邵宁 2012 年在中央企业全面风险管理提升专题培训班上谈到要正确处理风险管理与内部控制之间的关系，对于风险管理和内部控制的关系，提出要从以下三个方面来认识。

一是从历史沿革上看，全面风险管理理论与实践有三个主要来源，即保险、金融风险管理和内部控制，从内部控制发展到全面风险管理是一条主线。

二是从主要内容上看，内部控制的对象主要是企业内部的、可控的、非决策性的风险。全面风险管理的对象不仅包括执行层面的风险，也包括了各种外部的、不可控的、企业决策性的风险。例如，自然灾害和国际金融危机这类不可控风险，就不是内部控制的对象，而是风险管理的对象。

三是从二者的关系上看，内部控制是风险管理的基础，内部控制做好了，企业所有的活动有章可依，所有员工规范操作，内部的风险管控问题才能解决。但同时，企业的重大风险往往来自外部环境，来自企业的决策。企业必须对这些方面的风险做到有效管控，实现可持续发展。可见，风险管理是内部控制的自然延伸，内涵更宽，所以在工作中二者不能截然分开。企业应当统筹协调，由一个部门具体负责风险管理与内部控制。比如，中国海油由风险管理办公室统一负责推进风险管理与内部控制工作，取得了良好的效果，这就充分证明了这一点的合理性。

1.2.5《中央企业全面风险管理指引》与 ERM2017 比较分析

《指引》出台于 2006 年，COSO《企业风险管理——与战略和绩效的整合》修订于 2017 年。ERM2017 中风险管理不再是一个独立的体系，而是将企业的核心价值链贯穿到风险管理的整个过程中。《指引》与 ERM2017 的主要区别详见表 1-6。

表 1-6　《指引》与 ERM2017 的主要区别

项目	《中央企业全面风险管理指引》	COSO《企业风险管理——与战略和绩效的整合》
风险的定义	未来的不确定性对企业实现其经营目标的影响	事项发生并影响战略和商业目标实现的可能性。COSO 的定义并没有体现出风险的不确定性
风险管理的定义	围绕总体经营目标，通过在企业管理的各个环节和经营过程中执行风险管理的基本流程，培育良好的风险管理文化，建立健全全面风险管理体系，从而为实现风险管理的总体目标提供合理保证的过程和方法	组织在创造、保持时间价值的过程中，结合战略制定和执行，以形成管理风险的文化，通过实践获得能力
范围	主要针对中央企业	适用于任何类型、任何规模的组织，包括营利机构、非营利机构、政府部门。COSO 的适用主体更为广泛，只要是有使命、有目标的组织，都适合用这一套风险管理框架

续表

项目	《中央企业全面风险管理指引》	COSO《企业风险管理——与战略和绩效的整合》
基本流程	①收集风险管理初始信息；②进行风险评估；③制定风险管理策略；④提出和实施风险管理解决方案；⑤风险管理监督与改进	战略管理过程分为战略制定、战略执行、战略监督、战略评价。COSO强调绩效作为公司治理的一大要素，将风险治理工作融入管理工作，监控风险，战略执行的最终目的是提高绩效
风险因素	内部风险：战略风险、运营风险、财务风险。外部风险：政治风险、技术风险、市场风险、法律与合规风险、社会文化风险	治理和文化、战略和目标设定、绩效、审阅和修订、信息沟通与汇报
三道防线	各有关职能部门和业务单位为第一道防线；风险管理职能部门和董事会下设的风险管理委员会为第二道防线；内部审计部门和董事会下设的审计委员会为第三道防线	第一道防线是核心业务部门第二道防线是支持职能部门第三道防线是保证职能部门

1.3 "稳扎稳打"管风险

前面介绍了风险是什么，风险管理需要做什么，风险管理到底怎么做，根据国务院国资委发布的《指引》可以做到有章可循。《指引》是我国第一个全面风险管理指导性文件，各省份参照《指引》陆续制定并下发了本省关于全面风险管理的指导意见，因此我国企业基本都是采用《指引》要求来执行风险管理的，尤其是国有企业。根据《指引》要求，在企业管理的各个环节和经营过程中执行风险管理的基本流程。这句话很简单，但有几个关键点需要注意："企业管理"，说明风险管理是企业管理的一个组成部分，体现了风险管理的"融入性"；"各个环节和经营过程"代表"全面"，风险管理需要全员、全过程参与，比如中化集团，基本实现了"管理无空白、无重叠，指挥流畅、上下贯通，事情有人管、责任有人担"的有序管理格局；"执行"就是"落实"；"基本流程"是风险管理的主线，可以根据企业业务性质和特点，以这条主线做一些"加减法"。

企业风险管理基本流程包括以下主要工作：初始信息收集；组织风险评估；制定风险管理策略；制定实施解决方案；风险管理监督与改进。全面风险管理基本流程的具体内容详见图 1-8。

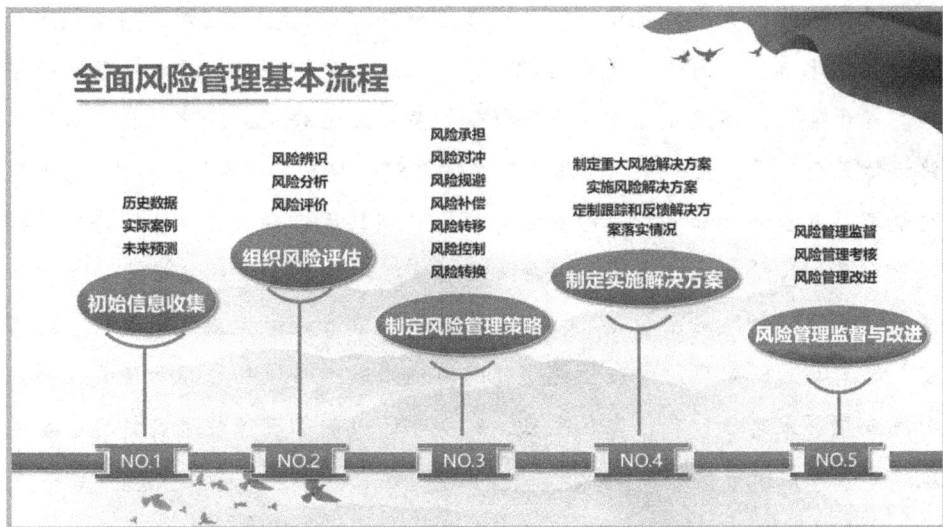

图 1-8　全面风险管理基本流程

在具体实务中，各企业确定风险管理流程时，基本流程和相应内容可根据具体情况进行相应的调整。

案例

某电力集团公司以加强年度风险管理工作为抓手，执行风险管理基本流程，并在管理的各环节和经营过程中统一执行。在风险信息收集环节，重点完善了全集团通用的风险损失事件收集分析模板，并将收集分析工作落实到各单位的日常工作中。在风险评估环节，广泛引入集体讨论、流程分析、问卷调查等定性方法，积极开展基于经济增加值（EVA）的情景分析和滚动预测、基于功效系数法的财务风险综合评估等定量分析，引导各单位主要领导和部门负责人通过专题会、部内讨论会等方式参与风险评估，使风险评估更加全面、深入和准确。在风险应对环节，紧密结合日常工作制定应对措施，将风险防控工作落实到各有关部门和单位，落实到日常工作中，努力实现全面风险管理与日常经营管理的深度融合。在风险管理监督与改进环节，结合对标、月度经济活动分析、绩效考核、内部审计后评价等工作，定期分析重大和重要风险的实际发生情况，评估风险解决方案的实施效果，研究制定改进措施。比如，某通信集团公司对上述流程进行适当调整，提出全面风险管理"五步法"，即风险梳理、风险评估、关键风险分析、风险管理实施和年终评估五个步骤，把全年的风险管理工作贯穿了起来。每年1—3月，完成风险梳理、风险评估和关键风险分析，并依次得到风险列表、风险图谱和关键风险列表、风险解决方案等；每年4—12月实施风险管理解决方案，关键是同日常管理经营活动紧密结合，避免为形成风险管理而变成风险管理"两张皮"的局面，同时风险管理协调小组对实施情况进行过程监控和巡查，确保解决方案得以有效执行；每年年底，对全年的风险管理工作进行评估，形成风险管理评估报告。

1.3.1 初始信息收集

风险管理基本流程的第一步，是要广泛地、持续不断地收集与本企业风险和风险管理相关的内部、外部初始信息，包括历史数据、实际案例和未来预测等数据。应把收集初始信息的职责分工落实到各有关职能部门和业务单位。收集初始信息要根据所分析的风险类型具体展开，企业风险需要收集的内容详见表1-7。

表 1-7　企业风险需要收集的内容

序号	战略种类	需考虑的内容
1	战略风险分析：企业应广泛收集国内外企业战略风险失控导致企业蒙受损失的案例，并至少收集与本企业相关的重要信息	国内外宏观经济政策以及经济运行情况、本行业状况、国家产业政策；科技进步、技术创新的有关内容；市场对本企业产品或服务的需求；与企业战略合作伙伴的关系，未来寻求战略合作伙伴的可能性；本企业主要客户、供应商及竞争对手的有关情况；与主要竞争对手相比，本企业实力与差距；本企业发展战略和规划、投融资计划、年度经营目标、经营战略，以及编制这些战略、规划、计划、目标的有关依据；本企业对外投融资流程中曾发生或易发生错误的业务流程或环节
2	财务风险分析：企业应广泛收集国内外企业财务风险失控导致危机的案例，并至少收集本企业的重要信息	负债、或有负债、负债率、偿债能力；现金流、应收账款及其占销售收入的比重、资金周转率；产品存货及其占销售成本的比重、应付账款及其占购货额的比重；制造成本和管理费用、财务费用、营业费用；盈利能力；成本核算、资金结算和现金管理业务中曾发生或易发生错误的业务流程或环节；与本企业相关的行业会计政策、会计估算、与国际会计制度的差异与调节（如退休金、递延税项等）等信息
3	市场风险分析：企业应广泛收集国内外企业忽视市场风险、缺乏应对措施导致企业蒙受损失的案例，并至少收集与该企业相关的重要信息	产品或服务的价格及供需变化；能源、原材料、配件等物资供应的充足性、稳定性和价格变化；主要客户、主要供应商的信用情况；税收政策和利率、汇率、股票价格指数的变化；潜在竞争者、竞争者及其主要产品、替代品情况
4	运营风险分析：企业应至少收集与本企业、本产业相关的信息	产品结构、新产品研发；新市场开发，市场营销策略，包括产品或服务定价与销售渠道，市场营销环境状况等；企业组织效能、管理现状、企业文化，高、中层管理人员和重要业务流程中专业人员的知识结构、专业经验；期货等衍生产品业务中曾发生或易发生失误的流程和环节；质量、安全、环保、信息安全等管理中曾发生或易发生失误的业务流程或环节；因企业内、外部人员的道德风险致使企业遭受损失或业务控制系统失灵；给企业造成损失的自然灾害以及除上述有关情形之外的其他纯粹风险；对现有业务流程和信息系统操作运行情况的监管、运行评价及持续改进能力；企业风险管理的现状和能力

续表

序号	战略种类	需考虑的内容
5	法律风险分析：企业应广泛收集国内外企业忽视法律法规风险、缺乏应对措施导致企业蒙受损失的案例，并至少收集与该企业相关的信息	国内外与本企业相关的政治、法律环境；影响企业的新法律法规和政策；员工道德操守的遵从性；签订的重大协议和有关贸易合同中本企业发生重大法律纠纷案的情况；企业和竞争对手的知识产权情况

企业还要对收集的初始信息进行必要的筛选、提炼、对比、分类、组合，以便进行风险评估。某集团公司在收集风险管理初始信息时，分别采用了归纳法和演绎法两种思路。归纳法是利用头脑风暴、问卷调查、岗位（流程）风险辨识、专家研讨、访谈、情景分析、行业标杆对照、历史数据分析、计算机数据模拟等方法，从中发现所有可能影响企业经营目标的因素。通过个人的观察和总结，一些风险事件或因素可以归纳为渠道风险，另一些风险事件或因素可以归纳为资费风险，渠道风险、资费风险等都可以归纳为市场风险。

在实际操作中，该集团公司经常采用的是演绎法，即从风险分类目录出发，结合内外部环境变化，检查所负责的岗位和流程中是否存在目录中的风险或其影响因素。举例来说，风险梳理时可以直接对照风险目录，看看是否存在合规风险，比如是否违反上市规则，或是否违反竞争监管法规等。

通过这种方法，不仅要把风险找出来，还要进行准确命名和描述，并根据其产生的原因、流程确定其责任部门和相关部门。

1.3.2 组织风险评估

完成风险管理初始信息收集之后，企业要对收集的风险管理初始信息和企业各项业务管理及其重要业务流程进行风险评估，风险评估是很关键的一个环节。那什么是企业风险评估，为什么要进行风险评估？

风险评估活动旨在通过提供基于事实的信息并进行分析，就如何处理特定风险以及如何选择风险应对策略进行科学决策。作为风险管理活动的组成部分，风险评估提供了一种结构性的过程以识别目标如何受各类不确定性因素的影响，并从后果和可能性两个方面进行风险分析，然后确定是否需要进一步处理。开展风险评估工作的八大好处详见表 1-8。

表 1-8　开展风险评估工作的八大好处

序号	开展风险评估工作的八大好处
1	认识风险及其对目标的潜在影响
2	为决策者提供信息
3	有助于认识风险，以便帮助企业选择应对策略
4	识别造成风险的主要因素，揭示系统和组织的薄弱环节
5	有助于明确需要优先处理的风险事件
6	有助于通过事后调查进行事故预防
7	有助于风险应对策略的选择
8	满足监管要求

风险评估的步骤。风险评估包括风险辨识、风险分析、风险评价三个步骤。

1. 风险辨识。风险辨识是指查找企业各业务单元、各项重要经营活动及其重要业务流程中有无风险，有哪些风险。如何进行风险辨识？风险辨识，"辨"就是分辨、辨别，"识"就是认可、识别，辨识就是发现、认可并记录风险的过程。风险辨识的目的是确定可能影响系统或组织目标得以实现的事件或情况。一旦风险得以识别，组织应对现有的控制措施（诸如设计特征、人员、过程和系统等）进行识别。用通俗语言表达，风险辨识就是看出风险。

风险辨识过程包括识别可能对目标产生重大影响的风险源、影响范围、事件及其原因和潜在的后果。风险辨识方法包括：**基于证据的方法**，例如检查表法以及对历史数据的审查，利用历史数据找规律和趋势，发现问题，这是比较常规的方法；**系统性的方法**，例如借助一套结构化的提示或问题来系统地识别风险；**归纳推理技术**，上面介绍了某集团公司使用的归纳法和演绎法，这里不赘述。

进行风险辨识、分析和评价，应将定性与定量方法相结合。定性方法可采用问卷调查、集体讨论、专家咨询、情景分析、政策分析、行业标杆比照、管理层访谈、由专人主持的工作访谈和调查研究等。定量方法可采用统计推论（如集中趋势法）、计算机模拟（如蒙特卡洛分析法）、失效模式与影响分析、事件树分析等。无论实际采用哪种技术，关键是在整个风险辨别过程中要认识到人为因素及组织因素的重要性。因此，偏离预期的人为及组织因素也应被纳入风险辨别的过程中。

2. 风险分析。风险分析是对辨识出的风险及其特征进行明确的定义描述，分析和描述风险发生可能性的大小、风险发生的条件。通过风险分析能够加深对风险的理解。它为风险评价提供信息，以确定风险是否需要处理以及最适当的处理策略和方法。

如何进行风险分析？风险分析要考虑导致风险的原因和风险源、风险后果及其发生的可能性，识别影响后果和发生可能性的因素，还要考虑现有的风险控制措施及其有效性，结合风险发生的可能性及后果来确定风险水平。一个风险事件可能产生多个后果，从而可能影响多重目标。风险分析通常涉及对风险事件潜在后果及相关概率的估计，以便确定风险等级。在某些情况下，例如当后果很不重要或者概率极低时，单项估计可能足以进行决策。

在某些情况下，风险可能是一系列事件叠加产生的结果，或者由一些难以识别的特定事件诱发。在这种情况下，风险评估的重点是分析系统各组成部分的重要性和薄弱环节，以确定相应的保护和补救措施。根据风险分析的目的、可获得的可靠数据以及组织的决策需要，风险分析可以是定性的、半定量的、定量的或以上的组合。

定性分析可通过"高、中、低"这样的表述来界定风险事件的后果、可能性及风险等级。如将后果和可能性两者结合起来，并与定性的风险准则相比较，即可评估最终的风险等级。半定量法利用数字分级尺度来测度风险的可能性及后果，并运用公式将二者结合起来，得出风险等级。定量分析则可估计出风险后果及其可能性的实际数值，结合具体情境，得出风险等级值。由于相关信息不够全面、缺乏数据、受到人为因素影响等，或因为定量分析工作无法得到确保或没有必要，全面的定量分析未必都是可行的或值得的。在此情况下，由经验丰富的专家对风险进行半定量或者定性的分析可能已经足够有效。如果是定性分析，那么应该对使用的术语进行清晰的说明，并对风险准则的设定基础进行记录。

即使已实现全面的定量分析，还应注意到，此时所获得的风险等级值是估计值，应注意确保其精确度不会与所使用的原始数据及分析方法的精确度存在偏差。风险等级应当用与风险类型最为匹配的术语表达，以利于进一步的风险评价。在某些情况下，风险等级可以通过风险后果的概率分布来表达。

3. 风险评价。 风险评价是评价风险对企业实现目标的影响程度、风险的价值等。

实际工作中，在做风险评价时，一般要使用"五问法"（见表 1-9），风险评价工作重点围绕这"五问"展开。

表 1-9　风险评价"五问法"

问题顺序	五问
第一问	会发生什么以及为什么（通过风险辨识）
第二问	后果是什么，有什么影响
第三问	这些后果发生的可能性有多大
第四问	是否存在一些可以减轻风险后果或者降低风险可能性的因素
第五问	风险等级是否可容忍或可接受，是否要求进一步的应对和处理

企业在评估多项风险时，应根据对风险发生可能性的大小和对目标的影响程度的评估，绘制风险坐标图，对各项风险进行比较，初步确定对各项风险的管理优先顺序和策略。风险评估应由企业组织有关职能部门和业务单位实施，也可聘请有资质、信誉好、风险管理专业能力强的中介机构协助实施。

案例

某通信集团公司的风险评估采用基于集体讨论和专家打分的风险图谱，实现了定性与定量相结合，操作简单易行。具体分为五个步骤。

第一步：确定评估指标。

对于不同的风险，衡量其发生可能性和影响程度的指标可能不同。常见的评估指标如表1-10所示。

表1-10　风险评估指标

指标	发生可能性	影响程度
定性指标	发生的难易程度	影响企业声誉 影响人身安全 影响日常运营
定量指标	发生概率 发生频率 发生数量	影响收入 影响税前利润

在开展风险评估时，首先要分别确定评估风险发生可能性和影响程度的合适指标，能定量的情况下尽量选择定量指标。如对于资产安全风险，其发生可能性指标可以用发生概率，影响程度指标可以用影响税前利润。

第二步：确定评分标准。

在确定风险评估指标后，就要确定统一的评分标准，否则不同的风险评估人员得出的分数的可比性就难以得到保证。某集团公司采用统一的5分制风险度量标准，即0分代表发生可能性或影响程度最小，5分代表发生可能性或影响程度最大。在0~5分中的不同评分区间，各个指标的标准可能不同。在正式进行风险评估前，风险评估人员应该就每个风险的发生可能性指标和影响程度指标确定其评分标准。其中发生可能性指标的评分标准可以参考表1-11。

表 1–11　风险发生可能性评分标准

项目		评分				
		0~1分	1~2分	2~3分	3~4分	4~5分
风险发生可能性描述		极小	小	中等	大	极大
定性	发生情况的难易程度	一般情况下不会发生	极少情况下才发生	某些情况下发生	较多情况下发生	频繁发生
定量	一定时期风险事件发生的概率	<20%	20%~40%	40%~60%	60%~80%	>80%
	风险事件发生频率	2年1次	1年1次	6个月1次	3个月1次	1个月1次
	风险事件的数量	<1	1~5	5~10	10~20	>20

影响程度指标的评分标准可以参考表 1–12。

表 1–12　风险影响程度评分标准

项目		评分				
		0~1分	1~2分	2~3分	3~4分	4~5分
风险影响程度描述		极小	小	中等	大	极大
定性	对企业声誉的影响	负面信息在企业内部流传，对企业声誉影响小	负面信息在当地局部流传，对企业声誉影响较小	负面信息在本省内流传，对企业声誉影响达到中等程度	负面信息在多个省流传，对企业声誉影响较大	负面信息在全国范围内流传，对企业声誉影响恶劣
	对安全方面的影响	短暂影响员工健康	严重影响一位员工的健康	严重影响多位员工的健康	导致一位员工死亡	导致多位员工死亡
	对企业日常运营的影响	不受影响	轻度影响	中度影响	严重影响	重大影响
定量	对收入的影响(本企业)	<0.05%	0.05%~0.5%	0.5%~1%	1%~2%	>2%
	损失或费用占税前利润比(本企业)	<0.1%	0.1%~1%	1%~3%	3%~5%	>5%

第三步：专家打分。

风险评估人员可以是外部专家，也可以是一线员工。只要对风险发生的原因、流程及影响有一定的认识和判断的人员，都可以作为专家对风险打分。每个专家需对每个风险的发生可能性和影响程度打分。打分的依据就是上面提到的评分标准。把每个风险的所有专家打分进行算术平均，分别得到发生可能性总分和影响程度总分。专家打分表如表1-13所示。

表1-13　专家打分表

日期：		公司：					部门：				
编号	风险名称	发生可能性						影响程度				
		专家1	专家2	专家3	专家4	……	算术平均	专家1	专家2	专家3	专家4	……	算术平均
1												
2												

第四步：生成风险图谱。

风险图谱也叫风险坐标图，是指把风险发生可能性、风险影响程度作为两个维度，绘制在同一个平面上（即直角坐标系）。绘制风险图谱的目的是对多项风险进行直观比较，从而确定各风险管理的优先顺序和策略。与5分制风险度量标准相对应，风险图谱中的横轴、纵轴也分别按1分、2分、3分、4分、5分划分网格线，形成5×5的方块矩阵。还可以在风险图谱中标注颜色，便于直观区分。比如：标注红色，代表关键风险；标注黄色，代表一般风险；标注绿色，代表低风险。

在进行关键风险指标管理时，把风险图谱中的红色区域的风险填写到关键风险列表中。同时考虑下面三项因素后，对关键风险的名称及数量进行适当调整。

1. 当专家打分评估出来的关键风险太少（一般要求每个企业的关键风险在 2~5 个），基于谨慎性原则，可以升级其他相对重要的风险进入关键风险。

2. 当凭经验、直觉发现有更重要的风险不在关键风险中时，可以经风险评估人员一致同意后在关键风险列表中补充。

3. 如果关键风险之间相关程度非常密切，可以进行合并。如欠费管理风险与应收账款回收风险，经济环境风险与政策风险。

经过调整后，得到最终的关键风险列表。某部门经过风险评估后的关键风险列表如表 1-14 所示。

表 1-14 关键风险列表

序号	一级目录	二级目录	风险名称
15	市场风险	营销管理风险	营销成本管控风险
14	市场风险	营销管理风险	欠费管理风险
1	战略风险	环境风险	经济环境风险
5	运营风险	人力资源管理风险	劳动用工风险
22	财务风险	资产风险	应收账款的产生与回收风险
3	战略风险	战略决策风险	并购风险
2	战略风险	环境风险	政策风险
19	法律风险	知识产权风险	侵犯著作权风险

关键风险分析是对评估出的关键风险进行针对性的深入分析。主要分析其发生的流程／环节、动因、影响、管理现状，提出管控建议，包括风险态度、策略和具体解决方案，参见表 1-15。

表 1-15 关键风险分析内容与方法

分析内容	分析方法	作用／目的
流程／环节	分析该风险产生于企业运营管理中的哪个流程／环节	便于将来将风险责任、改进职责落实到岗位及人员
动因	分析风险来源于哪个业务或管理流程、主要的责任人或责任部门、风险的动因或引发风险事件的关键因素，包括外部和内部两个方面、风险动因的影响路线描述等	使企业清晰完整地认识到这些风险为什么会产生、怎样产生、会在哪里产生，同时找到关键性驱动因素，对其进行重点管理，以持续提升风险管理水平
影响	分析风险对企业战略目标、绩效考核指标、部门或流程等的影响和影响路线	作为判断该风险影响程度的基础
管理现状	分析本企业已经采取了哪些管理措施，效果如何	判断风险应对效果，是否需要制定新的应对措施
管控建议	往往融合在具体业务方案中，也可以专门制定。需要明确风险偏好、承受度、管理策略、时间、资源、措施和期望的效果等	监督风险管理实施过程

第五步：关键风险指标分解。

企业目标的实现要靠企业的各个职能部门和业务单位共同的努力，同样，企业的指标要分解到企业的各个职能部门和业务单位。对于关键风险指标也是一样的。对于关键风险指标的分解要注意职能部门和业务单位之间的协调；对于关键风险指标的分解，要兼顾各职能部门和业务单位的诉求。

1.3.3 制定风险管理策略

风险管理基本流程的第三步是制定风险管理策略。根据《指引》，风险管理策略，指企业根据自身条件和外部环境，围绕企业发展战略，确定风险偏好、风险承受度、风险管理有效性标准，选择风险承担、风险规避、风险转移、风险转换、风险对冲、风险补偿、风险控制等适合的风险管理工具的总体策略，并确定风险管理所需人力和财力资源的配置原则。 一般情况下，对战略、财务、运营和法律风险，可采取风险承担、风险规避、风险转换、风险控制等方法。对能够通过保险、期货、对冲等金融手段进行理财的风险，可以采用风险转移、风险对冲、风险补偿等方法。风险管理策略的组成详见表 1-16。

表 1-16　风险管理策略的组成

项目	组成	描述
风险管理策略的组成	风险偏好和风险承受度	明确企业要承担什么风险，承担多少风险
	风险管理的有效性标准	明确怎样衡量企业的风险管理工作成效
	风险管理的工具选择	明确怎样管理重大风险
	全面风险管理的资源配置	明确如何安排人力、财力资源

企业应根据不同业务特点统一确定风险偏好和风险承受度，即企业愿意承担哪些风险，明确风险的最低限度和不能超过的最高限度，并据此确定风险的预警线及相应采取的对策。确定风险偏好和风险承受度，要正确认识和把握风险与收益的平衡，防止和纠正忽视风险，片面追求收益而不讲条件、范围，认为风险越大、收益越高的观念和做法；同时，也要防止单纯为规避风险而放弃发展机遇。

企业应根据风险与收益相平衡的原则以及各风险在风险坐标图上的位置，进一步确定风险管理的优选顺序，明确风险管理成本的资金预算和控制风险的组织体系、人力资源、应对措施等总体安排。企业应定期总结和分析已制定的风险管理策略的有效性和合理性，结合实际不断修订和完善。其中，应重点检查依据风险偏好、风险承受度和风险控制预警线实施的结果是否有效，并提出定性或定量的有效性标准。

案例

某钢铁集团公司按照资源风险、市场风险、环保风险和金融风险 4 个项目组集中开展了风险辨识、分析、评价工作，共辨识出风险事件 248 项，其中：重大风险 22 项，中等风险 12 项，一般风险 214 项。环保风险 121 项，占比 49%；金融风险 53 项，占比 21%；市场风险 39 项，占比 16%；资源风险 35 项，占比 14%。从这些风险事件来看，与钢铁企业风险情况比较契合。作为重工业和重资产企业，环保和资金的压力是较大的，风险也是较大的。因此，该集团公司按照"四象限、三个等级"的风险应对管理模型，制定风险应对管理策略。对风险发生可能性大、影响程度大、处在红色区域的风险初步判定为重大风险，采取战略性举措加以应对；对处在黄色区域的中等风险，主要通过完善内部控制措施加强日常管理。

1.3.4 制定实施解决方案

按照风险管理的基本流程，制定风险管理策略后的工作是制定实施解决方案，也就是执行前一阶段制定的风险管理策略，进一步落实风险管理工作。根据《指引》，企业应根据风险管理策略，针对各类风险或每一项重大风险制定风险管理解决方案。方案一般应包括风险解决的具体目标，所需的组织领导，所涉及的管理及业务流程，所需的条件、手段等资源，风险事件发生前、中、后所采取的具体应对措施以及风险管理工具（如：关键风险指标管理、损失事件管理等）。

风险管理解决方案是在风险识别、风险衡量、风险决策优选的基础上，根据企业所处的内外部环境制定的企业风险管理的行动纲领。方案的制定及执行直接影响到风险管理的效果。因此，制定科学、合理、全面、可行的风险管理解决方案是进行风险管理的重中之重。实际操作中，制定风险管理解决方案一般分四步，详见表 1-17。

表1-17　风险管理解决方案四步法

项目	步骤	主要内容
风险管理解决方案	第一步：确定风险管理目标	注意成本收益性原则，以最低的成本获得最高的安全保障；根据企业内外部环境制定；考虑所面临的不同风险情况。确定风险管理目标。坚持经营战略与风险策略一致、风险控制与运营效率及效果相平衡的原则
	第二步：设计风险管理解决方案	根据风险管理目标及企业面临的特定风险和特定条件可以设计特定的一个或多个风险管理解决方案
	第三步：制定并执行具体措施	在设计风险管理解决方案后，针对具体风险要制定具体措施，并有效执行。针对风险所涉及的各管理及业务流程，制定涵盖各个环节的全流程控制措施，要把关键环节作为控制点，采取控制措施
	第四步：解决方案效果评价	对风险管理解决方案及具体措施实施的效果进行分析、评估和修正

案例

　　某钢铁集团公司，根据风险评估结果，在制定、实施风险管理解决方案中，针对"下游重点行业需求减弱、铁精矿和煤炭价格持续上涨、融资成本上升和国家针对钢铁行业环保政策约束监管加强"等外部重大风险因素，各专项风险项目组制定了具体应对措施。如环保风险项目组，按照国家节能减排、淘汰落后产能以及新建项目环评审批等政策要求，对重点单位进行系统排查，对各重大风险点逐一组织制定改进措施并明确实施计划，避免或减少可能的风险损失；资源风险项目组，针对进口主要大宗原燃料价格大幅波动的趋势，采取避峰就谷采购策略，增加内采比例；金融风险项目组制定了调整融资结构和信用限额等应对措施。重点在制定解决法律风险措施方面，围绕总法律顾问制度建设、规章制度法律审核、经济合同法律审核、重要决策法律审核、重大法律纠纷案件处理五大指标，开展了系列法律风险专项管理工作。一是重新盘点法律风险源，制定全公司法律风险防控指引，下发法律风险防范实施意见；二是对全公司各类法律风险进行新一轮的辨识、分析和评价，研究法律风险的性质、成因、特征和防范重点，共识别确认公司设立、规章制度、关联交易、合资合作、矿产资源、合同管理、劳动关系等24 类 150 余项法律风险，建立了法律风险分类模本及风险事件库；三是建立法律风险预警工作机制，针对公司在生产经营和管理中潜在的法律风险，定期编发法律风险预警通报、法律纠纷案件分析，提示法律风险和防范措施，发挥法律风险预警和防范应对指导作用；四是强化公司重大项目法律风险管控，系统地梳理了营口港务局码头合资项目等近 30 个重大项目的决策和实施过程中的法律风险辨识与应对情况，为进一步提升公司重大项目法律风险防范能力奠定了工作基础。

▌延伸阅读

风险管理工具之关键风险指标管理

关键风险指标管理是对引起风险事件发生的关键成因指标进行管理的方法。关键风险指标管理可以管理单项风险的多个关键成因，也可以管理影响企业主要目标的多个主要风险。对于关键风险指标的分解，要兼顾各职能部门和业务单位的诉求。一个可行的方法是在企业的总体领导和整体战略的指导下进行职能部门和业务单位间的协调。关键风险指标管理六步法详见表 1-18。

表 1-18 关键风险指标管理六步法

步骤	关键风险指标管理六步法
第一步	分析风险成因，从中找出关键成因
第二步	将关键成因量化，确定其度量标准，分析确定导致风险事件发生（或极有可能发生）时该成因的具体数值
第三步	以该具体数值为基础，以发出风险信息为目的，加上或减去一定数值后形成新的数值，该数值即为关键风险指标
第四步	建立风险预警系统，即当关键成因数值达到关键风险指标时，发出风险预警信息
第五步	制定出现风险预警信息时应采取的风险控制措施
第六步	跟踪监测关键成因的变化，一旦出现预警，即实施风险控制措施

某电网公司以量化工具为依据，抓风险管理自动预警。公司在传统的风险管理方法和人工分析基础上，确定关键风险指标，并借助先进的风险管理理念和技术手段，积极探索风险量化管理、人工智能等自动化应用，将风险管理方式从定期评估、整改，转向在线监测、预警，意在提高风险管理工作的说服力和客观性。一是积极探索重大风险量化管理模式。公司运用蒙特卡洛分析法、层次分析、情景分析等量化手段，对重大人身伤亡事故风险、工程质量事故风险、电费回收风险、电价风险、融资风险等15项重大风险进行评估、测量，初步建立了成熟的量化分析评估模型，模型展示了风险因素与风险结果之间的数量关系，并将各项风险因素对应到量化指标，基本实现了对重大风险的量化分析和管理。二是积极构建风险自动预警体系。在积极探索风险量化管理基础上，公司建立了以经营目标为导向的覆盖公司的6类经营目标、23项业务活动、13项一级风险、58项二级风险、130项关键风险预警指标的全方位风险预警指标体系，针对风险设定关键风险预警指标，预警指标设定三级警戒值（正常、异常、报警）。指标值依据公司同业对标指标、绩效考核指标和风险责任部门专业经验确定，实行年度更新。同时，设立风险预警应对流程，规范预警信息收集和监控、风险原因分析、应急预案响应、风险信息上报等程序中相关人员的职责、权限和行为，并借助公司全面风险管理与内部控制信息系统，实现了风险的在线预警与处置全过程管理。

案例

企业资金风险解决方案

方案出台背景：某企业属于特大型煤炭集团企业，企业生产经营形势持续向好，但由于受国家宏观金融调控、去杠杆力度进一步加大等因素影响，煤炭行业面临的融资环境发生变化，企业融资出现前所未有的困难。为防范资金风险，保障企业正常生产经营，企业制定了资金风险解决方案。

一、工作目标

1. 全年利润总额达到5亿元。

2. 确保全年到期债务及时接续、子公司资金链安全。

3. 生产经营流动资金贷款规模不增加。

二、工作措施

（一）全力抓好增收节支

1. 全力增产提质增收。一是坚持总量与效益并重，谋划并科学论证简化系统、减线减面、满负荷生产和关停并转等方案的可行性、经济性和稳妥性，实施最佳生产方案；二是召开提质降本增效实现首季开门红大会。围绕年度生产经营任务，组织各单位进一步深化提质降本增效措施，加大挖潜力度，完成首季开门红任务目标；三是制定提质降本增效活动方案和考核办法，加大督导考核力度，不断提升集团企业经济运行质量。

2. 加大货款回收力度。一是加大营销力度，稳定中长期协议用户，巩固优化地销市场、合理调控内部用户；二是加强自产煤炭、煤化工产品的销售和回款工作，提高回现比例，控制商业承兑汇票收取额度，保证充足的现金流入；三是加强陈欠货款清收，防止坏账风险产生。

3. 深入推进机构改革。一是完善集团管控模式，构建扁平、精干、高效的母子公司管理体制；二是深化总部机关机构改革，强化总部机关战略管理和资本运作职能；三是完善市场化用工制度，拓展员工依法退出渠道，降低用工成本。

4. 全面降低成本费用。一是全面推行成本倒推和极限成本管理，大力压缩非生产性费用支出；二是降低管理费用，管理费用总额要同比下降5%以上，其中招待费、会议费、差旅费、办公费要同比下降10%；三是降低销售费用，销售费用总额要同比下降5%以上；四是降低财务费用，要通过置换短期高成本融资，使财务费用同比下降5%。

5. 加强亏损源头治理。一是坚持"一企一策"，因企施策，找准亏损症结，制定扭亏方案，对长期亏损、亏损额度大且扭亏无望的厂点坚决实施"关停并转"；二是煤类企业除去去产能矿井外，确保其他业务扭亏为盈；三是加强资本投资分析，防止投产即亏损的现象发生。

（二）确保债务融资平稳接续

1. 全力推进债券发行。新增注册债券总额度 50 亿元，发行 30 亿元，用于接续到期非银行债务，同时做好资金储备。一是注册 20 亿元私募公司债，发行 10 亿元；二是注册 15 亿元中期票据，发行 10 亿元；三是注册 10 亿元超短期融资券，发行 5 亿元；四是注册 15 亿元私募可转换债，发行 5 亿元。

2. 全力争取新增贷款。除与五大行合作外，加大与股份制银行的合作，增加增量资金储备来源；深化与地方城商行合作，争取新增授信和贷款规模；加大与租赁公司、信托公司合作，争取新增融资。

3. 力争信用评级上调。在各项指标和煤炭市场逐步稳定的基础上，积极向外部评级机构报告集团企业经营状况和政府支持政策，力争信用评级上调至 AAA 级。

4. 严控子公司资金风险。一是督导经营困难子公司提交资金、兴隆公司等单位提交资金危机化解方案；二是帮助资金危急子公司解决实际问题，确保资金链安全。

（三）全力控制资产负债率

1. 加快推进"债转股"。一是与相关银行紧密对接，细化"债转股"方案，以改善资产负债结构，降低短期偿债风险；二是与证券公司对接，谋划利用资管计划产品参与对子公司的股权投资，置换母公司贷款。

2. 加快推进资产证券化。一是积极推进化工产业整体上市工作，适时将部分区域优质资产先行注入上市公司；二是加快推进科技新三板挂牌上市；三是积极培育热电产业等新的上市业务板块，努力构建多板块、分层次、多区域上市发展格局。

3. 推进多渠道股权融资。一是积极寻求招商引资合作机会，引进国有、民营等各类资本，调整优化重点项目、重点企业股权结构；二是探索员工持股模式；三是全力推进参股股权转让退出，优化资本布局。

（四）用足用好国家政策

1. 主动化解过剩产能。一是围绕去产能矿井安全生产、人员安置、资产处置、债权债务、奖补资金、员工队伍稳定等关键问题，加强协调督导和政策对接，全面落实去产能工作方案，坚决完成年度任务；二是充分利用减量置换政策，用好用足置换指标，重点用于主力矿井挖潜、新建矿井升级，促进企业转型发展；三是加快去产能矿井转型发展，全面清查盘活关闭矿井回收物资和闲置的土地、厂房等资产，提高资产利用率，同时积极争取光伏发电、健康养老、产业园区建设等新兴产业政策扶持，培育新的经济增长点。

2. 加快剥离企业办社会职能。一是做好维修改造、移交方式、移交费用、人员安置等相关工作，确保 2017 年年底前完成全部破产社区及非破产社区主城区范围内的"三供一业"分离移交工作；二是加强与地方政府沟通协调，依法依规解决破产社区资金垫付等历史遗留问题。

3. 积极争取社保资金支持。一是加大争取"援企稳岗"资金补贴力度；二是争取将统筹外费用纳入社会统筹列支政策、申请国家及省政府降低企业"五险一金"负担、争取井下员工提前五年退休并由社保统筹列支政策等。

4. 争取财政资金支持。全力争取大气污染治理资金、技改补贴财政资金和国家煤矿安全资金补助、专项建设债券项目投资等。

（五）进一步强化资金管理

1. 强化预算刚性控制。一是严格编制年度资金预算，强力压缩各项付现支出；二是按月平衡资金支出，保证月度资金预算滚动平衡；三是严格支出管控，对未按规定程序批准的内外部投资、材料采购支出一律不予支付，杜绝一切预算外支出；四是加强预算执行情况分析，完善和改进预算管控。

2. 严控对外投资支出。一是合理安排外部投资预算，优先安排投资小、见效快、符合集团企业转型发展战略的投资项目；二是重点保证即将竣工投产、促进产业升级和转型发展的续建项目资金需求；三是新增投资项目要在效益优先并履行完成相应审批后才安排资金投入。

3. 降低采购资金支出。一是进一步做好集中采购、厂家直供、内部调剂和修旧利废等工作；二是增加代储代销，减少储备资金占用；三是优化付款方式，延长付款承兑期，使全年承兑汇票付款比例提高20%；四是发挥电商采购优势，减少采购成本，力争电商采购节约率保持在10%以上；五是合理利用商业信用，减少当期资金支出。

4. 强化应收账款清收。一是制定应收账款专项考核办法，强力压缩应收账款预算指标；二是开展应收账款清收月活动，推进陈欠货款清收；三是进一步压缩应收账款总规模，使年末应收账款余额实现同比下降 5%。

5. 大幅度压缩内部投资。一是合理安排年度预算，严格履行审批程序，强化监督和考核，确保投资效益最大化；二是使全年内部投资支出总额原则上不超过当年折旧提取总额的 50%。

6. 加快盘活无效资产。一是对现有闲置、无效或低效资产进行全面摸底、清理并加快处置，进一步加大闲置设备和房产的盘活力度；二是清理非核心资产，要加快退出工作步伐，尽快回收资金；三是加快不分红的参股投资退出步伐，力争年底前全部完成。

三、保证措施

1. 加强组织领导。企业成立资金风险防范工作领导小组，全面负责资金风险防范工作的组织领导。组长由集团企业董事长、总经理担任；副组长由集团企业副总经理、总会计师担任；成员包括集团企业其他党政领导、财务部、企管部、资本运营部、人力资源部、技术管理部、节能环保办、纪委监察部、法律事务部、审计部主要负责人。领导小组下设办公室，设在集团企业财务部。

2. 健全责任体系。一是针对企业年度防范资金风险工作方案制定各项工作措施，明确牵头负责的企业领导和责任部门、责任单位，采取超常规措施狠抓落实；二是各二级企业要全面贯彻落实方案要求，并制定实施本企业防范资金风险工作方案，明确工作目标，落实工作责任，并逐级分解下达指标任务，纳入绩效考核，形成强有力的责任落实保证体系。

3. 强化督导考核。一是按季开展调度督导，及时解决工作推进中出现的新问题，确保实施效果。二是发挥内部审计、法律把关、纪检监察等作用，超前排查、预警和消除资金风险隐患。建立资金风险超前通报机制，对存在重大风险的责任单位、责任领导，由集团企业党政组织联合约谈。综合使用绩效考核、经济和纪律责任追究、组织调整等手段，加大资金风险考核问责力度。三是制定专项考核政策，加大奖罚力度，推动工作方案落实到位。

案例

企业布置防范资金风险工作方案责任分工

责任分工背景：根据前面提到的企业资金风险解决方案，需要进行专项落实，分解到每个部门、每个责任人，实现压力层层传导。

某集团公司财务部总监主持召开了布置企业防范资金风险工作方案实施责任分工专题会议。集团公司总会计师，企业管理部、人力资源部、资本运营部、技术管理部、节能环保办、纪委监察部、法律事务部、审计部相关负责人，各二级公司总会计师或主管财务工作的经理、财务机构负责人，财务部各科科长参加了会议。

会上，宣读了企业防范资金风险工作方案责任分工安排。集团公司制定的年度防范资金风险工作方案，明确了工作目标，制定了工作措施，提出了工作要求。相关工作责任分工安排详见表 1-19。

表 1-19　公司防范资金风险工作方案责任分工安排

序号	措施	具体方案	责任部门
1	全力增产提质增收	一是坚持总量与效益并重，谋划并科学论证最佳生产方案，推进实施；二是召开提质降本增效实现首季开门红大会，完成首季开门红任务目标	各二级公司、企业管理部
2	加大货款回收力度	一是加大营销力度，稳定中长期协议用户；二是加强自产煤炭、煤化工产品销售和回款工作，提高回现比例，控制商业承兑汇票收取额度	运销公司、股份公司
3	深入推进机构改革	构建扁平高效的母子公司管理体制，强化总部机关战略管理和资本运作职能，拓展员工依法退出渠道	人力资源部
4	全面降低成本费用	一是大力压缩非生产性费用支出；二是管理费用总额同比下降5%以上，其中招待费、会议费、差旅费、办公费同比下降10%；三是销售费用总额同比下降5%以上；四是财务费用同比下降5%	各二级公司、财务部

续表

序号	措施	具体方案	责任部门
5	加强亏损源头治理	一是坚持"一企一策"，制定扭亏方案，对长期亏损、亏损额度大且扭亏无望的厂点坚决实施"关停并转"；二是煤类公司除去去产能矿井外的业务扭亏为盈；三是加强资本投资分析，防止投产即亏损的现象发生	企业管理部、资本运营部
6	加强融资管理，严控风险	全力推进债券发行；全力争取新增贷款；力争信用评级上调；强化预算刚性控制；严控子公司资金风险，督导困难子公司提交资金危机化解方案；帮助资金危急子公司确保资金链安全	财务部
7	加强资本运作	加快推进"债转股"；加快推进资产证券化；推进多渠道股权融资。一是积极寻求招商引资合作机会；二是探索员工持股模式；三是推进参股股权转让退出；严控对外投资支出	资本运营部
8	主动化解过剩产能	一是围绕去产能矿井涉及的关键问题，加强协调督导和政策对接，全面落实去产能工作方案；二是充分利用减量置换政策，用好用足置换指标；三是加快去产能矿井转型发展	企业管理部、有化解过剩产能任务的各二级公司
9	抓好增收节支工作	加快剥离企业办社会职能；积极争取社保资金支持；争取财政资金支持；强化应收账款清收；大幅度压缩内部投资；加快盘活无效资产	财务部、人力资源部等部门
10	强化考核	发挥内部审计、法律把关、纪检监察等作用，综合使用绩效考核、经济和纪律责任追究、组织调整等手段，加大资金风险考核问责力度	审计部、纪检监察部

会议强调，在推进实施防范资金风险工作方案的过程中，一定要做到以下五点。

1. 明确实施责任。一是集团公司将年度防范资金风险工作方案中制定的 20 条具体措施的实施责任及完成时限明确落实到集团总部相关部门及二级公司；二是各责任部门主要领导是第一责任人，并要进一步明确分管负责人、主管科室，直至岗位责任人，各二级公司要确保防范资金风险工作方案的实施责任逐级分解，落实到一线、落实到基层、落实到岗位。

2. 制定实施方案。集团公司各责任部门和各二级公司要全面落实防范资金风险工作方案的相关要求，研究制定本部门、本企业的防范资金风险工作方案并于5月12日中午12点前报集团公司财务部；集团公司财务部在审核、完善后于5月20日前形成专项报告，提交集团公司主要领导。

3. 按季调度督导。为确保上述防范资金风险工作方案的实施效果，集团公司将按季开展调度督导，肯定成绩，发现问题，提交调度督导报告，对实施效果进行通报；各责任部门和各二级公司也要针对本部门、本企业的防范资金风险工作方案，及时进行调度督导，推动工作方案落实到位。

4. 加大问责力度。集团公司财务部要建立并实施资金风险超前通报机制，对于工作实施不到位造成重大风险的责任单位，集团公司将进行责任追究。

5. 进行专项考核。要针对集团公司防范资金风险工作方案的实施研究制定出专项考核政策，对于按期完成防范资金风险工作任务的部门和单位，要给予表彰奖励；对于未完成工作任务，造成集团公司重大资金风险的责任单位，要进行处罚。企业管理部要在5月20日前制定专项考核办法，并纳入专项报告提交集团公司领导。

总之，制定实施集团公司防范资金风险工作方案非常必要，确保全面贯彻落实好防范资金风险工作方案中提出的各项任务和措施极为重要。

1.3.5 风险管理监督与改进

风险管理基本流程的最后一个步骤是风险管理监督与改进。根据《指引》，企业应确定重点风险，对风险管理初始信息、风险评估、风险管理策略、关键控制活动及风险管理解决方案的实施情况进行监督，采用压力测试、返回测试、穿行测试以及风险控制自我评估等方法对风险管理的有效性进行检验，根据变化情况和存在的缺陷及时加以改进。

企业风险管理职能部门应定期对各部门和业务单位风险管理工作实施情况和有效性进行检查和检验，要根据在制定风险策略时提出的有效性标准的要求对风险管理策略进行评估，对跨部门和业务单位的风险管理解决方案进行评价，提出调整或改进建议，出具评价和建议报告，及时报送企业总经理或其委托分管风险管理工作的高级管理人员。

企业内部审计部门应至少每年一次对包括风险管理职能部门在内的各有关部门和业务单位能否按照有关规定开展风险管理工作及其工作效果进行监督评价，监督评价报告应直接报送董事会或董事会下设的风险管理委员会和审计委员会。企业可聘请有资质、信誉好、风险管理专业能力强的中介机构对企业全面风险管理工作进行评价，出具风险管理评估和建议专项报告。

报告一般应包括以下几方面的实施情况、存在缺陷和改进建议。

1. 风险管理基本流程与风险管理策略。

2. 企业重大风险、重大事件和重要管理及业务流程的风险管理及内部控制系统的建设。

3. 风险管理组织体系与信息系统。

4. 全面风险管理总体。

比如，上述提到的某通信集团公司对一年来采取的风险管理举措的实施效果进行评估，描述关键风险控制点所采取的措施，达到了什么样的效果，最终得出风险管理的成效结论，并提出下一步工作计划。

评估风险管理工作的整体成效，一般从下面几个方面进行。

1. 企业确定的风险偏好、风险承受度是否合理、有效。

2. 是否考虑了企业范围内所有重大事项，是否覆盖了企业的主要业务和管理流程。

3. 是否已经对重大风险做出合理评估并对其采取有效解决方案。

4. 是否建立健全了企业风险管理制度体系并且这些制度是否被有效执行。

5. 当企业的外部环境发生变化时，企业会有哪些针对性措施。

6. 风险管理三道防线是否都切实履行了职责。

另外，如果发生了重大风险事件，在效果评估中一定要如实反映。

风险评估的整体结论可能有三种情况，分别是风险尚未控制、风险部分控制和风险基本控制，含义如表 1-20 所示。

表 1-20　风险控制评估结果及判断标准

亮灯	风险控制评估结果	判断标准
红灯	风险尚未控制	流程中采取防范措施的风险环节占比低于 30%，发生重大风险事件
黄灯	风险部分控制	流程中采取防范措施的风险环节占比在 30%~80%，没有发生重大风险事件
绿灯	风险基本控制	流程中采取防范措施的风险环节占比在 80% 以上，没有发生重大风险事件

判断标准中的比例，企业可根据实际经营情况自行确定。

案例

某电网公司以评价改进为保障，抓风险管理功能提升。公司立足评价、反馈、改进，不断推进风险管理工作的持续提升。一是建立了风险管理工作评价机制。公司初步完成了全面风险管理评价体系构建工作，制定出台了《财务内部控制评价手册》，明确了 10 类考评对象、131 项评价指标及评分标准。2010 年，公司选择 10 家网省公司本部、95 家地市公司，涉及货币资金、存货等 19 项内容，对 120 个业务流程进行穿行测试和控制测试，发现及整改 750 多个内部控制薄弱点，促进了各单位内控体系的完善和风险应对措施的改进。二是建立了经营诊断分析机制。围绕公司重大风险和潜在隐患，公司配套建立了经营诊断分析机制，集中会诊、全面查找、系统分析公司经营风险和管理薄弱点，系统提出应对措施和解决方案，督促各单位整改完善，提升经营管理水平。三是建立了风险管理工作对标体系。结合电网企业经营特点和公司发展战略，公司建立了以资产经营同业对标体系为辅助的对标评价体系，其中风险管理工作情况是公司对标评价重要内容之一。通过评比筛选各单位风险管理工作创新点并形成典型经验，并加以全面推广，促进了公司风险管理工作水平的整体提升。

1.3.6 启示和经验

风险管理是需要不断总结、不断改进和不断提高的过程，同时为下一步深化风险管理打下基础。某电网公司经过几年的摸索和探索，在全面风险管理建设中取得了较好的效果，它的主要启示和经验如下。

一是领导重视是前提，全员参与是基础。从公司外部讲，上级主管部门领导的重视，相关职能部门的专业指导和大力推行，促进了公司风险管理水平提升。从公司内部讲，公司党组高度重视风险管理，成立了一把手负责的组织体系和工作机制，建立了月度、季度工作例会制度，明确了风险管理职责分工，强化了责任考核和责任追究，将风险管理的各项措施落实到具体工作流程中，将风险管理的责任落实到各岗位职责中，有力地推动了风险管理工作的顺利开展。

二是方法科学是关键，专业技术是保障。紧密结合公司实际情况，统一规划与部署，先开展课题研究，提前进行调研；再试点实施，充分总结经验；最后全面推广，系统开展实施工作，充分保障了公司风险管理工作的高效开展。同时，在公司全面风险管理体系建设中，公司也非常重视借用外脑力量，积极引入外部管理咨询机构参与全面风险管理体系建设，充分发挥专业机构的技术优势，提升了风险管理工作开展的效率和质量。

三是信息技术是支撑，务求实效是根本。在全面风险管理体系建设中，公司充分利用信息技术手段，逐步将业务流程固化到信息系统中，实现"横向全专业覆盖、纵向全流程贯穿"，确保风险管理与内部控制有机融合和落地执行；同时，将风险管理的先进理论、最佳实践与公司自身的经营管理特点有效结合，坚持科学主导、持续改进，务求实效，开发专门的风险管理信息系统，提升风险管理工作效率，推动风险管理工作常态化。

1.4 全面风险管理体系 "顶层设计"

"不谋万世者，不足谋一时；不谋全局者，不足谋一域。"顶层设计是一个比较流行的词，是指运用系统论的方法，从战略和全局的高度，统筹各方面的要素和资源，统筹考虑和设计，集中有效资源，高效快捷完成任务和目标。

根据《指引》要求，企业应本着从实际出发、务求实效的原则，以对重大风险、重大事件（指重大风险发生后的事实）的管理和重要流程的内部控制为重点，积极开展全面风险管理工作。具备条件的企业应全面推进，尽快建立全面风险管理体系；其他企业应制定开展全面风险管理的总体规划，分步实施，可先选择发展战略、投资收购、财务报告、内部审计、衍生产品交易、法律事务、安全生产、应收账款管理等一项或多项业务开展风险管理工作，建立单项或多项内部控制子系统。通过积累经验，培养人才，逐步建立健全全面风险管理体系。

在推行全面风险管理体系建设上，与其他制度体系建设大体的架构和方式基本相同。不同的是，具体推行的指导思想和基本原则有其风险管理的独特性。比如，指导思想上（固定套路，确定目标），以《指引》为指导，以实现企业科学、稳步、快速发展为宗旨，以升华管理理念、增强风险意识、强化基础管理、规范管控运作为重点，构建科学规范、合理有效的企业全面风险管理体系，提升企业管理水平和企业综合竞争力，提高经济运行质量和经济效益。基本指导原则（比较实用，风险管理体系建设的方向）如下。一是体系建设优先。全面风险管理的基础是构建管理体系，包括：风险类别划分体系、风险级别甄别体系、风险指标体系、风险管理运行体系、风险管理责任体系、风险管理措施体系、风险管理考核体系等，做到科学合理、规范有效。二是层级管理为主。如果是集团企业，可以集团总部、二级公司、三级单位等管理层级（各级是责任主体），分别组织实施全面风险管理，职责明确，分级管控，全员参与，各有侧重，统筹协调，总体推进。不是集团性企业的公司，就比较简单，按各部门的业务性质进行划分，各部门是责任主体。三是突出重点管控。企业全面风险管理是一项系统工程，涉及企业的各个环节、各个领域、各个层面。在实际运作中，应把握重点，不同的管理层面要有本层级的风险管控重点，突出做好重大风险、关键风险的管理与控制。四是循序渐进实施。全面风险管理是一项长期性的企业管理工作，应遵循"先易后难，先大后小，先简后繁，先浅后深，分步推进，逐步升华"的指导方针，采用分阶段、分步骤、分级别、分性质的方式，循序渐进地组织与推进。五是简单、便捷、可行。全面风险管理的关键是组织实施，是落实在实际管理工作中。全面风险管理体系的建立必须符合企业的管理现状，以简便易行、简捷操作为前提，紧密结合工作实际，注重实效，有效推进。六是组织监督跟进。全面风险管理是企业实现战略发展的一项重要工作，既关系到企业的科学决策与稳步发展，又关系到日常工作的规范运作与有序管控，范围广、难度大，建议设置党组织、纪检审计部门的单位，由这些部门全面跟进，监督和保证此项工作的有效实施。涉及的各个业务板块较多的集团企业，要根据各个板块的业务性质和业务风险点的不同进行设计，"一企一策"，"私人定制"，否则完全照搬、照抄，可能会适得其反。

案例

　　某集团公司为有效应对十分严峻的外部经济形势，扭转生产经营的困难局面，紧紧抓住新集团管控体系构建的有利时机，对系统推进全面风险管理体系建设的各项工作进行了总体部署。一是拓展风险管理实施范围，有效防范重大风险。2012 年将风险管理工作拓展到全集团各经营型子公司，年度风险评估范围覆盖了集团总部各部门和本部 17 家子公司。经评估，共计辨识风险事件 1 249 项，经集团公司风险领导小组审核评价，确认集团公司 2012 年重大风险 5 项，即集团管控风险、人力资源风险、现金流风险、市场应对风险和海外项目监管风险。针对 5 项重大风险，集团风险管理职能部门组织各相关部门和单位，从具体风险表现、风险发生的内外部主要原因、可能带来的影响，以及风险应对管理措施、风险监控指标等方面做了认真梳理，形成了公司 2012 年度风险评估报告。二是全面施行定期年度风险评估和年度风管理报告制度。为规范指导集团内部各成员单位年度风险评估工作开展，集团统一发布了年度风险评估和年度风险管理报告流程，并指导本部17家单位对集团公司全面风险管理制度和流程进行全面承接，进一步夯实风险管理工作长效化机制的制度基础。三是以新集团企业重组整合、构建新集团管控体系为契机，系统推动风险管理与内部控制体系建设。按照公司母子公司运行规则，以及新集团组织架构设计方案，公司重新界定了集团总部和区域公司风险管理与内部控制职责，形成了集中管理与分层管理、分类管理相结合的风险管理组织职责体系框架。为保证重组整合后新集团管控职能的有效贯彻落实，按照国家五部委颁布的《企业内部控制基本规范》及配套指引，设计制定了公司内部控制手册结构框架，在新集团组建方案正式发布后，立即启动内部控制手册编制工作。在2013年底前，建立覆盖全集团的风险管理与内部控制体系。

1.5 企业风险管理"组织后卫"

组织后卫是篮球比赛中的一个固定位置，通常是全队进攻的组织者，并通过对球的控制来决定在合适的时间把球传给站位合适的球员，增加得分的概率，他是球场上拿球机会最多的人，但不一定是得分最多的人。风险管理也是如此，这个事情得有人组织，牵头组织大家一起进行，将风险影响降到最低。根据《指引》要求，企业应建立健全风险管理组织体系，主要包括规范的公司法人治理结构，风险管理职能部门、内部审计部门和法律事务部门以及其他有关职能部门、业务单位的组织领导机构及其职责。

为加强企业风险管理的组织领导，一般企业均会设立全面风险管理委员会、风险管理办公室。如果企业是集团性企业，二级公司和三级公司可参照集团总部的形式组建本单位的风险管理组织机构。如果企业属于特大型企业，涉及生产经营业务众多，可考虑在风险管理办公室下面再设风险管理专业组。

案例

　　某集团公司在风险管理方面，因涉及经营业务较多，根据业务性质、类别设立了十七个风险管理专业组，通过专业组的形式来细化风险管理工作，具体风险类别与责任划分详见表 1-21。

表 1-21　某集团公司层面风险类别与责任划分

风险类别	编号	风险事件描述	责任单位
担保风险	1	集团公司对外提供担保，给公司带来潜在损失（或有负债）	财务风险管理专业组
	2	集团公司为所属各单位提供担保，导致或有负债产生	
流动性风险	3	大量煤炭资源的购买，未能及时进行开发投资，影响集团公司整体资金流动性	兼并重组风险管理专业组
	4	公司的物流业务发展过程中物流资金占用过大，影响资金流动性	物流贸易风险管理专业组
	5	应收账款不能按时回收或发生坏账，影响集团公司资金流动性	财务风险管理专业组
	6	集团公司债务结构不合理，存在短贷长投现象，加大集团公司还本付息的压力	
	7	未来大量的投资并购项目，未能控制合理的资产负债水平	
	8	集团公司投资项目回报率未能达到预期水平	兼并重组风险管理专业组
融资风险	9	集团公司从银行获取的信贷资金不足以满足公司的战略发展要求	财务风险管理专业组
	10	集团公司债券发行困难	
	11	集团公司未来整体上市，面临资本市场的不确定性	兼并重组风险管理专业组
上市公司合规风险	12	母公司、分公司、其他子公司与上市子公司形成同业竞争	
	13	关联交易未履行法定程序，损害母公司、子公司、其他股东利益	

风险类别	编号	风险事件描述	责任单位
收益波动性风险	14	汇率发生波动，给集团公司造成汇兑损失	财务风险管理专业组
	15	煤炭生产人力成本、燃料动力成本上涨	人力资源风险管理专业组
	16	煤炭生产原料、设备价格上涨	物流贸易风险管理专业组
	17	铁路运输成本上涨	
	18	安全生产、节能减排等投入增加	安全生产风险管理专业组 节能环保风险管理专业组
	19	国家税收政策不断调整，比如增值税增加、资源税调高标准	财务风险管理专业组
	20	国家上调利率，集团公司财务风险增加	
	21	煤炭市场价格下跌（现货价格）	物流贸易风险管理专业组
	22	重点合同（长协合同）谈判时，订货价格下跌	
资产损失风险	23	在公司改制、破产过程中，发生国有资产流失	生活服务风险管理专业组
	24	土地使用权权属不清，无法确权、利用	
	25	未依法开发利用土地，被政府收回	
	26	土地使用权转让、出租、出资、利用过程中不符合法律规定，造成损失	
	27	集团公司所属土地被非法侵占	法律风险管理专业组
道德风险	28	集团公司高层管理人员发生违规违纪行为	纪检风险管理专业组
	29	员工出于个人利益，做出损害公司利益行为	
违规风险	30	集团公司或所属各单位出现偷税漏税行为	财务风险管理专业组
	31	三级以下的企业资金管理缺乏有效监管，存在私设"小金库"等违规行为	纪检风险管理专业组
	32	现有人才任命程序与《中华人民共和国公司法》有关规定存在不一致	人力资源风险管理专业组
	33	在招投标环节，缺乏规范的程序或执行过程中发生违规行为	纪检风险管理专业组
工商登记风险	34	企业的设立、变更、注销登记违反法律规定	法律风险管理专业组
	35	营业执照被吊销，无照经营、超范围经营	
	36	没有依法及时办理设立、变更、清算、注销、年检登记手续等	

续表

风险类别	编号	风险事件描述	责任单位
合同管理风险	37	经济业务过程中，合同的签订、履行和合同管理不当，导致违约行为发生	法律风险管理专业组
诉讼失败风险	38	未能收集、提供和保存相关凭证，诉讼过程中证据保全不足，导致诉讼失败	
	39	发生法律诉讼时，未及时履行其起诉、应诉、反诉、举证、财产保全申请、执行申请、再审再议、回避申请、管辖权异议等诉讼权利	
侵权风险	40	生产经营过程中侵犯他人合法权益	法律风险管理专业组
	41	经办业务不合法，不合规，疏于管理，怠于行使权利，未及时采取风险规避措施，导致诉讼失败	
安全生产风险	42	矿井发生水、火灾，造成人员财产损失	安全风险管理专业组
	43	矿井发生煤尘爆炸，造成人员财产损失	
	44	矿井发生瓦斯爆炸，造成人员财产损失	
	45	矿井发生顶板塌陷，造成人员财产损失	
	46	矿井发生机电事故，造成人员财产损失	
	47	发生其他安全事故，如交通事故	
	48	地面重大危险源（比如炸药、放射源等）管理不当，引发安全事故	
	49	集团公司建筑施工过程中发生安全事故	
	50	煤化工企业生产过程中发生工业安全事故	
产品质量风险	51	商品煤质量未能满足客户要求	煤炭生产风险管理专业组
工程建设风险	52	重大工程项目执行过程中超概算	基本建设风险管理专业组
	53	重大工程项目发生延期	
	54	重大工程项目出现质量问题	
	55	在工程项目中对施工单位缺乏控制（进度、质量、分包、转包），集团公司可能因为施工单位的违规，而存在连带法律问题，比如拖欠农民工工资	基本建设风险管理专业组
环境污染风险	56	集团公司未能满足国家节能减排政策的要求	节能环保风险管理专业组
	57	煤炭生产、煤化工生产过程中，废水、废气、废渣、放射源等潜在环境污染源的存在，可能引发环境污染问题	
	58	托管煤炭企业的环保管理缺乏监督和管理，可能给集团公司带来潜在的连带责任	

风险类别	编号	风险事件描述	责任单位
人力资源风险	59	人才结构与储备，无法满足集团公司未来战略发展的需要	人力资源风险管理专业组
	60	人员配备不及时或人员与岗位不匹配	
	61	未能吸引和留住人才，关键管理或技术人员缺失	
	62	管理和技术人员老龄化	
人员健康风险	63	煤炭行业特定的工作环境，给员工造成职业性疾病	生活服务风险管理专业组
	64	发生流行性疾病	
	65	发生集体食物中毒事件	
物资供应保障不足风险	66	采购物质和数量不符合生产要求	物流贸易风险管理专业组
	67	临时采购多，影响采购成本	
	68	同类物资采购批次多、批量小，集中度不高	
	69	未能及时供货，重点合同兑现率低	
销售风险	70	销售客户信用缺失，造成后期销售货款回收难	售后维护风险管理专业组
	71	因销售产品质量、数量、交付、验收等与客户产生争议	
信息安全风险	72	商业秘密保护不当，造成泄露（授权问题、人员问题）	技术风险管理专业组
	73	集团公司信息系统面临黑客或病毒袭击等系统安全问题	
	74	随集团公司战略发展，未来本部以外企业与集团公司的信息传输面临网络安全问题	
	75	部分矿区通信设备落后，存在设备故障、通信中断的风险	
	76	现有的信息系统软件的信息化整合不足，信息共享不足（软件的接口，集团公司与所出资企业平台的整合难度大）	
	77	信息数据的备份不足（特别是异地备份），可能面临重大信息通信中断后，数据无法及时恢复的风险	
	78	现有的软硬件系统维护力量不足，小型机及大型软硬件系统维护依赖软件供应商	
	79	信息系统数据存在可能泄密问题（授权的问题、人员的问题）	
	80	现有铁路运输配额不足	

续表

风险类别	编号	风险事件描述	责任单位
运输风险	81	集团公司内部政策未能符合国家、地方政府相关法律法规的要求	物流贸易风险管理专业组
政策制定与执行风险	82	集团公司内部政策制定未履行法定程序（民主程序、公示程序），导致制度缺乏法律效力和执行效率	所有相关风险管理专业组
	83	集团公司内部政策未能充分考虑集团的实际情况，制度文件执行难	
自然灾害风险	84	发生自然灾害（地震、洪水）	兼并重组风险管理专业组
	85	并购过程中，未对目标公司实施全面持续的尽职调查或调查不全面、不深入（股东，资源量、资源权属、债权债务，用工，资产等）	
并购整合风险	86	在国内煤炭行业整合中，对中小煤矿的托管，无法提升规模效益，加大集团公司本身的风险水平	
	87	集团公司并购后期整合不利，导致集团公司未能达到预期目标	
技术竞争力不足风险	88	技术研发项目失败	技术管理风险管理专业组
	89	集团公司现有的技术创新不足，影响长期竞争力，比如薄煤层开采技术、深部开采技术、城市压煤开采技术（投入不足、人员断档等）	
	90	对知识产权、专利的保护不足，重要知识产权、专利流失	
企业声誉与稳定风险	91	在生产经营过程中，与员工及社区居民产生纠纷，协调不当，发生上访或其他群体性事件	信访风险管理专业组
	92	发生重大安全生产事故	安全风险管理专业组
	93	与第三方合作过程中发生商业贿赂等违规行为	纪检风险管理专业组
	94	在投资项目前期调研过程中，缺乏科学的论证	发展战略风险管理专业组
新项目开发风险	95	新项目开发过程中，未能取得相关支持性文件，无法办理新项目核准涉及的备案、审批及核准等手续	技术风险管理专业组

风险类别	编号	风险事件描述	责任单位
新项目开发风险	96	在海外资源开发过程中，资源所在国政治法律环境复杂，投资法律环境风险因素大	资源管理风险管理专业组
	97	在海外资源开发中，可能面临资源国政治干预，比如审批未能通过	
行业风险	98	在国家煤炭行业整合的大背景下，集团公司的行业及区域经济的话语权被削弱，影响力下降	
战略合作伙伴风险	99	集团公司引进外部战略合作者过程中，面临合作风险（合作者背景、合作方式）	发展战略风险管理专业组
战略实施风险	100	集团公司的战略目标未能有效实施，重大战略决策未能按计划按时实施	
	101	集团公司的战略目标，缺乏配套的分子战略且未能有效根据公司内外部环境变化及时调整公司战略	
	102	集团公司的现有公司治理结构与机制有待进一步完善，影响决策的科学性和效率	
执行力不足风险	103	对所属各单位的管理缺乏控制，集团公司的股东利益难以保障	兼并重组风险管理专业组
	104	集团公司整体的内部控制体系，缺乏完备性和系统性	财务风险管理专业组
	105	集团公司在对外并购过程中，面临企业文化融合难的问题	文化风险管理专业组
煤炭储量不足风险	106	集团公司获取煤炭资源越来越困难	发展战略风险管理专业组
业务结构风险	107	集团公司现有业务主要集中在唐山地区，区域较为集中，比如在煤炭生产方面，其他地区的产能不足，过分依赖唐山地区	技术风险管理专业组
	108	在企业多元化发展的过程中，煤化工、物流、文化旅游等业务的进一步发展方向面临不确定性	发展战略风险管理专业组
	109	在企业多元化业务中，各业务板块的比重与风险收益状况不相匹配	

风险管理委员会（以下简称"委员会"）主任由公司总经理担任，成员一般由其他党政班子成员组成（一般都遵循这个原则，为了更好开展工作）。委员会的主要职责为：研究审议公司风险管理政策，对公司层面的重大风险

进行决策部署；涉及风险专业组的，调度督导各专业组的落实与实施，协调跨专业组的风险管理事宜；审核风险管理办公室提交的年度风险评估结果及考核评定情况，审议并向董事长办公会提交公司风险管理年度报告。

委员会下设办公室，是企业风险管理业务的日常工作机构，办公室一般会设在公司企业管理部门、运营管理部门、审计部门或者法务部门，具体根据各部门职能分工而定。办公室主任一般由这些部门负责人担任，成员一般由涉及风险管理的专业部门组成，比如财务部、战略政策研究室、法律事务部等。办公室配备专职工作人员 2~3 人。涉及集团性企业，涉及分（子）公司的，各分（子）公司明确分管领导、主管部门和专兼职人员 1~2 人；各职能部门明确专兼职风险管理人员 1 人。

办公室的主要职责为：（1）拟定公司风险管理政策，涉及专业组的，指导各专业组完成全面风险管理体系建设工作；（2）指导各专业组的风险管理活动，涉及集团性企业的，还需帮助专业组指导二、三级单位的风险管理工作，根据各专业组的公司风险管理专业年度报告，拟定公司风险管理年度报告；（3）依据风险管理考核办法提出的风险管理考评意见，完成风险管理的调度与考核工作；（4）做好风险管理其他相关工作。

需要设立风险管理专业组的公司，办公室还需牵头指导各个专业组来负责具体专业风险管理。表 1-21 提到的某集团公司在具体实施时设立了十七个风险管理专业组，基本涵盖了集团公司各个专业方面。比如财务风险管理专业组，组长由总会计师担任，责任部门是财务部；发展战略风险管理专业组，组长由分管战略或投资的副总经理担任，责任部门是战略政策研究室；还有煤炭生产风险管理专业组、安全风险管理专业组等。

各风险管理专业组组长不是挂名的，是本专业组风险管理的第一责任者，按照公司全面风险管理政策要求，认真履行本专业组风险管理的责任和义务。各风险管理专业组作为公司全面风险管理的具体组织和牵头管理机构，在公司风险管理委员会的领导下，严格履行以下主要职责：（1）研究制定本专业范围的风险管理工作方案，建立健全本专业风险管理体系；（2）承担公司层面涉及本专业范围的风险管理职责，按风险管理体系要求组织落实与实施；（3）按本专业组业务范围，指导和督导二、三级单位开展风险管理工作；（4）定期研究分析本专业组风险管理状态，检查落实执行情况，协调解决相关问题；（5）及时向集团公司风险管理委员会和办公室反馈风险管理信息，组织完成本专业组的风险评估报告，并对各单位落实情况提出考评意见。

各专业组在认真履行上述职责的同时，还要自觉接受企业文化专业组的理念及文化培训与指导等。涉及业务交叉、管理重叠、责任共担等跨专业组的风险管理项目时，原则上由各业务组组长沟通协调，确定一个牵头负责部门和若干协同部门，或由风险管理委员会直接指定牵头负责专业组（部门）。

1.6 企业风险管理"纵深推进"

刘元卿《应谐录》记载，从前有一对兄弟看到天上的飞雁，准备拉长弓射击大雁，哥哥说："射下来就煮着吃。"他的弟弟争着说："行动舒缓的雁煮着吃最好，善于飞翔的雁烤着吃最好。"于是他们争吵起来，而且同到社伯那里去评理。长者建议把雁剖成两半，用一半煮一半烤的吃法解决了他们的争吵。随后兄弟俩再去找天上的飞雁，飞雁早已又高又远地飞走了。

故事中两兄弟望着空中的大雁，为如何吃雁而争论不休，错过了射雁的时机，以至大雁飞得无影无踪。企业风险管理也是如此，顶层设计再好，组织战术再完美，如果不全力实施，风险管理目标就会像这只飞雁一样，离企业越来越远。

1.6.1 业务培训不可少

风险管理作为企业管理的一项重要内容，在企业中存在的时间不是太长，每一个人的理解也不一样。企业全面风险管理作为系统化的管理机制，也是一项全新的管理理念。为科学有效地实施全面风险管理工作，提升企业管理水平，升华管理理念，克服管理偏好，消除技术与业务方面的各类障碍，开展好全面业务培训是非常必要的。在培训对象选择上，侧重几个层次：第一层次，公司领导班子成员，对于设党组织的公司，最好要求党委班子也参加；第二层次，公司各个部门负责人，对于集团性企业，分（子）公司党政班子成员也要参加；第三层次，对于公司全面风险管理办公室、集团性企业，培训对象为所属分（子）公司管理部门专兼职全面风险管理人员。培训内容侧重于全面风险管理基础知识；集团公司推行全面风险管理的目的和意义；推行过程中存在的重点和难点问题及同行业风险管理的案例。还需要重点学习《中央企业全面风险管理指引》，这是全面风险管理指路明灯。

培训形式上，可采取聘请中介机构组织集中培训、部门组织学习和自学相结合的灵活形式。对于公司培训工作，由公司风险管理办公室与人力资源部等部门结合，确定具体培训形式与规划。对于集团性企业，二、三级公司的培训由各单位比照集团总部的培训形式自行组织。

案例

某开发投资公司在开展风险管理业务培训时，公司各部门、子公司的负责人和员工参加了培训。培训内容主要是向参加培训的员工系统地讲解了风险管理的概念、理论和体系组成，全面介绍了公司加强风险管理工作项目的目标、步骤和最终成果，重点通报了根据风险管理方法对公司进行风险辨识评估的结果，分析了公司总部及各业务板块的风险图谱和重大风险模型。根据对公司风险管理现状的诊断结果，提出了公司进一步加强风险管理的意见和建议。培训时将理论讲解、案例介绍、结果通报等内容融为一体，达到了普及风险管理知识、增强员工风险意识、帮助员工理解并掌握风险管理理论和方法的目的。对公司重大风险评估结果介绍，使员工进一步系统地认识到公司的风险，这对进一步促进员工建立风险管理意识、参与风险管理系统建设、提高风险管理工作水平都将起到积极作用。

1.6.2 基础体系建设要提早

2014 年的两会，讨论的热点之一是食品安全问题，在此之前，我国食品安全事件频发，威胁着老百姓的健康。当时《中国经济周刊》采访了多名代表委员，诊脉我国食品安全顽疾时，代表给出的结论是在食品安全领域的顽疾之一就是基本的各项制度不完善、不规范，建议政府花钱进行基础的体系建设。

具有完善而有效的风险管理组织和制度体系是企业细化风险管理的基础。

▶ 案例

某电力集团公司结合集团公司非董事会企业的特点，在集团总部重点完善了管理层层面的风险管理组织机构设置及其职责权限，建立了由企法部牵头、各业务部门分工负责、内审部门监督的风险管理组织体系。同时，成立了由总经理担任组长、分管副总经理和总会计师担任副组长的全面风险管理领导小组，履行风险管理重要事项审议、协调职责。系统各单位也参照集团公司模式，结合自身特点成立了董事会或总办会领导，主要领导负责的全面风险管理领导小组（或类似机构），明确了风险管理牵头部门；以完善风险管理组织和专项制度为重点，夯实风险管理基础；根据自身特点进一步细化了风险管理标准和要求，制定了《风险管理办法》以及《风险管理工作指引》《风险分类总表》两个配套细则，在集团系统建立了统一的风险管理基本制度。其中，《风险管理办法》主要解决体系建设"做什么、由谁做"的问题，《风险管理工作指引》主要解决"如何做、在做的过程中要关注什么"的问题，《风险分类总表》主要解决风险名称、定义和内涵的规范性问题。上述三个文件相互配套、相互补充，为公司系统开展全面风险管理和内控工作奠定了制度基础。同时公司始终坚持风险管理与业务管理相融合的理念，大力推进"两个结合"，即风险管理与日常业务工作相结合，加强制度建设与完善体制机制相结合，在各项具体管理和业务活动中体现风险管理的思想和要求，建立风险防控长效机制。在制度建设方面，全面加强制度和流程的"废、改、立"工作，努力实现风险防控与制度、流程的对接。该电力集团公司印发了包括 124 个流程的《总部流程操作手册》，并对历年发布的制度进行了集中、系统的评估和清理，发布了《管理制度汇编》；同时，对每个管理领域中的风险和控制点进行了系统梳理，根据风险情况制定了《管理制度体系建设规划》，系统规划了 371 项适用于公司系统的制度。每年编制年度制度制定（修订）计划，贯彻落实制度体系建设规划。至 2011 年底，在公司总部累计完成制度制定（修订）305 项。2012 年，在总结《总部流程操作手册》试行经验的基础上，发布了包括 COSO 8 个要素、164 个流程的总部内控手册。通过开展上述工作，在集团总部建立了标准先进、权责明确、程序规范、简洁实用的制度和流程体系，进一步提升了风险防控能力。

某电网公司以制度标准建设为突破，强化风险管理环境基础。公司加大制度基础建设力度，成立了规章制度管理委员会，及时查找制度体系缺失和控制流程薄弱环节，保证了公司制度体系的健全性和时效性。2010 年以来，公司先后多次开展规章制度梳理工作，对公司成立以来的 652 项规章制度逐一分析定性，废止 183 项，明确现行有效制度 469 项，基本建成了体系完整、结构清晰、内容明确、协同一致的规章制度体系。同时，公司积极推行标准化建设，成立了标准审定委员会，下属各单位设立了以主要负责人为组长的标准化领导小组，对公司成立以来的各类标准进行清理，共清理各类标准、文件 8 389 份，提炼电网企业统一业务名录 1 647 项，梳理业务流程和管理流程 5 392 个，形成对应的管理流程 5 392 个，建成了公司标准管理平台 SG-9000，其中技术标准体系包含 7 类基础标准、13 个专业模块、109 个专业类别，管理标准体系包含 4 类基础标准、19 个管理领域、84 个管理类别，工作标准体系包含按岗位序列分类建立的约 630 个岗位标准。

企业全面风险管理的基础是体系建设。根据公司风险管理实际，一般需要建立健全以下风险管理体系。

1. 风险类别划分体系

公司的风险类别按照不同业务性质、不同专业管理进行划分，本着便于管理、有利操作、职责清晰、界定明确的基本原则，由公司风险管理办公室组织研究拟定。以上述提到的集团为例，表 1-21 列举了如担保风险、流动性风险、融资风险、上市公司合规风险、收益波动性风险、资产损失风险等34 项风险，基本涵盖了企业绝大部分风险点，可作为参考。

2. 风险层级甄别体系

风险管理的层次分为一、二、三层。一般企业三层基本够用。集团性企业，根据业务性质，可分五层：集团层、二级公司层、三级单位层、三级部门层、具体业务岗位层；风险管理的级别依风险严重程度、责任大小、影响后果、风险损失额度等进行分级，分别设立 A（非常严重）、B（严重）、C（一般）、D（较轻）四个等级。由各层次风险管理单位（部门）结合自身业务管理实际，认真研究分析风险状况，分别制定风险等级识别系统，并逐一对号编码管理。如："一 A"风险表示"公司或集团层非常严重"的风险，"二 A"风险表示"公司部门或二级公司层非常严重"的风险，等等。

3. 风险指标评价体系

风险管理的依据是指标分析结果。量化的风险指标、走势分析、风险等级界定与评价是风险指标评价体系的主要内容，通过风险指标评价体系，运用量化、科学、系统的评价指标来掌握风险进度，为进行"风险点"预警、采取防范措施提供数字化的科学依据。各风险管理单位（部门）应结合实际情况，认真调查研究，科学统计分析，逐步探索和建立完善风险指标评价体系。上面提到的某电力集团公司，在日常经营管理中，探索建立了比较系统的风险监控指标体系，如设立能耗、储备、资金等八类定额的目标值，并对部分定额设定先进值、平均值等分级预警区间；按照火电、水电、风电、煤炭、运输、金融、其他行业等分行业设置对标指标，定期开展内部对标、竞争性对标、行业对标和标准对标等工作，从市场份额、生产技术水平、成本控制能力和盈利能力等方面对各类风险进行量化分析和预警。而且该集团公司为了使风险管理工作更好地服务于创建具有国际竞争力世界一流企业的战略目标，在国际咨询公司的协助下，对中长期面临的机会和风险进行系统分析，与国际国内先进企业进行了全面对标，进一步完善了基于战略层面的风险监控指标体系。这一指标体系涵盖业绩、发展潜力、规模、主业运营、国际经营、人才管理、品牌形象、治理和风险管理等 8 个方面，包括 27 项具体指标和分阶段监控值。其中：既有 EVA 率、税息折旧及摊销前利润率、低碳清洁能源占比等定量指标，又有总体盈利水平、排放水平等定性指标；既有资产负债率、国际收入占比等通用性指标，又有可控装机容量、供电煤耗等电力行业性指标。

案例

　　某集团公司的指标体系确定主要包括三部分工作。一是监控指标的筛选。监控指标的筛选既要全面，又要重点突出；既要体现行业特点，又要具有通用性；既要可衡量、可检验、可考核，还要有可作为性。该集团公司广泛收集了国内国际领先电力企业普遍采用的战略指标，基于 EVA 分解及关键驱动因素分析筛选形成核心指标，并与上级单位重点监控指标进行了对照分析，最终确定了 27 项监控指标。二是确定各项指标的分阶段目标（监控值）。这一工作主要通过对标实现。按照先进性、代表性和可比性的原则，该集团公司选取了 18 个国际国内领先电力企业作为对标对象，全面收集其近年来的经营管理资料，确定了每一指标的评价和标准，进而确定了公司未来 3 年的分阶段目标值和监控值。三是进行指标分解。按照指标的不同属性，将未来 3 年的监控目标值逐年、逐项分解落实到各个部门或二级单位。如对于 EVA 率这一指标，该集团公司通过系统测算设定了 2012—2015 年的监控值，在集团层面由预算部负责，并逐级分解落实到各二级单位和基层企业；对于低碳清洁能源占比这一指标，同样设定了 2012—2015 年的监控值，在集团层面由规划部负责，不向下属单位分解。

4. 风险管理措施体系

　　风险管理措施是针对风险等级、风险指标评价的具体落实方案或举措。风险管理措施必须与风险项目（业务）一一对应，应全面、具体、可行，操作性强，通过风险管理措施的贯彻执行，确保风险管理的有效运行。具体体系的建立健全由各风险管理单位（部门）分别负责。

5. 风险管理运行体系

风险管理运行体系是具体组织和规范操作体系，包括风险的策划、识别、评估、预警、控制、处置、监督和改进等一系列运行流程。风险管理运行体系重在事前预防、过程管控、全程监督，这是风险管理的核心内容，由各风险管理单位（部门）结合具体工作（业务）实际和特点，详细研究制定。

6. 风险管理责任体系

风险管理责任体系就是建立健全各部门、各单位、各级管理者风险责任与义务的责任管理体系。依据工作分工、责任大小，明确承担的风险责任与义务，制定严格的管理制度和办法，确保各级管理者履行风险管理职责。风险管理责任体系由各风险管理单位（部门）与人力资源部门共同研究制定。具体风险类别与责任划分可参考表 1-21。

7. 风险管理考核体系

风险管理考核体系是与风险管理责任体系相对应的保障体系，包括风险管理业绩考核、风险管理者履职与任免考核、风险管理监督考核等内容，将风险管理结果与风险管理责任者（单位、个人）的经济利益、政治利益等结合起来，全面考核。公司层面的风险管理考核体系（集团企业性质的，对二级单位的考核体系）分别由公司风险管理办公室、人力资源部等部门研究制定，报公司风险管理委员会审核。专业组内部及涉及三级单位的考核体系建设，可参照公司办法自行研究制定与落实。

上面介绍的七个基础体系中，风险指标评价体系、风险管理运行体系和风险管理考核体系这三个体系尤其重要，缺一不可，否则风险管理难以推进。

1.6.3 把握重点循序渐进

全面风险管理的核心是组织实施，组织实施的关键是落实。各层级在完成本专业、本单位风险管理体系建设的基础上，应重点做好以下推进工作。

1. 以规范流程为重点，完善授权管理制度

企业必须从风险管理涉及的业务流程入手，规范操作流程，包括重大事项的商议、研究、审核、审批等，特别是涉及重大决策事项时，在规范流程的同时，必须完善授权管理制度，包括授权对象、条件、范围和额度等，通过修改或完善企业内部管理制度，依法授权，把风险管理的重点放在"风险源"的管理上。

2. 以职责明确为重点，完善权力制衡机制

企业必须本着权利、责任和利益相统一的原则，从涉及风险管理业务各岗位、业务人员的职权与责任入手，在规范现行管理制度、突出风险观念意识的基础上，进一步理顺职责，明确权责，层层负责，履职尽职，强化监督，有效制衡，着力构建和完善权力制衡机制。

3. 以风险识别为重点，完善风险辨识制度

企业必须认真研究分析所辖业务工作的各种风险，按照风险类别、风险等级要求，以科学性、规范性、前瞻性为指导原则，逐一分析、逐一识别，逐步建立和完善风险辨识制度，为全面风险管理工作的顺利开展奠定基础。

4. 以风险防范为重点，完善风险应对措施

风险管理的实质是事前防范和过程控制。企业必须针对涉及的各种风险，把组织研究制定应对措施作为风险管理的重点内容，做到风险应对措施详细、可行、有效，为风险项目（业务）得到有效防控提供指导意见、行动依据和作用保证。

5. 以日常监控为重点，完善信息调度制度

企业全面风险管理是一项全员参与、全过程管控的工作。各职能部门、各级企业必须加强风险项目（业务）的日常监控，对重大风险、重点事项实施跟踪管理、严格监控，同时要强化信息反馈与调度汇报制度。企业可每季度召开一次风险管理调度会议，对各职能部门或专业组、各单位的风险管理实施情况进行调度与协调。

6. 以审计监察为重点，完善风险考核制度

为确保企业全面风险管理的运行质量和效果，审计部门可以把风险管理纳入内部审计管理制度之中，并对重大风险、重点事项的实施情况进行审计，纪委监察部门可将全面风险管理与惩防体系建设、权力运行监督机制等结合起来，有效发挥监督保障作用。人力资源部门可将风险管理纳入领导班子建设，领导素质培养，管理者履职、考察、任免等人力资源管理制度之中，确保风险管理工作开展起来、落实下去、执行到位。

1.6.4 突出重大风险很重要

只要有活动，就会有风险。风险管理涉及各个领域、各个环节、各个单位，范围广、层次深、难度大，风险严重程度各不相同，风险时效性有长有短，风险管控过程有繁有简，给全面风险管理工作带来较大困难。为确保此项工作的有效、有序开展，公司要求各风险管理单位（部门）在升华风险管理理念、转变工作观念的同时，在实施工作中必须有侧重，突出重点，把握关键，根据风险级别、严重程度、影响大小，重点抓好重大风险、重点项目（业务）的风险、近期的风险管理工作，严格管控，做实做好，研究规律性，探索普遍性，由大到小、由近到远地逐步开展。

案例

某集团公司每季度均会组织召开风险管理委员会会议，分析、确定近期可能会存在的风险，要求相关单位和责任人把这些风险的管理作为当期的重点工作，抓好落实。经分析该集团公司层面当前面临的主要风险如下。

1. 经营风险：包括市场风险（如产品销售风险）、物资采购与工程建设招标风险、物流贸易风险、担保风险、生产安全风险等。

2. 投资风险：包括项目开发风险、项目建设风险、企业扩张风险等。

3. 财务风险：包括资金的使用与管理、货款回收、资产处置等风险。

4. 资本运作风险：包括融资、战略合作、上市等方面的风险。

5. 法律风险：主要是合同风险等。

6. 信访稳定风险：包括涉及和谐企业建设、和谐社会建设等方面的风险。

利用风险管理委员会确定的当前主要风险，该集团各专业组、各职能部门等会围绕上述风险，重点研究谋划，精心组织实施，着重解决实际问题，有效控制风险发生，稳步推进全面风险管理工作向前发展。

某电力集团公司在深化风险管理工作时，着重强调了战略风险、财务风险和廉洁风险三个专项风险。在加强战略风险管理时，主要围绕企业主营业务价值链，采取情景分析等方法，重点对利用小时、总装机容量、煤炭价格等可能影响生产经营的重大风险因素进行了分析，对电力、煤炭、新能源、金融、科技等行业发展趋势和竞争格局进行总体研判。就以煤电为主的能源企业实现低碳清洁发展的要求，提出更多可供选择的方向和路径设想，并进行定性、定量的比较；就以电力为主的能源企业在世界范围内的业务拓展所面临的形势进行分析，具体提示重大机遇和风险，从指标体系、取值等角度对集团各产业中长期发展目标进行定性、定量分析，研究提出战略性保障措施。在加强财务风险管理时，按照"集团公司统一指导、成员单位分级管理、重点企业实时监控"的原则，坚持每半年对财务风险进行评估，依据风险高低，制定分类管控措施。在加强廉洁风险管理时，分试点和推广两个阶段推进。各单位以业务流程为基础，采取静态查找和动态搜集相结合等办法，围绕重点岗位和关键环节，对人财物管理、招标管理、合同管理、燃料管理等工作过程中可能产生的廉洁风险点进行了全面排查，在深入分析的基础上对其表现形式进行了描述，确定了涉及的岗位或人员。在此基础上，分析廉洁风险发生可能性和影响程度的大小，预测可能出现的违纪后果，明确高、中、低三个风险级别，并有针对性地梳理制定切实可靠的风险防控措施。为了保证廉洁风险梳理和防控的有效性，该电力集团公司设计了廉洁风险防控工作流程，以及廉洁风险业务事项汇总表、廉洁风险识别评估和防控措施表等通用模板，组织各单位编制了廉洁风险防控手册。

此外，针对近年来宏观经济形势比较严峻、经营风险加大的局面，该电力集团公司还采取情景分析等方法对年度电力和煤炭两个市场风险进行量化分析，预测电力供需和燃料供需变化趋势，提出应对措施和经营策略，并形成专题报告。这些专项风险管理工作的有序推进，进一步提高了公司风险管理工作的前瞻性和有效性。

1.6.5 流程节点要管好

有一篇报道，介绍一家集团企业的节点管理，有几点可以借鉴。第一点是模块管理，该集团对整个项目的运作、操作的通盘计划，是一个指引、一个框架。一个项目350个节点，在哪个阶段有哪些节点，都会有个全盘性的布局，减少无谓的沟通，让外部合作单位对工程进度一目了然，并且无法反驳。第二点是奉行"红灯停，绿灯行"。所有节点都纳入信息化系统，系统会自动跟踪各节点工作的开展情况，采用黄灯和红灯管理办法，及时予以提醒和预警。第三点是制作销项表。这张表会细致到工作事项、具体内容、完成时间、责任人、完成进度，用以监控事件进展，使工作执行情况一目了然。第四点是考核与奖惩。计划的考核对象覆盖所涉及的所有责任单位，包括集团内部各系统以及总承包商（总承包商项目部、总承包商项目合作部）。

实施全面风险管理是一项复杂的系统工程，需要像该集团一样严格执行计划。企业在推行风险管理时，一般分三个阶段。一是基础准备阶段。其一般是推行风险管理的前期阶段，主要是开展全面风险管理的培训、风险管理体系建设、重点工作安排与制度流程建立、重大风险管控部署等准备工作，为实施推进奠定基础。二是重点推进阶段。主要是有针对性地逐步开展重大风险的管理工作，对重大风险事件、重点风险业务、重要风险业务岗位等按照风险管理体系建设要求实施全面风险管理，年终对本专业组、本单位业务范围内的重大风险全部完成风险管理工作。三是普遍实施阶段。根据企业计划安排，一般是推行的第二年开始，进入逐步普遍实施阶段，到年底，企业要完成真正意义上的"全面"风险管理工作。

1.7 企业风险管理"论功行赏"

考核是行动的指挥棒，做得好给予奖励，做得差予以惩罚，论功行赏，赏罚分明，来引导推进风险管理工作。风险管理考核是推进全面风险管理的关键，也是难点，尤其是如何科学合理地设定考核项目、预估完成难度、确定量化指标以及使用考核结果等，如以上工作不科学合理则会适得其反。

企业全面风险管理考核大致要分以下几步。**第一步是需要成立全面风险管理考核小组**，考核小组以企业主要负责人为组长，负责全面风险管理考核工作。考核小组下设考核办公室，由风险管理办公室负责，同时也可以考虑与年度绩效考核关联起来。考核方式实行月度、季度考核均可，累计计算，必要时年终可将考核结果纳入绩效评价，与被考核者年薪挂钩。考核程序上，风险考核办公室月度或季度对考核结果进行汇总，年终时将各季度累计考核结果提交风险管理办公室，同时报人力资源部门，作为年度绩效评价的依据。**第二步是需要确定全面风险管理考核内容和标准。**考核项目、赋分、考核内容及标准可参考表1-22。企业在制定本企业考核内容及标准时可结合本企业的特点、风险偏好等综合考虑。**第三步是需要严格风险管理考核流程。**企业在具体实施中，各风险责任主体要如实填报风险管理汇报表，如当季度无风险事件，在表格中填写"无风险事件"。严禁隐瞒风险事件，出现一次瞒报重扣分数或一票否决，严重的，可追究部门（企业）负责人责任。

表 1-22　企业全面风险管理考核内容及标准

序号	考核项目	标准分	考核内容	考核标准
一	风险管理体系建立与完善	10分	（1）风险类别划分体系：制定出本专业组、本单位的风险类别 （2）风险层级甄别体系：结合自身业务管理实际，认真研究分析风险状况，制定风险层级甄别系统。风险管理的级别依风险严重程度、责任大小、影响后果、风险损失额度等进行分级，实行编码管理	按七个风险管理体系考核，缺一个减2分，一个不完善减1分。减完本项为止

序号	考核项目	标准分	考核内容	考核标准
一	风险管理体系建立与完善	10分	（3）风险指标评价体系：量化的风险指标、走势分析、风险等级界定与评价，对本专业组、本单位的重大风险进行定量或定性分析、评价 （4）风险管理措施体系：风险管理措施必须与风险项目（业务）一一对应，全面、具体、可行 （5）风险管理运行体系：建立风险策划、识别、评估、预警、控制、处置、监督和改进流程 （6）风险管理责任体系：根据自身架构和决策流程，建立健全各部门、各单位、各级管理相关人员风险责任与义务的责任管理体系，建立符合自身特点的风险管理组织机构 （7）风险管理考核体系；制定将风险管理结果与风险管理责任者（单位、个人）的经济利益、政治利益等相结合的考核办法	按七个风险管理体系考核，缺一个减2分，一个不完善减1分。减完本项为止
二	风险管理体系运行与规范	20分	七个风险管理体系规范、有效运行	按七个风险管理体系考核，一个未运行减2分，一个运行不规范减1分。减完本项为止
三	风险事件管控效果	60分	风险事件管控有效	发生经济损失1 000万元（含）以上事件减40分；500万元（含）~1 000万元事件减30分；100万元（含）~500万元事件减20分；100万元以下事件减10分。减完本项为止
四	风险管理信息反馈	10分	风险责任主体每季度初将上季度风险管理汇报表（书面和电子表格）报送风险考核办公室	（1）按时上报。每迟报一天减1分，未报汇报表不得分 （2）内容填报齐全。每缺一项减5分，减完本项为止；无领导签字确认不得分

第 2 章

财务风险管理：
虑而后能得

2

2018 年，媒体上出现了一个很有意思的消息。北京市海淀区人民法院的官方微博发布了一则案件播报：34 名清华总裁班的同学众筹 680 万元，开了一家餐厅，结果 3 年持续亏损，最终不仅破产，还欠下 300 多万元以及 100 多名客户未退的充值卡卡费。680 万元投资款没了，外加 300 多万元欠款，不考虑餐厅破产残值，实际 3 年亏了 1 000 万元左右。消息一出，"清华总裁班开餐厅破产"火速成为微博上的热议话题，相关阅读量直接破亿，引发广泛讨论。这个案件至少能说明一点：这个餐厅缺少管理，或者管理不善。餐厅谁在管，是否利用总裁班所学知识在管理吗，确实无从得知。这个案例确实能引人深思，有一点可以确认，企业破产或倒闭，最后一定会回归到资金层面，亏损的企业不见得都会破产，但破产的企业一般都是现金流出现了问题，财务风险管理出现了问题。

理论界对财务风险也没有给出准确的定义。但《指引》中指出，对财务风险要关注七个方面：一是负债、或有负债、负债率、偿债能力；二是现金流、应收账款及其占销售收入的比重、资金周转率；三是产品存货及其占销售成本的比重、应付账款及其占购货额的比重；四是制造成本和管理费用、财务费用、销售费用；五是盈利能力；六是成本核算、资金结算和现金管理业务中曾发生或易发生错误的业务流程或环节；七是与本企业相关的行业会计政策、会计估算、与国际会计制度的差异与调节（如退休金、递延税项等）等信息。

财务风险是一种客观存在的经济风险，大多数论文或专著的观点把财务风险分两类，广义和狭义。广义的财务风险是指企业在各项财务活动中，受生产经营不确定的影响或政策以及市场因素的影响，企业财务状况出现不确定性的风险问题。狭义的财务风险是指现金流风险或投融资风险。按照类型来分，结合《指引》关注的七个方面，主要有筹资风险、投资风险、营运风险和流动性风险四大类。**筹资风险**是资金筹措方面出现问题导致企业的财务状况受到较大的影响，企业出现资金链断裂的风险或者现金流难以维系的风险问题。筹资风险细分为利率风险、汇率风险以及再融资风险等多种类型。**投资风险**是指企业将资金投入具体项目建设实施过程中，因内外部原因，企业难以实现收益目标或者难以达到预期目标的风险。**营运风险**主要是企业在生产经营活动开展过程中在各个环节中所出现的不确定性。造成营运风险的因素非常多，采购、生产、销售和收款等环节，都可能出现营运风险问题。比如，中央企业关注最多的是"两金"问题，即存货和应收账款，按国务院国资委要求，存货期末余额不得有增长，应收账款一年以上账龄的不能有增加，实际上都是在控制营运风险。**流动性风险**，主要是企业资金债务到期出现接续问题，缺乏足够的资金偿还债务，以及资产难以及时地变现所出现的风险问题。流动性风险具体细分为偿付风险以及变现风险，出现流动性风险对企业来说是致命的，甚至会造成企业破产倒闭。

2.1 财务风险管控的"初心"

2020 年初，《人民日报》刊发文章《全面客观看待当前经济形势》，文中对近年来我国宏观经济的影响有较为详细的描述。文中描述，2019 年以来，受世界经济增速下滑和国内增长动力转换尚未完全到位的影响，我国经济压力加大，经济运行面临的困难和风险增多。但站在全局高度看，我国经济虽有压力加大的一面，更有总体平稳、结构优化、效益提高的一面，整体看稳中有进，高质量发展取得新的重要进展。

受国内外经济形势和市场经济竞争的影响，企业所面临的经营形势越来越严峻，企业在经营发展中越来越容易出现各种财务风险，上面提到的筹资风险、投资风险、营运风险和流动性风险这几类风险出现的频率会越来越高、概率会越来越大。**筹资风险**主要表现在短期和长期的偿债能力下降，**投资风险**主要表现在并购标的经营业绩不达预期，**营运风险**主要表现在企业盈利下降和营运能力不佳，**流动性风险**主要表现在前面三个风险导致经营现金流量净额和投资活动产生的现金流量大幅下降，现金接续不上，这是最大的风险。

不忘初心，方得始终。财务风险管理的"初心"，除了保障企业健康、持续发展之外，至少还有三个作用。一是应对市场变化的需要。比如煤炭企业，在经历了 1998 年煤炭市场低位运行后，自 2012 年开始，煤炭企业再次面临市场挑战，煤炭企业的十年黄金期开始接近尾声，产能过剩、煤价下跌、销售不畅等诸多不利因素给煤炭企业造成了巨大冲击。比如钢铁企业，同质化竞争日益严峻，企业独立生存空间逐步萎缩。企业需要不断创新财务风险管控能力，实施规范管理，进一步提升应对市场变化、抵御各种风险的能力，以有效防范化解企业风险，提升企业核心竞争力和可持续发展能力。二是落实国家政策的需要。2006 年国务院国资委发布了《指引》，对中央企业开展全面风险管理工作的总则、风险管理初始信息、风险评估、风险管理策略、风险管理解决方案、风险管理的监督与改进、风险管理组织体系、风险管理信息系统、风险管理文化等方面进行了详细阐述，对《指引》的贯彻落实也提出了明确要求。三是企业改革发展的需要。国家宏观经济在进行结构性调整时，大多数企业改革发展的任务很重，解决遗留问题、解决项目投资并购问题等都离不开资金的支持，合理筹集及使用、管理资金的任务也是很艰巨的，稍有闪失，轻则影响总体发展目标的如期实现，重则导致企业资金链难以正常运转甚至断裂。

2.2 财务风险管控的"战术"

企业财务管理是企业管理的核心，财务风险管理也是企业风险管理的核心之一。企业财务风险管控机制的基本思路是：**以全面风险管理理念为导向，以深化内部控制体系为基础，建立健全以内部控制和风险预警两道"防火墙"为核心的财务风险管理机制。**

企业实施财务风险管理，一般需要深化内部控制体系建设、完善财务风险管理制度、建立财务风险预警机制、实行定期财务风险评估、开展定期财务风险审计、严格财务风险责任追究、强化财务风险管理意识等。实施财务风险管控机制，能大大增强企业财务风险管控能力和财务风险防范意识，为企业能够及时应对多变的市场环境奠定良好基础，也为企业持续、健康、稳定发展保驾护航。

2.2.1 "以守为攻"，深化内部控制体系建设

1. 建立内控组织体系。 一是在董事会下设立审计监督委员会，具体负责内部控制的建立健全和有效实施。二是在审计监督委员会下设内控管理办公室和内控审计监督办公室：内控管理办公室负责协调公司及其下属各单位设置内控机构、落实内控责任、建立健全内控制度，推动、指导和协调内控制度的落实；内控审计监督办公室负责监督内控制度的落实，对内控的有效性进行监督检查。三是若是集团性企业，还需督导集团公司所属二级公司及三级单位也建立相应的内控组织体系。

2. 建立内控制度体系。 一是研究制定《企业内部控制制度》。依据财政部等五部委联合下发的"企业内部控制基本规范"和"企业内部控制配套指引"，结合企业实际，制定《企业内部控制制度》，该制度一般要包括《企业内部控制管理体制》《企业内部控制基本规范》《企业内部控制具体规范》《企业内部控制手册》四部分内容。内控制度的建立会进一步明确集团公司的内控组织、责任主体、内控要素、内控审计与监督、内控评价与考

核，并能针对 18 个具体规范确定控制目标、主要风险、适用范围、内控措施、内控关键业务流程等，从而构建了企业内控管理新体制。二是针对风险管理中重点监控环节，可以完善相关业务管理制度。企业需要制定筹资管理制度、投资管理制度、税务管理制度等。比如，开滦集团为防范物流风险，制定了《集团物流贸易管理业务流程指导规范（试行）》；为防范资金风险，制定了《关于防范资金风险重申资金管理的若干规定》《集团公司备用金管理办法》《关于加强资金管理严防虚报冒领行为的通知》等办法。

3. 建立内控责任体系。内控责任体系主要包括四个层面：一是董事会的主导责任，董事会全面负责内控体制的建立健全、有效实施及检查监督；二是经理层的实施责任，经理层负有内控制度的执行责任，必须执行并保证内控制度执行的有效性；三是审计监督委员会下设的内控管理办公室和内控审计监督办公室，主要负责内控制度的执行与监督检查；四是审计监督委员会对内控制度制定的科学性及实施的有效性聘请独立的中介机构进行评价，评价报告直接上报董事会并作为持续改进、完善内控体制的依据。

4. 组织内控制度实施。好的体系是否有效，取决于落实是否到位，只有落实到位，体系才能发挥作用。

一是加强宣传。内控不是某一个部门、一个单位的事情，而是全体员工的事情，内控制度要顺利地实施，就要提高全员的内控意识，提高全员实施内控的自觉性，要让全员明白什么是内控，为什么要实施内控，怎么实施内控，本公司、本部门的责任是什么，所在部室、所在岗位的任务是什么。通过学习宣传，能使内控深入人心，能为内控制度的实施奠定良好的环境基础。后文案例介绍的开滦集团在宣传上，充分利用集团公司报纸和内部网络的优势，分别在《开滦日报》和集团公司局域网开辟了"内部控制制度宣传月"专栏，由集团公司财务部和新闻中心负责组稿，把内控相关知识和宣传材料发布到报纸和网络上，通过报纸和网络的系统宣传介绍，使公司全体员工系统了解了集团公司制定内控的背景、内控的作用、内控制度的体系结构及内容、内控制度实施时间等内容，为下一步内控的实施营造出了良好的大环境。

二是进行部门分工，落实责任主体。如在广泛宣传的基础上，公司专门下发内控制度文件，并召开内控实施责任分工会议。开滦集团将《公司内部控制具体规范》和《公司内部控制手册》等 18 个具体准则和内控手册的落实责任进行分解，逐一落实到 10 个牵头部门，并确定了 21 个相关的配合部门。比如货币资金、财务报告编制与披露的牵头部门是财务部，配合部门是审计部；对外投资、企业并购的牵头部门是资本运营部，配合部门是战略发展部、法律事务部、财务部等部门。

开滦集团通过分工，明确了各牵头部门及配合部门在内控落实时各自的责任：牵头部门对实施效果负总责，要对相关规范及手册学懂弄通，找出控制节点，落实控制规定，制定配套措施，明确岗位责任，开展实施检查，统筹配合部门，共同完成任务；配合部门要对本部门职责范围内的相关部分负实施责任，配合牵头部门工作，切实保障实施效果。通过分工，把内控的落实责任分解到具体的部门，让相关部门共同参与，负责内控的实施，各部门齐心协力，共同推进内控制度的实施。

三是强化内控培训。内控制度落实的好与坏，和各部门、各公司对内控的理解程度和掌握程度紧密联系在一起，只有真正掌握了内控的精髓和真谛，才能在推进内控、落实内控时得心应手。

四是具体推进落实。各部门、各单位落实内控，主要依据是公司内控制度的内控具体规范和内控手册，逐一对照规范和手册要求的控制目标、控制风险、适用范围、内控措施、内控关键业务流程等内容，找出关键控制节点，找出自身的缺陷和不足，逐一进行弥补。一是明确控制目标。在各部门、各单位落实内控的过程中，要明确每个具体规范的控制目标，控制目标不但是内控的总体要求，也是实施内控情况考核的工作标准，只有明确控制目标，内控的实施才能有的放矢，所以内控落实的第一步，就是明确内控要达到的控制目标。二是防范控制风险。各部门、各单位将本部门、本单位的职责、实际情况和现有的工作制度，和每项内控具体规范所指出的控制风险逐一进行对照，检查风险是否存在，存在则按照内控的要求进行改进，进一步健全制度。三是落实内控措施。各部门、各单位按照内控具体规范规定的内控措施，逐条具体地进行落实，把内控措施融入工作流程和工作制度。四是理顺关键流程。各部门、各单位按照内控手册上的业务流程图的要求，将主要的风险控制点具体落实到岗位，将工作程序按要求逐一进行规范。

五是建立健全内控评价体系。在公司内控制度的实施中，内控的评价制度是关键的一环，通过自我评价和内审评估，不仅能拓展公司层面内控的深度和广度，促进公司治理结构的完善，而且也能提升公司内控的整体管理水平，增强公司的风险识别能力和风险防范能力。集团性企业，在内控制度实施过程中，对内控一般分成三个阶段进行评价：第一阶段，组织所有独立核算的会计单位开展内控制度执行情况自评并向本公司领导及上级单位提交报告；第二阶段，由集团公司审计部抽评所属单位内控制度执行情况并提交专题报告，集团公司在年底对两个二级公司内控的整体有效性进行评价并出具评价报告；第三阶段，结合会计师事务所的年底审计，附带开展集团公司内控执行情况评价并向集团公司董事会提交专题报告。

企业内部控制体系是企业实施风险管理的基础性体系。后文案例详细地描述了开滦集团为适应企业发展的内外部环境需要，企业内部控制体制构建与实施的全过程。开滦集团在内部控制体制方面取得较好的效果，主要有以下两个方面做得到位。一是组织体系、制度体系和责任体系三个体系建立比较到位，尤其是制度体系，不仅突出重点产业、控制重点风险，而且做到了全面覆盖，不仅涵盖了会计控制，还涵盖了其他控制；不仅立足于煤炭产业，还兼顾了其他产业。二是组织实施到位。制定实施方案、广泛进行宣传、进行内部控制培训（包括组织考试、组织内部控制电视大赛）、进行分工落实责任、按月调度督导、组织专项检查、开展实施评价、进行问题整改，这八个环节不仅科学合理，而且一环扣一环，层层递进，层层推进，确保了内部控制体系落实到位。

案例

企业内部控制体制的构建与实施[①]

一、建立与实施内部控制体制的背景

开滦集团建立与实施内部控制体制是适应企业发展的内外部环境需要、推进已有内部会计控制效果上档升级应运而生的。

（一）外部环境要求

2008 年 5 月，财政部、证监会、审计署、银监会、保监会（其中，银监会与保监会在 2018 年 4 月已合并为"银保监会"）联合发布"企业内部控制基本规范"，要求自 2009 年 7 月 1 日起在上市公司范围内施行，鼓励非上市的大中型企业执行。2010 年 4 月 26 日，上述部门又联合发布了"企业内部控制配套指引"，要求自 2011 年 1 月 1 日起首先在境内外同时上市的公司施行，自 2012 年 1 月 1 日起扩大到在上海证券交易所、深圳证券交易所主板上市的公司施行；在此基础上，择机在中小板和创业板上市公司施行，鼓励非上市大中型企业提前执行。"企业内部控制基本规范"和"企业内部控制配套指引"共同构建了我国企业内部控制规范体系。

（二）集团公司内部发展的需要

1. 促进集团跨越式发展的需要。《开滦集团 2008—2010 年及"十二五"发展战略规划》确定了到"十一五"末煤炭产量要达到 5 000 万吨、营业收入要达到 500 亿元的"双五"目标，并将"主业突出、结构合理、多元经营、科学发展的跨地区、跨行业、跨所有制、跨国的一流现代化大型企业集团"作为集团公司未来发展的宏伟蓝图。为了适应集团跨越式发展的需要，落实集团公司的控制力，防范制度风险、系统风险的发生，有必要建立内部控制体制。

2. 适应产业多元化经营的需要。开滦集团历史上是以煤产业为主的。2008 年调整后的发展战略，确立了以煤炭为基础产业，以煤焦化、煤电热、

---

① 引自《2012 煤炭企业管理现代化创新成果集》，成果创造人：张志芳、郝常安、董养利、肖爱红、史林山、刘中元、张晓玲、任玉良、应朝晖、覃春平、张升世、邹世春。

现代物流为支柱型产业，以装备制造、建筑施工、文化旅游、建材化工为支持型产业的多元经营定位。集团公司煤炭、煤化工、物流、电力、文化创意、房地产以及新兴产业板块发展势头强劲。由于产业多元化，开滦集团由煤炭开采领域进入许多陌生未知的领域，由此带来的相关风险，就使得内部控制体制的建立成为必然。

3. 应对市场激烈化竞争的需要。2005 年 6 月，《国务院关于促进煤炭工业健康发展的若干意见》发布后，煤炭大基地、大集团建设如火如荼地展开，很多省份相继组建了省级煤炭大集团。作为有着百年历史的开滦集团，必须在全国煤炭大基地大集团建设中占有一席之地，继续发挥对行业的影响力和带动力。要再造百年开滦，再续百年辉煌，如果没有内部规范的管理体制，没有内部强健的控制功能，就没有充足的力量、坚定的信心来保障集团对外扩张的成果。

4. 提升内部会计控制效果的需要。开滦集团在 2005 年制定实施了 13 项内部会计控制制度。这些制度的实施，对于规范集团公司财务治理结构、理顺财务工作流程、协调相关部门的工作关系、防范财务风险起了非常好的作用，使集团公司尝到了内部会计控制的甜头，为开展内部控制体制建设奠定了坚实的基础，积累了宝贵的经验。

二、构建与实施内部控制体制的内涵和做法

构建与实施内部控制体制的内涵：建立与实施企业内部控制体制，能够促进企业防范重大风险，保证企业经营管理合法合规，保证资产安全、财务报告及相关信息真实完整，提高经营效率和效果，促进企业实现发展战略。开滦集团作为一个有着百年历史的企业，有着自身的企业文化和比较完善的管理体系。面对市场经济下的激烈竞争，更好地发扬光荣传统，实现又好又快发展，防范企业风险，再造百年开滦基业长青的辉煌未来，是开滦人建立与实施企业内部控制体制的目的所在。其主要做法如下。

（一）搭建内控体制的基本框架

开滦集团内控体制的基本框架包括组织体系、制度体系和责任体系三个有机组成部分。

1.建立内控体制的组织体系。为了保证内控体制的构建并有效实施，开滦集团首先建立了内控组织体系：一是在董事会下设立了审计监督委员会，具体负责内控的建立健全和有效实施；二是在审计监督委员会下设内控管理办公室和内控审计监督办公室：内控管理办公室负责协调集团公司及其下属各单位设置内控机构、落实内控责任、建立健全内控制度，推动、指导和协调内控制度的落实；内控审计监督办公室负责监督内控制度的落实，对内控的有效性进行监督检查；三是集团公司所属二级公司及三级单位也建立了相应的内控组织体系。

2.建立内控体制的制度体系。《开滦集团公司内部控制制度》的制定坚持了四项原则：一是遵循法规，即以财政部等五部委发布的《企业内部控制基本规范》及相关法规为准绳；二是融入流程，即将内控法规与生产经营的实际业务流程融为一体、紧密结合；三是突出重点，即突出重点产业、控制重点风险、关注重点环节；四是全面覆盖，即不仅涵盖了会计控制，还涵盖了其他控制，不仅立足煤炭产业，还要兼顾其他产业。

到 2009 年底，历经工作组制定、充分讨论修订、专家组审核定稿、集团董事会审查通过，总计 37.5 万字的《开滦集团公司内部控制制度》制定完成。该制度包括四部分内容：一是《开滦集团公司内部控制管理体制》，主要明确了集团公司的内控组织、内控开展、责任主体及内控要素，内控审计与监督及内控评价与考核等；二是《开滦集团公司内部控制基本规范》，主要规定了集团内控制度的实施主体及其职责，内控的内部环境、风险评估、控制活动及信息沟通等；三是《开滦集团公司内部控制具体规范》，包括货币资金、采购与付款、销售与收款、存货、对外投资、工程项目、固定资产、筹资、担保、成本费用、合同协议、企业并购、财务报告编制与披露、对子公司的控制、预算、信息系统一般控制、内部审计、人力资源开发与管理共 18 项；四是《开滦集团公司内部控制手册》，主要针对 18 项具体规范确定了控制目标、主要风险、适用范围、内控措施、内控关键业务流程等，将《开滦集团公司内部控制具体规范》的要求与生产经营的具体业务流程相融合，以每项主要业务的业务流程图、业务流程控制关键点的图表形式，明确了"业务操作"的各环节、落实了业务"操作人"、规定了"控制要求"、列示了"涉及文档"，提高了可操作性，为内控各项规范落实到各个工作岗位奠定了基础。

3. 建立内控体制的责任体系。开滦集团内控体制基本框架的第三部分就是明确界定了四个层面的责任：一是董事会的主导责任，董事会全面负责内控体制的建立健全、有效实施及检查监督；二是经理层的实施责任，经理层负有内控制度的执行责任，必须执行并保证内控制度执行的有效性；三是审计监督委员会下设的内控管理办公室和内控审计监督办公室，主要负责内控制度的执行与监督检查；四是审计监督委员会对内控制度制定的科学性及实施的有效性聘请独立的中介机构进行评价，评价报告直接上报董事会并作为持续改进、完善内控体制的依据。

（二）全面组织实施，确保实施到位

《开滦集团公司内部控制制度》制定完成后，集团公司马上以正式文件的形式印发，并从 2010 年 1 月起在全集团全面实施。

1. 制定实施方案。为确保内控制度实施工作有序开展并达到预期目的，开滦集团制定了"内部控制制度实施方案"，对内控制度的实施主体、部门责任分工、实施步骤及完成时间等做出了具体的规划安排。

2. 广泛宣传。按照实施方案的安排，内控制度实施首先开展了深入、广泛的宣传活动。集团公司充分利用公司报纸和内部网络的优势，把内部控制相关知识和宣传材料发布到报纸和网络上，使公司全体员工系统了解集团公司制定内控的背景、内控的作用、内控制度的体系结构及内容、内控制度实施时间等，为下一步内控的具体实施营造出良好的环境。

3. 组织内控培训。为了让广大员工更好地掌握内控制度，集团公司举办了形式多样的培训活动。首先举办了集团高管人员内控制度讲座，聘请专家进行授课，培训对象主要是集团公司有关领导，各二、三级公司的单位负责人，总会计师或主管财务工作的经理、财务部主任。其次举办了集团公司内控全员培训班，培训对象则包括各公司高管人员、全体财会人员、负责内控实施工作的牵头部门和配合部门有关人员。

4. 组织内控考试。在内控培训的基础上，为了进一步提高大家的学习热情，也为了检验大家的学习效果，集团公司组织了财务系统内控制度全员考试。集团公司在岗财务人员共 840 余人参加了考试。通过考试，极大地促进了广大财务人员学习内控制度的积极性，加深了广大员工对内控制度的理解，也为有效落实集团公司内控制度奠定了坚实的基础。

5. 组织内控电视大赛。在内控制度全员考试成功举办之后，集团公司又组织了内控电视大赛。由煤业分公司、服务分公司、股份公司、蔚州公司、多经事业部、物贸管理部、兴隆矿务局、国和汽车集团及集团总部各选派一个参赛队，比赛内容就是内控制度相关知识。对大赛优胜奖、大赛团体奖、组织奖、优秀选手奖获得者进行了通报表彰。

6. 进行部门分工，落实责任主体。在上述开展广泛宣传培训的基础上，公司制定印发了《关于〈内部控制具体规范〉及〈内部控制手册〉实施责任分工的通知》，并召开内控实施责任分工会议，将《开滦集团公司内部控制具体规范》和《开滦集团公司内部控制手册》等18个具体准则和内部控制手册的落实责任进行分解，逐一落实到10个牵头部门，并确定了21个相关的配合部门。

通过分工，明确了各牵头部门及配合部门在内控落实时各自的责任：牵头部门对实施效果负总责，要对相关规范及手册学懂弄通，找出控制节点，落实控制规定，制定配套措施，明确岗位责任，开展实施检查，统筹配合部门，共同完成任务；配合部门要对本部门职责范围内的相关部分负实施责任，配合牵头部门工作，切实保障实施效果。要求各部门进一步分解落实责任到科室及岗位；各二级公司结合行业特点，补充细化内控制度，参照集团公司实施分工模式将实施责任落实到部门及所属三级单位。

7. 按月调度督导。开滦集团建立并实施了内控制度月份调度督导制度，集团公司总会计师主持会议，针对内控制度实施情况，总结经验、解决问题、推动工作，并及时印发会议纪要，推动所属二、三级单位的内控实施工作。

8. 组织专项检查。在每月调度督导的基础上，集团公司又适时组织了内控制度落实情况专项检查。集团公司组成两个检查组，分别对集团总部牵头部门及二级公司落实内控制度情况进行了专项检查。检查内容主要包括内控制度的学习宣传情况、贯彻落实及部署情况，各牵头部门实施责任逐级落实到科室、岗位情况，各二级公司实施责任分解到所属部门及单位情况，内控制度与现实工作对照情况，明确差距和不足。针对存在的问题专门组织整改，提高了内控制度实施的工作成效。

9. 开展实施评价。开展内控制度实施工作评价，对于检验实施效果、发现并解决存在的问题、进一步促进内控制度落到实处意义重大。集团公司在内控制度实施过程中，对内控实施分阶段进行评价。第一阶段，开展内控制度实施情况检查。在内控实施过程中组织负责内控实施工作的集团公司各牵头部门及各二级公司开展内控制度实施执行情况自评，并提交自评报告。在全面自查的基础上，组成两个专项检查组对实施情况进行重点抽查。第二阶段，开展内控制度有效性评价。在内控制度成功实施一年之后，于2011年2月组织集团公司94个会计单位开展自我评价并提交自查报告，在此基础上聘请会计师事务所对集团公司2010年度内控制度整体运行情况进行评价。

10. 进行问题整改。根据会计师事务所出具的《关于开滦集团2010年度内部控制执行情况评价报告》所揭示的问题，集团公司内控审计监督办公室要求内控管理办公室针对存在的问题进行整改。集团公司内控管理办公室利用两个月的时间组织开展了内控评价报告提出问题的整改活动，整改完成后向内控审计监督办公室提交整改报告。内控审计监督办公室根据集团公司内控管理办公室提交的整改报告和各单位整改落实情况，对整改工作进行跟踪调查，并向董事会提交《开滦集团内部控制制度执行情况评价意见及整改结果的报告》。

三、建立与实施内部控制体制取得的效果

开滦集团内部控制体制实施两年来，取得了显著效果，极大程度地实现

了内部控制的目标，保障了领导安心、资产安全、企业安定的良好的经济运行环境。具体表现如下。

（一）优化了集团内控环境

各级领导以及广大员工对内控重要性和必要性的认识空前提高，全集团内控环境进一步优化。

（二）提升了企业管理水平

随着对"对外投资"具体规范的实施，集团公司成立了技术论证组、经济论证组和法律论证组。技术论证组由总工程师负责，对投资项目从技术可行性上论证并出具论证报告；经济论证组由总会计师负责，对投资项目的经济效益进行分析论证并出具论证报告；法律论证组由总法律顾问负责，对投资项目的合法性进行分析论证并出具论证报告。只有经三个论证组论证通过的投资项目才能提交董事会决策。同时，开展了投资项目后评价工作。投资项目建成后，对项目实施的过程、项目投产后的经济及环境和社会效益、可持续发展情况、存在的问题及经验教训、对策建议等进行评价并报告，推进对外投资工作的持续性改进。

（三）健全管理制度

集团公司及各二、三级单位将内控制度融入工作规则及业务流程，健全管理制度。比如，集团公司针对"经营效果及会计信息真实性专项检查"发现的问题，制定实施了《防范会计信息失真管理办法》，确保会计信息合法、真实、准确。

（四）得到社会肯定

开滦集团的内控体制建设与实施，以其全面性、及时性、系统性、有效性，走在了河北省乃至全国的前列，受到社会多方面的赞扬与肯定。

2.2.2 "强身健体"，完善财务风险管理制度

在完善内部控制体系建设的基础上，做好财务风险管理，至少需要完善以下三项制度。

1.《企业财务风险管理办法》。该办法应该确定企业财务风险管理工作目标、基本流程、责任体系、考核内容等，全面系统地对企业的财务风险管理工作进行规范，为下一步财务风险管理工作奠定基础。

2.《企业重大财务事项报告制度》。要及时向公司管理层汇报重大财务事项报告。集团性企业，要实行所属单位重大财务事项报告制度，分别明确应事先报告、事中报告和事后报告的财务事项，其中对所属单位资产转让、产权变动、年度财务预算方案和预算调整方案、对外投资、对外担保、对外捐赠、潜在的重大风险等事项要求事先报告公司。对于未按规定报告的，要追究报告人和责任人的行政责任和经济责任。

3.《企业财务风险防范责任单位定期报告制度》。通过该制度，确定财务风险防范的责任单位，明确定期报告工作目标、报告内容、报告程序、报告形式等内容。该制度的实施，能进一步落实财务风险管理责任，督促各单位和部门及时识别、评估并规避、化解财务风险，进一步拓展财务风险管理工作的制度依据。后文案例是某集团公司按照定期报告制度相关要求，为压实风险防范责任制定的报告制度。

案例

企业财务风险防范责任单位定期报告制度

第一条　为进一步加强和规范企业财务风险管理，健全财务风险管理体系，及时识别、分析、评估并规避、化解财务风险，根据企业财务风险管理办法制定本制度。

第二条　本制度所称财务风险，是指企业在各项财务活动中各种难以预料和无法控制的因素，使企业在一定时期、一定范围内获取的最终财务成果与预期的经营目标发生偏差，从而产生使企业蒙受经济损失或影响获取更大收益的可能性。

第三条　本办法所称财务风险管理，是指在企业财务管理的各个环节和过程中，通过执行财务风险管理的基本流程，建立健全风险管理体系和财务内部控制制度，及时识别风险，并通过对风险因素的分析、评估，提出风险的化解方案，以期最大限度地降低或消除风险的过程。

第四条　财务风险防范责任单位为集团公司财务部及总部相关部门，所属各子、分公司。报告人为各责任单位的总会计师（财务总监或主管财务工作的副总经理）或相关部门负责人。

第五条　集团公司财务部及各二级公司和三级单位应按照企业财务风险管理办法要求，按季度对本单位可能存在的财务风险进行分析评估，提出防范化解措施，落实到具体责任部门和责任人，并于季度结束后次月十五日前逐级向集团公司总部提交《财务风险评估报告》。同时上报本公司董事会或经理层，抄送相关责任部门。

各公司及部门要及时督导调度财务风险防范化解措施的责任部门和责任人，推动各项措施的有效落实，定期向上级主管公司报告财务风险防范措施的落实情况。

第六条　财务风险防范责任单位定期报告工作目标。

1. 识别和评估经营过程中可能面临的各类财务风险，提出风险化解方案，落实化解风险责任。

2. 将企业财务风险可能导致的损失控制在可承受的最小范围之内。

3. 健全并不断改进企业内部控制制度，确保其有效运行。

4. 建立较为完备的财务风险预防、评估、化解责任体系。

第七条　定期报告应包括以下内容。

1. 上季度《财务风险评估报告》中揭示的财务风险情况，包括上季度确认的财务风险、防范措施及责任部门和责任人。

2. 财务风险防范措施的落实情况。各风险防范责任单位要认真研究制定各项财务风险的防范措施，积极主动落实《财务风险评估报告》的风险防范责任，详细说明风险是否已经化解，责任部门和责任人针对风险所采取的措施、取得的效果等。

3. 下一步整改措施。针对没有化解、依然存在的财务风险，要进一步提出下一步的整改措施，并在下一季度的财务风险报告中报告整改结果。

4. 上期报告中提出整改措施的后续工作的落实情况。

第八条 财务风险防范责任单位定期报告实行逐级报告制度，即各三级单位的定期报告经本单位领导审定后上报二级公司；各二级公司及总部相关责任部门的定期报告经本公司领导审定后上报集团公司财务部；集团公司财务部编报全集团的财务风险防范责任报告提交给集团公司董事会。

第九条 各财务风险防范责任单位应于本公司财务风险评估报告正式提交后一个月内上报财务风险防范措施落实情况的定期报告；集团公司的定期报告应在季度结束后的第二个月底前提交。

第十条 财务风险定期报告采用书面形式。

第十一条 财务风险防范责任单位定期报告将纳入集团公司财务系统创优争先评比考核内容中。对应当报告而隐瞒不报或不及时报告造成损失的，集团公司将追究有关人员的责任，并视造成后果的严重程度按相关制度对有关人员给予处罚。

第十二条 本制度由集团公司财务部负责解释。

第十三条 本制度自下发之日起施行。

后文案例是 2014 年初该集团公司根据定期报告制度要求，由集团公司财务部作为报告人，督导各责任单位和相关部门认真落实各项风险防范措施，形成的 2013 年第四季度财务风险防范责任单位定期报告。定期报告列示了"集团母公司亏损"和"应收账款清收任务艰巨，资金风险较大"两项风险，针对这两项风险，分别制定了风险防范措施，明确了责任单位，并重点对各责任单位落实情况进行督导、落实。

案例

企业财务风险防范责任单位定期报告案例

2013 年四季度，针对集团公司当前面临的严峻形势，我们对集团公司面临的主要财务风险进行了分析，并制定了财务风险防范措施，明确了风险防范责任单位，以有效化解财务风险，保障集团公司经济平稳运行。按照《集团公司财务风险防范责任单位定期报告制度》要求，财务部及时督导各责任单位和相关部门认真落实各项风险防范措施，形成了集团公司 2013 年第四季度财务风险防范责任单位定期报告，现提交给集团公司领导。

一、"集团母公司亏损"风险的防范化解情况

（一）风险防范措施及责任单位

风险防范措施。

1.加快后勤系统市场化、社会化进程，降低亏损补贴。

2.狠抓提质降本增效工作落实，打破惯性思维，采取超常措施，确保经济平稳运行。

3.加强经济运行情况分析，及时采取有效应对措施，确保预算滚动平衡。

责任单位：各二级公司。

（二）各责任单位落实情况

2013 年，面对严峻的煤炭市场形势，集团公司上下通过深入开展提质降本增效活动，竭尽全力弥补市场带来的不利影响，最终完成了国务院国资委下达的目标任务。但是集团整体盈利能力脆弱、利润结构不合理，集团母公司出现亏损，针对此种情况，各公司纷纷采取各种超常措施，狠抓提质降本增效工作落实，加强经济运行情况分析，积极应对集团公司面临的不利局面。比如集团 N 公司一是通过调整生产衔接安排，将公司 6 煤作为 2014 年主战场，通过优化煤炭产品结构，提高煤炭发热量，保证盈利空间；二是首先从井下主水泵房自动化排水系统着手，积极推进两化融合，真正做到有人巡视，无人值守，达到减人增效的既定目标；三是及时掌握全国范围内的煤炭市场行情，并结合该公司的实际情况认真研究煤炭价格走势，指导该公司的煤炭售价，力争实现煤炭售价最高化、利益最大化。

二、应收账款清收任务艰巨，资金风险较大

（一）风险防范措施及责任单位

风险防范措施。

一是修订完善应收账款考核办法，加紧下达 2014 年度应收账款指标，

对生产经营应收账款预算下达固定指标，加大考核力度；二是持续清收外部欠款，总结 2013 年应收账款清收月活动经验，2014 年持续开展清收工作，将应收账款余额控制在年度预算指标内；三是推进内部逾期应收账款清欠工作，解决集团公司内部长期恶意欠款和三角债；四是防范坏账风险，通过健全制度并完善合同管理，理顺流程、堵塞漏洞、落实内控，防范潜在风险；五是严格落实考核，落实清收责任，挂钩薪酬考核，建立长效机制。

责任单位：各二级公司、集团公司财务部。

（二）各责任单位落实情况

2013 年末，集团公司应收账款账面余额为 96 亿元，比年初增加 16 亿元，增长 20%；剔除特殊性因素后，比年初降低 1.5 亿元，控制在弹性预算指标之内，但受煤炭市场低迷影响，应收账款余额仍居高不下，且 2014 年反弹压力较大。集团公司财务部及各二级公司针对此种情况，纷纷展开行动，认真落实各项防范措施，努力降低应收账款余额，减少资金占用，防范资金风险。

1. 进一步完善考核工作。财务部一是拟定了《集团公司 2014 年应收账款考核办法》，大力压缩应收账款指标，修改原弹性预算考核方式，对生产经营应收账款下达刚性指标，对内部欠款单位的恶意欠款视同应收账款实行双向考核；二是加强应收账款预算完成情况分析和考核工作，对未完成指标的相关单位与当月工资审批挂钩，进一步督导各单位加大清收工作力度。

2. 各公司清收任务成效显著。所属物流公司通过专项调度、层层梳理、措施制定和专人督导等有效措施，较好地完成了应收账款清收工作，年末应收账款实际占用 8 亿元，较全年实际平均占用减少 9 亿元，比应收账款年末清收目标降低了 5 000 万元。所属服务公司拟定了详细的清收计划、措施并认真组织实施，共计收回应收账款 2 000 万元，较好地完成了应收账款预算指标，将应收账款控制在预算指标的 95% 之内。所属 B 公司制定了《B 公司 2014 年应收账款专项考核办法》，并按半年落实应收账款考核与奖罚政策，实施内部债权债务双向考核，推进内部欠款清收工作并力争"归零"；对物流贸易大额应收账款进行周调度并监控大额客户欠款，共收回应收账款 20 156 万元（含内部清欠款），年末应收账款剔除垫付破产社区运转经费后完成了集团公司预算指标。

各责任单位在制定应收账款考核办法、开展应收账款应收月活动以及防范坏账风险等方面都做了大量有效的工作，为集团公司降低应收账款余额、防范坏账风险做出了积极努力。

2.2.3 "叶落知秋"，建立财务风险预警机制

目前很多财务风险，待财务人员发现后，已经造成了不利的影响，需要投入更大的人力、财力、物力来解决财务风险问题。有效的财务风险预警系统能够实时对企业的生产经营过程和财务状况进行跟踪监控，及时进行财务预警分析，发现财务状况异常的征兆，并迅速报警，使企业及时采取应变措施，避免或减少损失。

一般而言，建立财务风险预警指标体系分三步。

第一步要设置预警指标。预警指标包括定性指标和定量指标两类。

定性指标需要预示企业财务风险征兆的指标，指标主要用于预警外部环境风险、内部控制风险、财务治理风险和会计信息风险四个方面。指标重点需要关联四个方面。一是行业政策调整、利率与汇率的调整、产品与原材料价格的大幅波动等方面；二是未经授权或批准的重大资产重组、关键管理与财务人员离职、内部审计反映的重大内控缺失、内控制度关键控制执行不到位等方面；三是重要子公司经营不善、超越权限的重大决策、财务信息严重不对称等方面；四是被出具非标准审计报告、会计信息严重失真、信用评级降低、遭受税收处罚、严重超预算行为等方面。

定量指标主要是围绕企业偿债能力、经营能力和盈利能力三个方面进行设置。反映偿债能力的主要设置资产负债率、已获利息倍数、有效担保占净资产比重、流动比率、速动比率等指标，预示企业的债务负担水平及其面临的债务风险；反映经营能力的主要设置总资产周转率、应收账款周转率、存货周转率、应付账款占购货额比重等指标，预示企业所占用经济资源的利用效率、资产管理水平与资产的安全性；反映偿债能力的主要设置净资产收

益率、总资产报酬率两个基本指标和销售（营业）利润率、盈余现金保障倍
数、成本费用利润率、资本收益率等，预示企业一定经营期间的投入产出水
平和盈利质量。

第二步要确定预警区间。结合企业实际，统计前三年历史数据，剔除客
观性偏差，并参照行业先进水平，为每类定量预警指标确定标准值（与管理
层风险偏好有关）。标准值以内为安全区；根据偏离标准值的范围大小设预
警区和危机区。一般安全区表示发生财务危机的可能性较小，预警区表示存
在发生财务危机的可能性，危机区表示发生财务危机的可能性较大。

第三步要定期风险预警。按季度分析预警指标当期值与参考值、预算值
的变动情况，以及发生异常变动的原因，提出降低财务风险和改善财务状况
拟采取的措施和建议，实施预警。

实施中，针对单项风险，企业可制定单项预警制度。在流动性风险管
理中，推行资金预警制度，按照资金回收情况和持有量以及对企业经营运转
的影响程度，设定不同等级的资金预警状态，并依据不同等级的资金预警状
态，提前确定对资金收入、支出采取必要对策和资金优先支付顺序，编制相
应的资金预警方案。

一是正常状态，指在相应的生产和市场条件下，企业能够全面完成年初
所确定的生产、经营、资金预算指标，所持有的货币资金量能够满足当年的
正常支付，资金收支保持平衡，可预见未来资金收支趋势处于正常，能够保
证企业正常运转。在正常状态下，加强预算管理和市场调研，高度关注年初
预算之外的减收增支因素对现金流量的影响，注重经济运行质量分析，特别
是资金的预测分析，防患于未然。

二是紧张状态，指在相应的生产和市场条件下，由于不能全面完成年初
所确定的生产、经营、资金预算指标，资金回收困难，回款连续三个月不足
正常预算指标的80%；或者因债权、股权融资预算所编制的资金流入未能实
现，企业存量货币资金难以满足未来三个月的日常支付，当期资金收支出现
赤字，可预见未来资金收支趋势向困难转化，对企业经营运转有明显影响。

当资金进入紧张状态时，企业应制定开源节流措施，包括：加大应收账

款清收力度；加大债权融资和股权融资力度；控制各类可控费用，按不高于预算的 70% 额度控制；按减收额调减各单位资金支付预算；内部投资预算按年初预算的 70% ~ 80% 执行。

三是警告状态，指在紧张状况下回款进一步减少，只能完成正常预算指标的 60%；债权、股权融资只能完成年度预算的 50%；存量货币资金难以满足未来一个月的资金支付，可预见未来资金收支趋势进一步向困难转化，已经威胁企业经营的正常运转。

当资金进入警告状态时，应制定的应对措施有：成立以党政正职为组长的资金管理领导小组，负责对进入警告状态之后的资金管理控制和预算审批；加大清欠力度，全面组织对外清收各种欠款；组建债权融资工作组和股权融资工作组，全力落实年度融资预算；冻结预算外薪酬发放并酌情减发一定额度的工资；按减收额等额调减各单位支出预算；将可控费用压缩到预算的 50% 以下；按年初预算的 50% 压缩内外部投资预算。

四是危机状态，指在警告状况下，回款继续减少，只能完成正常预算指标的 50%，债权、股权融资只能完成年度预算的 30%，资金收支缺口继续加大，资金收支全面趋于恶化，资金面临断流的危险，企业即将面临无法正常支付及到期债务全面违约的状况。

当资金进入危机状态时，应制定的应对措施有：拟定经营危机报告，上报相关政府及企业上级主管部门；将经营危机通报函发送各欠款大户；寻求政府及客户的支持；采取一切可能措施全面清理回收各种欠款；寻求各级银行的支持；所有费用支付一律由企业总会计师与主要领导联签审批后办理。

2.2.4 "稳扎稳打"，实行定期财务风险评估

企业应实行定期财务风险评估机制。

一是至少要按季度识别、分析财务风险。对企业当前面临的财务风险进行辨识、分析、评价，依据风险对单位的影响程度及预计造成的损失金额大小，将辨识出的财务风险划分为一般风险、较大风险和重大风险三个等级，

并提出相应的风险化解措施，形成《财务风险评估报告》。《财务风险评估报告》主要包括四部分内容：财务风险定量指标分析；财务风险定性指标分析，即当前面临的财务风险分析；针对当前财务风险应采取的应对措施及责任单位和部门；上一季度财务风险的化解情况。评估报告的格式和内容可参考后文案例，该案例在对财务指标偏差分析的基础上，对企业及二级公司的风险进行了揭示，明确了风险等级，制定了风险防范措施，确定了责任单位和整改单位。

二是全面组织实施。在企业内部所有独立核算单位全面实施财务风险季度评估报告制度，以强化各级单位的财务风险防范意识，及时识别、化解财务风险。比如上一个案例提到的某集团公司，各二级公司组织所属三级单位按季度识别、分析财务风险，提出风险防范措施，于季后15日内向集团公司及本单位班子成员提交《财务风险评估报告》。集团公司财务部对各二级公司财务风险及集团公司层面的财务风险进行整理分析后，按季度向公司董事会提交《财务风险评估报告》。

三是定期督导落实。企业按季度督导《财务风险评估报告》中制定的风险化解措施的落实情况，要求各风险防范责任单位定期反馈风险化解措施的落实情况，提交《财务风险防范责任单位定期报告》，以推动各项措施的有效落实。

案例

企业财务风险评估报告案例

为切实落实《指引》中财务风险的防范责任，按照《集团公司财务风险管理办法》规定，集团公司财务部负责整理了集团公司2018年第一季度《财务风险评估报告》，并将二级公司存在和新增加的重大财务风险在本报告中予以列示。现将该报告提交集团公司领导参考。

一、2018年第一季度财务指标偏差分析

考虑财务风险定量指标基本均是时点指标，为有效反映指标的客观变化，

一般可选择以上年实际完成情况作为基数进行比较分析。2018 年第一季度财务风险定量指标与 2017 年实际水平对比分析显示，集团公司的资产负债率高于 2017 年实际水平，有效担保占净资产比率低于 2017 年实际水平，偿债能力下各指标均高于 2017 年实际水平，资产周转状况下各指标均低于 2017 年实际水平，盈利能力下各指标均高于 2017 年实际水平。具体情况如表 2-1 所示。

1. 负债及或有负债状况指标分析。2018 年第一季度，集团公司资产负债率达到 69%，高于 2017 年实际水平，表明集团公司负债水平上升，偿债能力下降；或有负债指标低于 2017 年实际水平。

2. 企业偿债能力指标分析。2018 年第一季度，集团公司偿债能力指标高于 2017 年实际水平，表明集团公司短期偿债能力有所上升。

3. 资产周转状况指标分析。2018 年第一季度，应收账款周转率、存货周转率均低于 2017 年实际水平，说明资产周转变慢；应付账款占购货额比重低于 2017 年实际水平，说明集团公司采购风险降低；固定资产周转率、流动资产周转率均低于 2017 年实际水平，表明集团公司固定资产利用率下降，流动资产周转变慢。

4. 盈利能力指标分析。2018 年第一季度，集团公司获利能力高于 2017 年实际水平。集团公司主营业务利润率高于 2017 年实际水平，资产利润率、成本费用利润率均高于 2017 年实际水平，权益净利率高于 2017 年实际水平，表明集团公司自有资本获取净利润的能力有所提升。

表 2-1　2018 年财务风险定量指标

定量分析指标	风险标准参考值	2017 年实际	2018 年第一季度
一、负债及或有负债状况			
资产负债率（负债总额 / 资产总额 ×100%）	70	67.6	69
或有负债（有效担保占净资产比率）	对外累计不超 20%	0	0
	全部累计不超 40%	44	43

定量分析指标	风险标准参考值	2017 年实际	2018 年第一季度
二、偿债能力			
流动比率（流动资产／流动负债）	1.2	0.88	0.91
速动比率［（流动资产－存货）／流动负债］	1	0.74	0.77
已获利息倍数（息税前利润／利息费用）	4	1.18	1.25
三、资产周转状况			
应收账款周转率（主营业务销售收入／平均应收账款）	23.8	17.46	10.43
存货周转率（主营业务销售成本／平均存货）	29.53	14.28	10.75
应付账款占购货额比重（%）	25	39.50	38.49
固定资产周转率（主营业务销售收入／平均固定资产）	3.45	2.47	1.75
流动资产周转率（主营业务收入净额／平均流动资产总额）	1.73	2.64	1.82
四、盈利能力			
主营业务利润率（主营业务利润／主营业务收入 ×100%）	8.21	5.95	9.66
资产利润率（利润总额／平均资产总额 ×100%）	2.85	0.57	0.65
成本费用利润率（利润总额／成本费用总额 ×100%）	1.74	0.53	0.87
权益净利率（净利润／平均净资产 ×100%）	4.74	0.15	0.23

二、2018 年第一季度财务风险分析

（一）部分单位资金链濒临断裂（风险等级：重大风险）

目前，集团公司资金安全出现危机的单位不断增加，部分二、三级子公司资金链濒临断裂，在确保资金链安全方面压力巨大，其中所属 Y 公司、X公司等单位资金缺口较大，资金收入不能保证信贷周转，对集团母公司的依

赖性较强，债务风险突出。

风险防范措施。

1. 狠抓资金预警方案执行和资金风险防范，确保资金安全。

2. 加大货款和工程款清收力度，减轻资金压力。

3. 全力拓展融资渠道，提前谋划融资方案，避免银行信用违约风险。

责任单位：Y 公司、X 公司。

（二）"三供一业"分离移交及去产能将导致资产损失（风险等级：重大风险）

随着"三供一业"分离移交工作的推进，从集团公司移交出去的实物资产和资金，将冲减资本公积，导致所有者权益下降，集团公司净资产将减少。截至 2018 年第一季度末，集团公司拟移交的实物资产净值为 2.39 亿元，净资产减少将导致集团公司资产负债率升高。

按照集团公司《关于化解煤炭过剩产能工作的安排意见》，集团公司要在 2016—2020 年陆续关闭退出 15 处矿井。在矿井陆续关闭退出过程中，资产损失的处置、化解过剩产能单位金融债务的处理等问题将对集团公司造成不良影响。

一是去产能矿井设备、工业广场、井巷工程等固定资产受多种因素限制变现能力较弱，随着矿井关闭持续加重企业成本负担；二是去产能单位外部债务融资不能纳入债务重组和不良贷款核销，只能由借款主体按期偿还，如去产能单位不能按期还本付息，集团公司将不得不新增委贷帮其偿还，债务风险突出，而且去产能矿井的项目贷款到期后金融机构按期收回，导致其资金周转困难，给集团公司造成的损失或代偿风险也将无法避免。

风险防范措施。

1. 合规使用"三供一业"分离移交补助资金。

2. 资产移交过程中严防国有资产流失，维护集团公司权益。

3. 研究国家出台的相关政策，积极争取债权银行比照"政策性破产"核销去产能单位债权，免除集团公司担保责任，避免代偿风险。

责任单位：所属各相关企业。

三、2018年第一季度，二级公司存在和新增加的重大财务风险

M公司商品煤量较预算、较2017年同期存在差距。第一季度，M公司自产商品煤量完成270.73万吨，比预算减产9.77万吨，比2017年同期减产32.38万吨。主要原因是受地质断层和环保压力的影响，商品煤量未完成预算指标。

风险防范措施如下。M公司针对所属各矿生产条件日趋复杂、主力矿井区域调整能力不足、效益煤层产量与占总量的比例下降、部分单位产能波动、生产准备滞后、采掘衔接失衡等问题，进一步细化措施、狠抓落实，为第二季度完成各项指标打下坚实基础。一是加强重点工作面组织，实现原煤生产目标；二是强化洗煤生产组织，科学调整洗选产品结构，实现经济效益最大化；三是加强生产准备，推进开拓重点工程，同时做好压煤村庄搬迁，确保均衡稳定生产。

2.2.5 "有的放矢"，制定财务风险应对措施

企业财务风险管理办公室在风险评估确认的基础上，根据本单位自身条件和外部环境，围绕财务目标，确定风险偏好、风险承受度、风险管理的有效性标准，选择确定风险承担、风险规避、风险转移、风险转换、风险补偿、风险控制等风险管理工具。要根据风险与收益相平衡的原则，进一步确定风险管理的优选顺序，明确风险管理的可接受成本及风险控制的组织体系、人力资源、应对措施等总体安排。对制定的风险管理措施的有效性和合理性应定期总结和分析，结合实际不断修订和完善，特别要对风险偏好、风险承受度和风险应对措施的有效性和科学性进行重点总结和分析，以便不断完善。比如后文案例，在煤炭市场持续下行，资金紧张时某煤炭企业，针对可能会出现的资金风险，紧急制定下发了资金风险超前通报管理办法，来应对资金危机。该办法的出台就是解决在即将出现财务风险时，企业如何应对的问题。办法中明确了资金风险超前通报的范围、内容、流程，制定了保障措施，让企业能做到"心中有谱"，应对财务风险能"有章可循"。

案例

企业资金风险超前通报管理办法

第一条　为进一步健全资金风险防范机制，超前预防和化解资金风险，坚决守住不发生债务违约的底线，确保集团公司资金链安全，制定本办法。

第二条　资金风险超前通报的原则。

1. 统一领导。资金风险超前通报纳入集团公司风险防控体系，由集团公司风险管理委员会统一领导。

2. 落实责任。各子分公司分级制定并实施资金风险超前通报，承担主体责任。

3. 突出重点。各子分公司要结合自身实际，理清涉及自身资金风险的重点内容，制定应对措施，及时通报、控制和化解风险。

第三条　资金风险超前通报的范围：纳入集团公司合并报表范围的各子分公司，含集团本部及直属机构。

第四条　资金风险超前通报的内容。

1. 年度资金预算出现较大幅度波动，预计不能完成资金收入预算且偏差达 10% 以上的。

2. 出现超预算的临时性大额支出且单笔金额占本月资金支出的 10% 以上的。

3. 到期债券、银行贷款、委托贷款预计难以还本付息的，或续借困难可能导致资金链即将断裂的。

4. 由于资金极度紧张对生产经营产生负面影响的，包括但不限于：已出现工资拖欠，停止交纳水电费、保险等经营支出，供应商诉讼增加等。

5. 执行集团公司或本公司相关决策，需要筹集大额资金但无力筹集导致存在违约风险的。

6. 出现重大诉讼且金额超本公司最近一期财务报表净资产总额的 10% 以上的。

7. 银行账户被冻结或资产权有可能被查封的。

8. 因担保事项预计被追究连带责任的。

9. 其他可能威胁资金链安全、企业信用和社会形象的资金风险事项。

第五条　资金风险超前通报的流程。

1. 涉及期债券、贷款、委托贷款预计难以还本付息资金风险的，各公司财务部要至少提前2个月向本单位总会计师和主要领导汇报，由本单位提出应对措施和解决方案。确因无力解决的要提前50天向集团公司财务部、总会计师书面报告。

2. 涉及其他资金风险的，各单位财务部要在风险事项出现时及时判断并报告本单位总会计师和主要领导，由本单位提出应对措施和解决方案。确因无力解决的要提前上报集团公司，其中涉及外部投资的报集团公司资本运营部，涉及内部投资的报集团公司管理部，涉及诉讼的报集团公司法律事务部，涉及工资拖欠的报集团公司人力资源部，所有事项同时抄报集团公司财务部。

3. 集团本部出现资金风险的，比照上述流程，由集团公司财务部及时向集团总会计师和主要领导汇报。

第六条　资金风险超前通报的保障措施。

1. 加强组织领导。充分发挥集团公司风险管理领导小组作用，统筹协调、督促落实资金风险超前通报工作。各子分公司要各司其职、各负其责，加强资金风险管控，做好超前通报，形成预防为主、积极主动推动风险防控工作落实的机制。

2. 落实主体责任。各子分公司要承担本单位资金风险管控责任，特别是债务风险的超前通报和防控。各子分公司要比照集团公司建立相应的风险管控体系，成立由主要负责同志担任组长的工作推动组，明确责任人，切实抓好落实工作。

3. 建立工作机制。集团公司将在每季度财务例会上听取各单位资金风险工作情况超前汇报，推动资金风险防控工作常态化。对于涉及重大资金风险的，集团公司将召开风险管理领导小组专题会议，部署安排、统筹协调解决重难点问题。

4. 强化考核问责。集团公司将资金风险超前通报和风险防控工作纳入绩效考核，对风险通报和防控不力、脱离实际过度举债、违法违规担保等行为进行通报，对主要负责人进行约谈。对因未及时通报出现重大资金风险的相关责任人，予以责任追究。

2.2.6 "赏罚分明"，强化风险管理工作考核

财务风险管理离不开考核的引导。建立健全财务风险管理考核机制，需要企业制定有效的考核内容和标准。考评内容、考核标准和考核流程可参考下面案例。

案例

某集团公司财务风险专业管理委员每年会对集团公司财务风险管理办公室及二、三级子分公司财务风险管理工作情况进行考评。财务风险管理考评内容及考核标准见表2-2。

表2-2　财务风险管理考评内容及考核标准

序号	项目	标准分	考核标准
1	内部建立风险管理组织运行系统	5分	未建立风险管理组织运行系统本项不得分，建立风险管理组织运行系统但运行不畅（未按管理流程运行）扣2分
2	全面履行风险管理职责	15分	有一项未履行职责扣1分
3	内控制度完备	20分	建立健全本公司管理制度和风险控制的管理制度，主要包括本公司正常的管理制度，内控授权、报告、批准、责任制度，岗位权力制衡制度，重大风险预警制度等，制度每缺一项扣2分
4	风险事件（非正常损失事件）管理	25分	违规操作发生一次风险事件扣5分，直至扣完本项为止。全年未发生风险事件加10分

序号	项目	标准分	考核标准
5	风险损失	30分	违反制度规定、审批程序及权限造成损失时，按下列标准扣分： 风险损失在 >0万元 ~ ≤ 100万元时，扣5分 风险损失在 >100万元 ~ ≤ 500万元时，扣10分 风险损失在 >500万元 ~ ≤ 1 000万元时，扣20分 风险损失在 >1 000万元时，扣30分
6	风险信息（预见可能发生损失的信息）沟通反馈及时性	5分	风险信息反馈应在3个工作日内逐级上报，不及时报告，出现一次扣1分，直至扣完本项为止

年终，各级财务风险管理办公室对年度财务风险管理进行自评，得到自评打分和自评报告，并将自评打分和自评报告报上一级财务风险管理办公室，集团公司财务风险管理办公室对二级财务风险管理办公室工作提出考核评价和审定意见，报集团公司财务风险专业管理委员会审定。集团公司财务风险专业管理委员会根据年度评价结果，并报经集团公司全面风险管理委员会同意，对财务部及各二级子分公司年度财务风险管理工作在年薪之外实施单项奖罚：年度评价结果超过90分（含）时，集团公司给予特别奖励；年度评价结果达到75分（含）低于90分时，不奖不罚；年度评价结果达不到75分时，给予处罚；年度发生重大财务风险事件，其风险损失在1 000万元及以上时，对直接责任部门和直接责任人视具体情节按损失的适当比例加重处罚，由集团公司全面风险管理委员会提出对责任人进行行政或经济处罚意见。

2.3 "定期体检"，开展定期财务风险审计

企业应定期组织开展财务风险审计工作，开展该项工作主要有两个方面的作用：一是通过风险审计的开展，引起企业领导及企业对财务风险管理的重视；二是发挥审计的监督职能，督导财务风险管理的推进和风险措施的

落实。比如，后文案例讲述的某集团公司，审计部门把财务风险审计纳入年度审计重要工作，每季度对财务风险评估报告中确定的化解措施的落实情况进行审计，检查各项财务风险的化解情况和各责任单位（部门）的落实情况，出具重大财务风险化解措施落实情况的审计调查报告，促进各单位积极整改，推动各项措施的有效落实。同时开展重点风险领域专项审计工作，如按季度开展物流贸易资金风险跟踪审计，测试对外贸易的业务程序、贸易合同、相关内部控制制度的执行情况等，分析财务管理情况、经营指标完成情况，对应重点关注的风险点提出审计建议并督导整改。

案例

企业重大财务风险化解措施落实情况的审计调查报告

根据集团公司 2012 年审计计划安排，审计部组成审计组，于 2012 年 11 月 30 日至 12 月 10 日，对 2012 年上半年的重大财务风险化解措施落实情况进行了审计调查。现将调查结果报告如下。

一、2012 年上半年面临的重大财务风险

2012 年以来，受国际及国内宏观经济下滑的影响，煤炭市场严峻，煤价持续走低，集团公司面临降价减利数额巨大；销量及资源量减少，库存增加；销售回款难度加大，资金紧张；亏损单位众多、数额居高不下等重大风险，对集团公司完成全年任务目标产生较大冲击及压力。

二、采取的主要风险应对措施及落实情况

（一）全面深化扭亏增盈活动，确保集团公司完成利润指标

集团公司广泛开展全员"强管理、降成本、增效益"活动，进一步深入研究扭亏增盈措施，加大工作力度，同时强化扭亏增盈责任落实，加强工作督导，加大考核力度，对东方电厂等 6 个重点单位的扭亏增盈工作进行了专项督导和现场办公。

各二级公司以实现集团公司整体经营目标为导向，各公司纷纷制定了预

算调整方案，重新安排了本公司的年度预算，确保完成奋斗目标；以扭亏增盈为主线，制定了扭亏增盈工作方案，并积极抓好落实工作，确保扭亏增盈目标实现；狠抓全面成本管理，深入开展增收节支和对标挖潜活动，盘活闲置资产，严格控制计划外支出，挖掘降本增效潜力。至11月末，原煤制造成本比预算降低53元／吨，比同期降低32元／吨；水、电费收缴率分别达到88%和99%，比预算减亏600万元；推广降本增效金点子786个，创效25 000万元。

（二）生产和销售多措并举，有效提高市场占有份额和回现比率

1. 积极推进安全高效矿井建设，保证原煤生产可持续发展。

充分发挥T公司、Y区域骨干矿井和主力工作面生产潜能，加快采煤技术升级和设备更新改造，推进集约化生产，提高生产效率和煤炭产能。T公司、N公司等单位积极推进压煤搬迁工作。审计期间T公司村庄搬迁协议已经签订，D公司6个村搬迁承包总协议和6个压煤村受损民宅避险工作正在积极推进，为煤炭产业可持续发展奠定了基础。

2. 加大煤质管理力度，以质量保市场、以质量提效益。

通过对原煤开采的源头控制、洗煤过程的质量控制和外购煤质量控制，保证外销商品煤适销对路、质级相符；通过加强洗煤生产和技术管理，提高精煤回收率及质量，增加商品煤量和经济效益；加大煤质检测检验力度，完善煤质考核办法，保证精煤品牌及动力煤的质量。

（三）强化资金管理，提高资金运营效益

1. 加大资金使用的刚性约束力度，实施最严格的资金控制机制。各风险防范责任单位认真贯彻落实集团公司《关于资金进入"紧张"状态并采取紧急措施的通知》的各项要求，加强资金管理，压缩费用支出，保证集团公司在煤炭价格持续大幅下跌情况下的经济平稳运行。

2. 强化资金集中管控，优先保证安全生产、职工工资、重点项目建设，集中资金办大事，使有限的资金发挥最大效益。至2012年11月底集团公司合并报表口径的货币资金为70亿元，财务公司归集49亿元，资金集中度达到70%，对实现公司资金的优化配置、有效降低资金成本、发挥资金使用效益起到了积极作用。

3.加强流动资金管理，通过调整营销策略，尽最大努力减少应收账款。逐层次落实应收账款清收目标和责任，全面清理陈欠款，彻底解决遗留问题。在全集团范围内持续开展陈欠款突击清收工作中，各风险责任单位全力以赴完成清收任务，取得了显著效果。截止到11月底，集团公司累计清收陈欠款16 000万元。

三、风险化解措施落实情况的评价

（一）风险化解措施落实情况的特点

2012年上半年集团公司针对重大风险所涉及的管理及业务流程，重点控制关键环节，有针对性地制定相应的控制措施，按照《集团公司财务风险防范责任单位定期报告制度》的要求将措施层层落实到具体的责任单位，并对责任单位实行财务风险防范化解措施的督导调度制度，限期向上级主管公司报告财务风险防范措施的落实情况，对各项措施的有效落实起到了很好的推动作用。

（二）从延续到第三季度的风险状况来看，第二季度财务风险化解情况效果不明显

由于揭示的重大财务风险主要来自外部经济环境影响，我国煤炭市场供大于求的局面短期内不会改变，第二季度虽然采取了各种应对措施，但第二季度财务风险化解情况效果不明显，重大财务风险依然不容忽视。

1.煤炭场站库存大幅增加。

截止到9月末，煤炭库存为161万吨，其中精煤51万吨，原混煤110万吨，煤炭库存量较年初增加41万吨，影响煤炭销售利润减少9 050万元。

2.资产负债率保持较高水平，利息负担较重。

截止到2012年第三季度末，集团公司总资产为672.44亿元，负债为446.01亿元，考虑对外担保10.6亿元，资产负债率为67.90%，接近通常风险控制值70%，实际融资空间仅为14亿元。财务费用发生10.56亿元，比去年同期7.96亿元增加2.6亿元。

3. 盈利能力下降，完成全年利润任务难度大。

2012 年 1—9 月集团公司利润总额实现 7.6 亿元，较预算 11.2 亿元减利 3.6 亿元，较上年同期 11.7 亿元减利 4.1 亿元。受当年工资、修理费、塌补费等多项费用发生不均衡影响，第四季度生产经营将形成较大压力。

对于集团公司依然面临的重大财务风险，财务部在第二季度督促各责任单位积极落实化解措施的基础上，在第三季度的财务风险分析报告中进一步提出了具体可行的化解措施，并落实到了各责任单位，审计期间各项措施正在积极落实中。

四、审计建议

1. 各责任单位按照《集团公司 2012 年第二季度财务风险分析报告》及《集团公司 2012 年第三季度财务风险分析报告》中提出的风险化解措施继续强化责任落实，财务部加强对落实情况的督导调度。

2. 各公司认真贯彻落实集团公司 2012 年下半年工作会议精神，面对严峻的经营形势，深化扭亏增盈工作与全面成本管理，加强经营管理和资金管控，全面加强重点监控指标的动态分析、日常督导和考核，确保各项指标的完成。

2.4 "警钟长鸣"，严格财务风险责任追究

企业应研究实施财务风险责任追究制度，通过制定财务风险责任追究管理办法，确定财务风险责任追究的原则、政策依据、程序和财务风险损失的认定，明确财务风险损失的责任人及责任划分、责任追究方式和标准等，将形成的财务风险损失区分一般损失、较大损失、重大损失、特别重大损失，分别对相关责任人给予处罚，以进一步完善财务风险管理责任制度，规范财务风险责任追究行为。在实践中严格贯彻落实办法，对于各单位发生的财务风险事件，严格按照办法规定，追究相关人员责任，以使各级管理人员警钟

长鸣，规范管理，提高风险防范意识。后文案例就是企业为完善财务风险管理责任，规范财务风险责任追究行为制定的财务风险损失责任追究办法。办法中确立了责任追究原则，制定了责任追究程序，明确了财务风险损失的认定，确定了责任追究的方式和标准，具有较强的借鉴和参考意义。

案例

企业财务风险损失责任追究办法

第一章　总则

第一条　为进一步完善财务风险管理责任制度，规范财务风险责任追究行为，有效防范和化解财务风险，最大限度降低企业损失，依据企业财务风险管理办法、企业财务风险防范责任单位定期报告制度、企业重大财务事项报告制度等制定本办法。

第二条　本办法适用于企业所属各子分公司、总部各部门［以下简称"各单位（部门）"］。

第三条　本办法所称财务风险是指在企业的各项财务活动中，由于内外环境及各种难以预计或无法控制的因素影响，在一定时期内企业的实际财务收益与预期财务收益发生偏离，从而蒙受损失的可能。财务风险包括筹资风险、投资风险、担保风险、收益波动风险、资金运营风险等。

第四条　本办法所称责任追究，是指对符合本办法规定的责任追究范围内的财务风险进行审查、责任界定和追究有关人员的责任。

第五条　责任追究的原则。

（一）谁在岗谁防控、谁主管谁化解、谁过错谁承担。

（二）权责对等。

（三）各层级责任人一律追究。

（四）实事求是，客观公正。

第二章　责任追究的依据

第六条　责任追究的政策依据。

（一）企业关于对管理人员实施责任追究的暂行规定。

（二）企业重大财务事项报告制度。

（三）企业财务风险管理办法。

（四）企业财务风险防范责任单位定期报告制度。

（五）参照国务院国资委制定的《中央企业资产损失责任追究暂行办法》。

第七条　责任追究的政策标准。

各单位（部门）经营管理人员和其他相关人员违反国家有关规定和集团公司规章制度，未履行或未正确履行职责，给企业带来财务风险的，经调查核实和责任认定，应当追究责任。

（一）各单位（部门）未建立内部控制制度或者内部控制制度存在重大缺陷的。

（二）各单位（部门）未履行集团公司规定的审批程序和未执行集团公司规定的审批权限，发生财务风险事件的。

（三）各单位（部门）对潜在的重大财务风险未及时报告，或者故意漏报、瞒报、报告虚假情况的。

（四）财务风险防范责任单位未按照规定及时报告财务风险防范措施的落实及整改情况的。

（五）各单位（部门）人员未按照集团公司内部控制制度等管理规定执行业务操作，发生财务风险事件的。

（六）各单位（部门）人员违反国家法律法规给企业带来财务风险的行为。

（七）其他给企业带来财务风险的行为。

第三章　责任追究的程序

第八条　企业成立财务风险责任认定领导小组，组长为企业总会计师，成员单位包括纪委监察部、人力资源部、法律事务部、审计部、财务部、企业管理部等相关部门，负责财务风险的调查核实和责任界定。

第九条　开展财务风险责任追究工作的流程。

（一）财务风险责任认定领导小组组织专门人员进行调查核实，确认财务风险及其形成的资产损失情况。

（二）财务风险责任认定领导小组根据调查核实情况，明确财务风险及其损失的性质，进行责任界定。

（三）财务风险责任认定领导小组听取相关责任人的陈述。

（四）财务风险责任认定领导小组研究提出责任追究意见，报企业风险管理委员会研究。

（五）企业风险管理委员会做出责任追究决定，涉嫌犯罪的，移送司法机关依法追究刑事责任。

各单位（部门）对企业风险管理委员会做出的处罚决定和督办意见必须认真执行，积极实施，不得推诿、拖延。

第四章　财务风险损失的认定

第十条　财务风险损失金额应当包括直接损失金额和间接损失金额。直接损失金额是与相关人员行为有直接因果关系的资产损失金额；间接损失金额是由相关人员行为引发或者导致的、除直接损失金额之外的、能够确认计量的其他资产损失金额。

第十一条　财务风险损失按照金额大小和影响程度划分为一般损失、较大损失、重大损失和特别重大损失。

（一）一般损失是指财务风险导致的资产损失金额在 10 万元（含 10 万元）以上 50 万元以下，且造成的影响较小的。

（二）较大损失是指财务风险导致的资产损失金额在 50 万元（含 50 万元）以上 100 万元以下，或者在单位造成一定不良影响的。

（三）重大损失是指财务风险导致的资产损失金额在 100 万元（含 100 万元）以上 500 万元以下，或者在单位及省内造成严重不良影响的。

（四）特别重大损失是指财务风险导致的资产损失金额在 500 万元以上的，或者在国内造成严重不良影响的。

第十二条　对各单位（部门）发生的财务风险损失，应当在调查核实的基础上，依据有关规定认定损失性质、情形及金额。

第五章　责任人及责任划分

第十三条　责任人的划分。责任人指对形成的财务风险损失负有责任的人员，包括各二、三级单位负责人、分管负责人、总会计师、经办部门负责人、经办部门分管负责人、经办业务人员，集团公司相关部门负责人、分管负责人、经办业务人员等。

第十四条　责任人责任划分。财务风险损失责任分为直接责任、主管责任、分管领导责任和主要领导责任。

（一）直接责任是指相关人员在其职责范围内，未履行或者未正确履行职责，以及违反法律、法规和企业制度规定，对造成财务风险损失起决定性作用时所应当承担的责任。

（二）主管责任是指各单位（部门）主管负责人在其职责范围内，未履行或者未正确履行主管工作职责，以及违反法律、法规和企业制度规定，造成财务风险损失时所应当承担的责任。

（三）分管领导责任是指各单位（部门）分管负责人在其职责范围内，未履行或者未正确履行分管工作职责，以及违反法律、法规和企业制度规定，造成财务风险损失时所应当承担的责任。

（四）主要领导责任是指各单位（部门）主要负责人在其职责范围内，未履行或者未正确履行管理职责，以及违反法律、法规和企业制度规定，造成财务风险损失时所应当承担的责任。

第十五条　各单位发生重大或者特别重大财务风险损失，除按照本办法对本单位相关责任人进行责任认定外，其上级公司的相关负责人应当承担相应的分管领导责任或者主要领导责任。

第十六条　各单位（部门）发生重大或者特别重大财务风险损失隐瞒不报或者少报资产损失的，除按照本办法对相关责任人进行责任认定外，单位（部门）负责人、总会计师或者主管财务的副总经理应当分别承担主要领导责任和分管领导责任。

第十七条　对国家宏观经济政策调整、遭受重大自然灾害等不可抗力和不能预见的原因导致的财务风险损失，有关业务人员不承担责任。但主观努力不够导致能够降低风险损失而未降低的，有关业务人员负主管责任。

第六章 责任追究的方式和标准

第十八条 各单位（部门）发生的财务风险损失，除按照有关规定由责任人赔偿相应损失外，还要根据损失金额，给予责任人相应的行政处罚或组织处理。

（一）发生一般财务风险损失的，根据情节轻重，分别给予责任人警告或记过处分。

（二）发生较大财务风险损失的，根据情节轻重，分别给予直接责任人和主管领导记过、记大过或撤职处分，给予分管领导警告或记过处分。

（三）发生重大财务风险损失的，根据情节轻重，分别给予直接责任人和主管领导撤职处分或解除劳动合同处理，给予分管领导记过或记大过处分。

（四）发生特别重大财务风险损失的，根据情节轻重，分别给予直接责任人和主管领导撤职处分或解聘处理，给予分管领导记过或记大过处分。

第十九条 有下列情形之一的，应当对财务风险相关责任人从重处罚。

（一）情节恶劣或者多次造成财务风险损失的。

（二）发生财务风险，未及时采取措施或者采取措施不力，导致财务风险损失继续扩大的。

（三）干扰、抵制财务风险责任追究工作的。

（四）对单位发生财务风险隐瞒不报或者谎报、漏报的。

（五）强迫、唆使他人违法违纪造成财务风险损失的。

（六）伪造、毁灭、隐匿证据，或者阻止他人揭发检举、提供证据材料的。

（七）其他应当从重处罚的。

第二十条 有下列情形之一的，可以对相关责任人从轻或者免予处罚。

（一）及时采取措施减少或者挽回损失的。

（二）主动反映财务风险损失情况、积极配合调查的。

（三）主动检举其他相关人员，经查证属实的。

（四）有其他立功表现的。

第二十一条　对调离工作岗位或者已离退休的财务风险损失相关责任人，应当按照本办法相关规定给予经济处罚、行政处分。

第二十二条　除按照本办法对财务风险损失相关责任人进行责任追究外，对违反国家有关法律法规规定的，相关责任人还应当依法承担相应的法律责任。涉嫌犯罪的，依法移送司法机关处理。

第七章　附则

第二十三条　本办法由财务部负责解释。

第二十四条　本办法自下发之日起执行。

2.5 "总结反思"，财务风险管理的启示

"虑而后能得"，出自《大学》，意思是考虑周详才能够有所收获。实际上随着新经济的发展，新的商业模式、新的业态的出现和发展，新的财务风险可能会层出不穷。企业很难用一套或多套风险管理体系来防御这些财务风险，因此需要不断地总结、不断地反思和不断地完善，这才是企业的"虑"而后才能"得"。

开滦集团经过几年财务风险管理的推行，各级公司均能按照财务风险管理办法等推行财务风险管理。在完善财务风险管理制度方面，绝大多数公司均能结合本公司实际情况，制定财务风险管理办法。在财务风险管理责任体系方面，各公司均组建了以本公司总会计师或主管财务工作的经理为主任的财务风险专业管理委员会，下设财务风险管理办公室，财务部负责办公室的日常工作。在定期分析财务风险、制定风险防范措施方面，各二级公司财务部按照职责，组织所属公司和本级职能部门搜集存在的财务风险信息，在对风险进行辨识、分析、评价的基础上，按季度拟定财务风险分析报告，针对本公司财务风险分析报告中揭示的各类财务风险，谋划不同的风险防范措施；针对集团公司和本公司财务风险分析报告中揭示的风险和提出的风险防范措施，组织责任部门对措施加以落实，定期出具财务风险防范措施落实责

任单位报告。两个报告在经本公司总会计师或主管财务工作的经理审核后，上报本级领导班子和集团公司财务部。仅 2013 年一年，十二个二级公司按规定各自上报财务风险分析报告 4 次和财务风险防范措施落实责任单位报告 4 次。针对应收账款上升、清收任务艰巨、资金压力大、市场形势下滑、库存增加、盈利能力降低、出现亏损等揭示财务风险 134 次（包括未化解每季度连续揭示的风险）。集团公司各二级公司按照风险防范措施，积极组织落实，加大扭亏增盈工作力度，强化重大亏损源治理，持续开展应收账款清收月活动。在煤炭降价减收的形势下，2013 年集团公司超额完成了国务院国资委下达的利润考核目标，煤炭货款回收回现比例完成 33.80%，同比提高 1.71 个百分点；应收账款考核比上年同期降低 1.41 亿元，控制在弹性预算指标之内。受市场变化、国家环境治理、节能减排和限产等因素的影响，虽然应收款上升、亏损等风险尚未得到完全化解，但通过风险防范措施的落实，财务风险管理取得了一定成效，财务风险管理深入集团公司的日常管理工作之中。取得的成效，主要表现在以下几个方面。

一是强化全员风险意识。通过持续开展财务风险管理工作，加大宣传培训力度，各级领导和广大员工对财务风险管理重要性和必要性的认识空前提高，集团公司风险管理环境进一步优化。

二是提升管理水平。通过识别分析潜在的财务风险，及时揭示集团公司经营管理中存在的问题和风险因素，督导相关部门积极整改落实，推动经营工作的持续改进，进一步提升了管理水平。其间，制定实施了票据管理办法、物流资金管理办法、担保管理办法、备用金管理办法、工程价款结算管理办法、基本建设财务管理若干规定等制度，确保资产安全，有效防范资金风险，进一步提升经营管理水平。

三是推动工作有效落实。开展定期财务风险评估以来，集团公司针对 2010 年以来生产经营中存在的问题，对潜在的 43 个财务风险进行了分析评估并提出应对措施，通过督导责任单位落实整改，有效推进了重点问题的解决，各项工作得到有效落实。如 2012 年提出"巨额垫付资金风险"，通过督导各责任单位（部门）积极跑办落实，及时收回资金 2 000 万元；针对

"资产负债率攀升，利息负担重风险"，提出优化融资结构、提高资金集中度等措施，2012年成功发行短期债券29亿元，节约利息费用3 880万元，财务公司资金集中度达到65.31%，通过资金集中统筹调剂，全年减少流动资金贷款8.68亿元，节约利息1 486万元，有效提高了资金使用效益。

四是提升风险应对能力。如通过资金预警制度的建立实施，公司能够根据内外部环境的变化，及时应对不同程度的资金紧缺情况，有效防范资金风险。2012年，煤炭市场萧条，开滦集团一方面面临外部市场煤价持续下跌、收入锐减的形势；另一方面还必须保障自身发展的资金需求，造成资金一度紧张的局面。为积极应对危机，防范可能的财务风险，开滦集团即时制定并实施增产提效、节支降耗措施，成效显著，不仅各项指标全面完成，而且公司转型取得重大进展，经济工作实现了跨越式发展。2012年开滦集团原煤产量完成8 354万吨，营业收入实现1 756.62亿元，利润总额为15.52亿元。

在推行财务风险管理时，要重点把握以下几点。

一是公司主要领导要重视。

财务风险管理是关系到公司生存发展的一项重要工作，公司财务风险管理委员会主任由财务负责人担任，一般公司领导重视程度不够。公司暴露出的财务风险只是生产经营结果的反映，一般是生产经营某个环节出现的问题，如产品技术落后、滞销，或者成本过高、盈利性差等。财务风险防范措施需要公司主要领导安排各分管专业领导执行、落实，因此需要财务负责人与公司主要领导多沟通、汇报，在公司总经理办公会、生产经营会等重要会议上多讲、多说。风险评估报告必须要报告公司主要领导。

二是风险标准参考值设置要谨慎。

风险标准参考值是直接反映公司是否存在风险的量化指标，因此确定难度比较大。在选择上，一定要参考两个方面：一是行业内的平均水平；二是在生产能力、生产工艺、流程等方面具有较强相似性的公司的风险标准参考值。这样选取的风险标准参考值才有一定的可比性和参考性。在定量分析的指标选择上，也不能拘泥于某几项内容，也需要根据行业的情况来选定，如资源类的企业和高科技类的企业关注的项目的差别就很大。

三是风险标准指标体系要与信息化结合。

随着目前各公司互联网＋会计的推进，风险标准指标体系应该嵌入管理信息系统中，形成单独的风险标准指标体系一览表，每月动态自动生成，自动与风险标准参考值进行比较，若差于参考值则自动报警，直至指标好于参考值时才解除报警。通过管理信息系统，能时刻保持一种高度紧张状态，公司的管理层也能保持实时关注。

第 3 章

"多点开花"，
业财联动控风险

3

风险管理涉及企业生产经营的各个环节，要做好财务风险管控，需要财务嵌入业务各个环节的各个风险点，功能和职能从后台移至前台。同时对财务管理人员提出更高的素质要求：不光要懂财务，还要懂业务，还要让业务和财务融会贯通，实现业财联动管理。

3.1 "拨去迷雾"，抓住合同协议起草与审核要点

根据《中华人民共和国民法典》，合同是民事主体之间设立、变更、终止民事法律关系的协议。依法成立的合同，受法律保护。合同是企业为实现一定的经济目的而创设的，是最容易产生经济纠纷的根源。为避免在合同谈判和签订中，由于对合同的法律风险防范意识不强，而对合同条款分析、违约责任判断审核不严，掉入对方合同陷阱，给企业财产造成损失，企业要切实加强经济合同的法律风险审核管理。本书总结了实践中合同协议起草与审核的关键点，便于大家掌握和使用。

合同协议的起草与审核，是合同管理的重要内容，是风险防范的重要环节。提升合同协议起草与审核能力，对提高企业对外合同管理水平，防范合同风险具有重要意义。财政部等五部委《企业内部控制应用指引第 16 号——合同管理》对合同协议的起草和审核工作提出了明确的要求，在执行业务过程中，各企业、部门等都要重视合同协议的起草与审核，规范合同协议签订前的尽职调查、协商谈判、文本起草、部门会审、领导审批等流程，做到

签订的合同主体合格、技术先进、经济合理、条款齐全、表述准确、手续完备、合法合规、风险可控。

合同协议文本一般由合同承办部门负责起草。对于重大合同协议，合同承办部门应当组织技术、财务、企管、审计、法律等部门专业人员参加谈判、起草，必要时可以聘请外部专家参与相关工作。合同承办部门在起草合同协议前，应当进行尽职调查，充分了解合同对方的主体资格、合法资质、信用状况等有关内容，确保对方当事人具备履约能力。

合同承办部门根据协商、谈判结果，按照合法、自愿、公平原则起草合同协议，文本要明确各方的权利义务和违约责任，保证经济性、可行性、严密性、合法性，避免出现重大疏漏、权利义务失衡、企业利益受损等现象。国家或行业有合同示范文本的，可以优先选用，但对涉及权利义务关系的条款应当进行认真分析，并根据实际情况进行适当修改。对预见的合同风险，应研究拟订防范与控制条款。

对协商谈判过程中形成的合同协议文本，合同承办部门必须在提交领导审批前，先组织技术、财务、企管、审计、法律等专业部门进行会审，合同管理部门也可根据情况组织会审。会审部门提出修改意见的，应当认真分析研究、慎重对待，合同承办部门无法决定的，报主管领导决定，必要时应对合同条款做出修改。所有合同文本在最后提交领导审批签字前都必须经过法律审核。未经相关部门会审的合同，合同承办部门不得提交领导审批。各部门、各单位应结合实际情况，不断总结完善合同协议起草与审核经验，逐步提升合同协议起草与审核能力，最大限度防范合同风险。

1. 合同名称的起草与审核要点。合同名称应与合同内容一致，根据合同的性质、内容来确定合同的名称。属于合同法分则规定的有名合同的，尽量使用规范的合同名称，如不再称购销合同，而称买卖合同；对于无名合同，一般采用"关于……的协议"；不适合起名的，可简称"协议书"。

2. 合同主体的起草与审核要点。合同主体应具备签订、履行合同的资质证照。企业内部无照的部室等不得作为合同主体。如进行尽职调查，查验对方的营业执照是否参加当年年检，或社会团体法人证、事业单位法人证；或自然人的身份证。审核合同主体是否具备与产品或服务相关的资质许可证照等。当事人名称必须使用全称，如"某（集团）有限责任公司"不能简写为"某集团"。主体的表述应使用对应的概念，如甲方与乙方，委托方与受托方，出租人与承租人。主体名称应与落款及印章的名称一致。

3. 定义或解释的起草与审核要点。概念准确，没有歧义，前后一致。

4. 目的与依据的起草与审核要点。对与合同有关的背景、目的、依据等的表述应简练、准确。对于重大、复杂合同，确需对有关问题进行描述的，可以使用"鉴于"条款，鉴于部分可分项列明。如不能引用已失效的法律法规，引用的文件的名称、发文主体应准确。

5. 标的物的起草与审核要点。合同标的物的表述应准确、具体。如货物买卖合同中，货物的规格、型号、质量、数量、计量单位、生产单位（品牌）等每一项都明确、具体；标的物应权属明晰，无争议。如收购、受让公司股权、资产、专有技术、专利技术及其他标的物，应确认合同对方对标的物有权处理，无瑕疵、障碍。

6. 数量的起草与审核要点。数量表述、数量单位应严密、准确。如不能采取"约"等模糊性表述。

7. 质量的起草与审核要点。有关质量的约定应具体明确，国家对质量有强制性标准的，约定的质量标准不得低于该强制性标准。如采用国家标准、行业标准的，明确国家标准、行业标准的名称、发布日期、发布单位等。企业标准应作为合同附件。

8. 时间、期间、期限、工期的起草与审核要点。时间、期间、期限、工期的表述不能含糊，各种期限（包括生效、终止日期）应符合合同进度要求，不能在时间上产生冲突。如时间一般具体到日，期间、期限、工期等应明确起止时间。

9. 价款或报酬的起草与审核要点。价款或报酬应经济、合理，计算方式、构成应明确、具体。价款的币种及数额约定应确定、准确，应同时使用阿拉伯数字和大写数字，并注意两者是否一致。如不使用"约""暂定"等模糊词语。价款的支付时间、方式应合理、确定。如建设工程合同应尽量采取分期支付的方式，并留足质保金；收款方的银行账户（用户名、卡号等）应准确无误。

10. 合同履行地的起草与审核要点。合同履行地应明确、具体，有利于合同的履行，一般应明确我方所在地为合同履行地或交（提）货地。

11. 交付的起草与审核要点。交付、资产交接的时间、方式、地点应明确、具体。如货物买卖合同中，自提和送货两种方式不能含糊不清；自提的，应明确提货时间、地点；送货的，应明确发货时间或到货时间、发货地点或到货地点。交付、资产交接涉及的风险转移时间或交付前后风险的承担等应明确。如资源开发、公司并购等合同中，资产或公司交接前后有关安全生产责任的承担、资产增减值的处理等。

12. 验收的起草与审核要点。验收的标准、方式应明确、具体、可行。明确验收合格或不合格的确认方法、验收异议的期间及表达方式，以及验收不合格的处理办法（或补救措施）。如根据不同的合同选定退货、修理、更换、重做等不同的处理方式。

13. 保修的起草与审核要点。合同的内容涉及保修的，保修期限应合理合法，且不得低于国家法定的保修期。如物资采购、建设工程等合同中，应约定保修条款，支付价款时，应留足质保金。

14. 成果、知识产权归属的起草与审核要点。委托加工以及技术开发、咨询等涉及项目成果、知识产权的合同中，应明确项目成果、知识产权的归属。如技术开发合同中，一般约定知识产权由我方所有，如确实不能由我方所有的，应明确我方享有无偿使用权。

15. 权属登记的起草与审核要点。合同涉及权属登记事项的，应明确权属登记的时间、办理权属登记的责任人、费用的承担人，以及无法在约定的时间内办理登记的处理等。合同价款的支付应与登记的进展情况结合。如房屋、土地等不动产权属设立、变更，汽车、船舶权属变更，股权变更，公司设立、变更等事项，应依法办理登记手续。

16. 审计、评估的起草与审核要点。合资合作、公司并购、国有资产处置等合同中，若是国有企业的，对审计、评估、基准日、结果备案确认等的约定，应符合国资监管及企业要求。如评估机构应经国务院国资委认可，评估结果应报国务院国资委备案。

17. 债权债务处理的起草与审核要点。债权债务的处理应经济、合理、合法。如资源开发、公司并购等合同中，应明确债权债务如何处理。资产收购合同中，应明确原公司的一切或有负债及账外债务由出让人全部承担。

18. 担保的起草与审核要点。担保方式应明确、具体、合法，具有可操作性。如采用"定金"时，不能超过法律规定的20%的限额；"定金"与"订金""抵押"与"质押"不能混淆等。担保范围、责任应明确、合法。如有多个保证人的，应与债权人、各个保证人明确各自的担保比例，尽量不承担连带担保责任。抵押、质押涉及办理登记手续的，应及时办理登记。质押的，应交付质押物。如用房屋、土地进行抵押的，应到房屋、土地行政管理部门办理登记手续。如果合同约定第三人为保证人的，应审查是否有保证人的签字和盖章。

19. 承诺与保证的起草与审核要点。合同各方或一方所做的承诺和保证内容应明确、具体。

20. 保密的起草与审核要点。需要我方提供有关技术资料、信息的合同以及一些特殊项目的合同应有保密条款或签订保密协议，明确保密的内容、期限等。如本合同约定的保密期限为长期（或 × 年），有关保密的约定不因合同解除、变更、中止、终止而失效。

21. 通知、送达的起草与审核要点。涉及通知、送达的，通知应明确为书面通知，送达应明确送达方式。如本合同所说的通知、告知均指书面通知、告知。涉及通知、送达的，应明确通知对象、送达地点或者指定的电子邮箱地址。

22. 不可抗力和免责的起草与审核要点。不可抗力的约定应符合法律规定，不能将普通的商业风险列为不可抗力。如不能将涨价、商品短缺等列为不可抗力。对方提出的免责条款应公平、合理。

23. 违约责任的起草与审核要点。违约责任的约定应符合法律规定；设定违约责任时，应考虑对方违约可能给我方造成损失的大小，违约金数额不得低于造成的损失。如设定违约责任时，不得出现"一方对另一方罚款"等明显违反"合同各方法律主体地位平等"的表述。违约责任应具体明确，不能简单地写为"依照合同法的有关规定追究违约责任"，一般应约定违约金的具体数额。如按百分比计算违约金，应明确计算基数。

24. **变更、解除、终止**的起草与审核要点。任何一方不得擅自变更合同，变更合同需另行达成书面协议。就合同变更达成新的协议时，应将原合同的签订时间、地点、名称及变更的依据等在新协议中列明。如本合同的变更需经双方充分协议一致，并另行达成书面协议。合同解除或终止的时间、条件应明确、具体、合法。在对方不履行合同或存在其他严重违约情形时，一般应约定我方享有单方解除权，同时明确单方解除权的行使方式等。如对方不支付或不按时支付租金、托管费时，我方享有单方解除权并可要求对方承担违约责任。我方行使单方解除权的，应以书面的方式通知对方，自书面通知发出之日起，合同自动解除。

25. **争议解决**的起草与审核要点。约定的管辖人民法院应合法、明确，并有利于我方诉讼，不得违反有关级别管辖和专属管辖的规定。如双方因履行本合同发生争议的，应协商解决，协商不成的，由甲方（我方）所在地人民法院管辖。约定的仲裁机构应合法、明确、唯一，不得同时约定仲裁和诉讼。如凡因本合同引起的或与本合同有关的任何争议，均应提交中国国际经济贸易仲裁委员会，按照申请仲裁时该会现行有效的仲裁规则进行仲裁。仲裁裁决是终局的，对双方均有约束力。

26. **未尽事宜**的起草与审核要点。一般应对未尽事宜的处理做出约定。如对本合同未尽事宜双方可签订补充协议，补充协议与本合同具有同等法律效力。

27. **语言**的起草与审核要点。涉外合同应选择用中文书写，选择两种语言时，应明确各自的法律效力。如本协议用中文和英文书写，两种语言具有同等法律效力，但当中文版本及英文版本的意思存在分歧时，将以中文版本为准。

28. **适用法律**的起草与审核要点。涉外合同应适用中国法律。如本合同的签订和履行适用中华人民共和国法律。

29. **生效**的起草与审核要点。生效条件是否准确，是否有利于合同履行，是否需要附条件或附期限生效。如本合同自双方当事人签字并盖章之日起生效。

30. **文本份数**的起草与审核要点。应明确协议文本的份数，各方持有的份数，每份具有同等的法律效力。如本协议一式 × 份，双方各执 × 份（或甲方 × 份，乙方 × 份等），具有同等的法律效力。

31. **落款**的起草与审核要点。落款处当事人应与协议主体的名称一致，应有"法定代表人（负责人）及委托代理人"签字栏和"签订日期""签订地点"栏。

32. **用章**的起草与审核要点。一般使用合同专用章或行政章，用章的文本与最后审批的文本应一致，合同文本超过一页的应加盖骑缝章。如不得使用无照的部室、分公司、事业部等印章。印章的名称必须与合同列明的主体名称一致。

33. **签订地点**的起草与审核要点。明确合同签订地。如合同签订地点为北京、河北唐山。

34. **签订时间**的起草与审核要点。合同均应明确合同签订时间。如合同签订时间：×××× 年 ×× 月 ×× 日。

35. **合同附件**的起草与审核要点。附件也应进行经济性、可行性、严密性、合法性审查，内容不能与主合同冲突；附件名称应在主合同里列明，表述应准确。如附件名称、顺序等应与所附文件一一对应；附件应同主合同一样由合同当事人签字盖章确认。

一般来讲，合同的签订，代表业务关系的形成，代表企业现金流的流入，抓住合同的风险管理，实际上是要确保企业的现金流按照双方的协定，安全地流入企业。可以说这是财务风险管理的基础。合同协议文本一般虽由合同承办部门负责起草，但合同内容将涉及技术、财务、企管、审计、法律等各个方面，也需要相关部门参与。比如技术部门，对合同涉及的技术参数、选型等提出专业意见；法律部门对合同条款的合规性进行审核。财务部

门在参与合同审核时，重点要把握以下要点。

一是审核合同中价款和工程预付款的支付比例、工程进度款的支付时间和比例、预留质保金的比例、违约金等是否符合财务制度规定及合同约定。

二是审核合同项目是否纳入预算，资金来源及结算方式是否符合相关制度规定。

三是合同中涉及的数量、价款、金额等标示是否准确，收款方的银行账户（用户名、卡号等）是否准确。

3.2 "一张现金流量表"读懂财务风险 ①

签订合同，产生现金流是企业生产经营的必要环节。如果说对合同的风险管理是企业生存与发展的必要因素，那资金风险管理就是企业生存与发展的必备因素，资金就像人体的血液一样不可或缺。受宏观经济环境的影响，煤炭行业自 2012 年 6 月陷入低潮，煤炭行业十年黄金期结束。作为煤炭行业下游企业的煤机制造业经营环境更加恶化，企业普遍存在订单减少、利润下滑、货款回收困难的情况，加之产品生产周期长、资金占用大，资金短缺的问题愈演愈烈，企业的生存与发展面临严峻的考验。

一、T 公司财务风险分析

（一）经营风险分析

1. 经营活动产生的现金流量详见表 3-1。

---

① 企业调研课题，执笔人：马小燕。经编者整理。

表 3-1　经营活动产生的现金流量

金额单位：万元

项目	2014 年	2015 年	2016 年
经营活动产生的现金流量：			
销售商品、提供劳务收到的现金	22 884	15 967	9 698
收到的税费返还			
收到其他与经营活动有关的现金	5 134	912	941
经营活动现金流入小计	28 018	16 879	10 639
购买商品、接收劳务支付的现金	10 246	8 426	2 541
支付给职工以及为职工支付的现金	8 531	6 984	5 833
支付的各项税费	3 747	2 203	1 132
支付其他与经营活动有关的现金	5 338	703	826
经营活动现金流出小计	27 862	18 316	10 332
经营活动产生的现金流量净额	156	−1 437	307

　　T 公司经营活动现金流入年平均九成以上是销售商品、提供劳务收到的现金。近几年，受煤炭去产能等因素影响，国内煤机市场需求萎缩，销售收入下降，经营活动现金流入也随之大幅减少，2016 年现金流入比 2014 年减少 17 379 万元。经营活动现金流出也处于下降趋势，主要用于物资采购、支付职工工资及各项税费。2014 年和 2016 年 T 公司的经营活动基本实现了收支平衡，却在 2015 年出现了较大偏差，经营活动产生的现金流量净额为 −1 437 万元，其原因值得深思。

　　2. T 公司的生产经营情况详见表 3-2。

表 3-2　净利润、营业收入、应收账款汇总

金额单位：万元

年份	净利润	营业收入	应收账款
2014 年	−111	71 866	12 633
2015 年	−741	44 100	13 592
2016 年	132	15 409	12 644

　　T 公司主要从事煤矿机械专用设备及配件的制造、修理。近几年，煤机装备投资大幅缩减，制修市场竞争激烈，货款回收困难，合同订单大幅减少，利润空间严重压缩，公司应收账款居高不下，营业收入、净利润等指标出现了明显下滑。2015 年 T 公司亏损金额高达 741 万元，应收账款也为近三年最高，生产经营形势严峻，2016 年有所好转。

　　由此可以看出，经营活动产生的现金流量净额与对应期间所实现的净利润、营业收入、应收账款等存在某种联系，都在 2015 年出现了巨大波动。虽然它们是不同的两类财务数据，但如果将净利润、营业收入、应收账款等指标与现金流量结合起来分析，结果可能会更清晰。

　　3.经营活动产生的现金流量净额与净利润的关系详见表 3-3 和图 3-1。

表 3-3　经营活动产生的现金流量净额与净利润关系表

金额单位：万元

项　目	2014 年	2015 年	2016 年
将净利润调节为经营活动现金流量：			
净利润	−111	−741	132
加：资产减值准备	39	66	18
固定资产折旧	493	241	280
无形资产摊销	116	117	117
处置固定资产、无形资产和其他长期资产的损失	−6	10	−1
财务费用	254	183	146
存货的减少	−3 560	90	−1 093
经营性应收项目的减少	10 610	2 374	2 325
经营性应付项目的增加	−7 679	−3 777	−1 617
经营活动产生的现金流量净额	156	−1 437	307

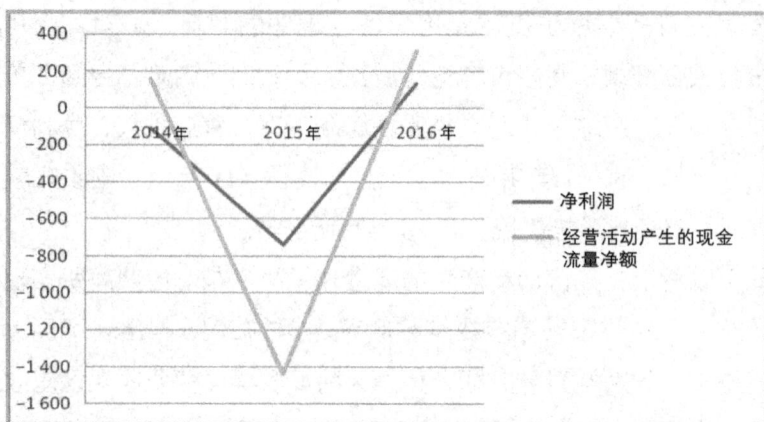

图 3-1　经营活动产生的现金流量净额与净利润关系图

　　企业经营活动产生的现金流量净额与净利润关系密切，净利润经过调整计算可以得到经营活动产生的现金流量净额，其盈利情况能够通过现金流量的相关指标反映出来。企业只有在流动资金相对充足、资金流运动有效的情况下，才会产生利润，获得稳定的经济效益。资金风险加大的同时，企业的生产经营风险也随之提高。现金流量净额越多，净利润越多；现金流量净额越少，净利润越少。T 公司 2015 年经营活动产生的现金流量净额为 –1 437 万元，净利润为 –741 万元，亏损数额较大，面临的生产经营形势严峻；2016 年经营活动产生的现金流量净额是近三年最高的，相对应的利润总额也为近三年最多。

　　4.应收账款、营为收入与经营活动现金流入汇总情况和关系分别详见表3-4 和图 3-2。

表 3-4　营业收入、应收账款与经营活动现金流入汇总

金额单位：万元

项目	2014 年	2015 年	2016 年
营业收入	71 866	44 100	15 409
应收账款	12 633	13 592	12 644
经营活动现金流入	28 018	16 879	10 639

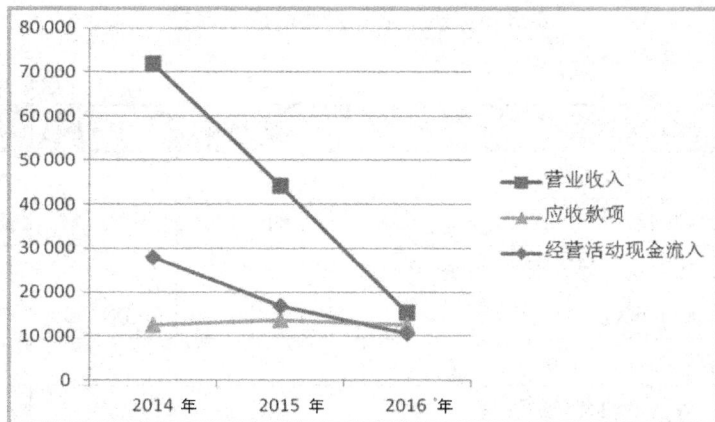

图 3-2 营业收入、应收账款、经营活动现金流入关系

2014—2016 年，T 公司的营业收入直线下滑，经营活动现金流入也随之大幅下滑，两者的最低点出现在 2016 年，而利润的最低点却出现在 2015 年。2015 年虽然实现了 44 100 万元的营业收入，却未能产生应有的利润，其主要原因在于高额应收账款的存在。2015 年应收账款为 13 592 万元，明显高于 2014 年和 2016 年的实际水平，占用资金较多，未能形成有效的资金流入，也严重阻碍了利润的实现。

企业经营的实质就是"资金—资产—资金"转换的过程，企业开展经营活动的源头是资金，通过管理层制定的经营模式，将其配置成资产，再通过合理规划的盈利模式，以资金的形式回收。甚至可以说，利润是在运动中产生的，如果这个链条在实际经营中出现较大偏差，资金收支严重不平衡，企业的生产经营必将受到极大的挑战。

（二）筹资风险分析

1. 筹资活动产生的现金流量详见表 3-5。

表 3-5　筹资活动产生的现金流量

金额单位：万元

项　目	2014 年	2015 年	2016 年
筹资活动产生的现金流量：			
吸收投资收到的现金	849		357
其中：子公司吸收少数股东投资收到的现金			
取得借款收到的现金	3000	4 400	2 970
发行债券收到的现金			
收到其他与筹资活动有关的现金			
筹资活动现金流入小计	3 849	4 400	3 327
偿还债务支付的现金	3 000	4 400	3 000
分配股利、利润或偿付利息支付的现金	163	183	146
其中：子公司支付给少数股东的股利、利润			
支付其他与筹资活动有关的现金	879	21	364
筹资活动现金流出小计	4 042	4 604	3 510
筹资活动产生的现金流量净额	−193	−204	−183

　　T 公司近三年来，没有进行债券筹资和股票融资，基本上都通过借款进行筹资，筹资活动的现金流出均大于筹资活动的现金流入。公司外部借款额基本稳定，均为集团内的财务公司借款，维持在 3 000 万元左右，2015 年多出的 1 400 万元，是用商业承兑汇票进行质押筹集的资金，在商业承兑汇票到期时及时进行了偿还。而筹资活动现金流出大于流入的部分则是公司支付的短期借款利息。从这个角度来看，筹资活动未能给公司带来有效现金流量，同时目前的筹资渠道资金成本偏高。

　　2.企业负债结构分析。

　　企业负债结构（见表 3-6）分析包括两大部分：负债的期限结构分析和负债规模分析。

表 3-6　负债结构与资产负债情况

金额单位：万元

项目	2014 年	2015 年	2016 年
短期借款	3 000	3 000	2 970
应付账款	16 057	15 910	13 947
流动负债	23 467	19 583	17 973
非流动负债	24	25	27
负债总额	23 491	19 608	18 000
流动负债占负债总额比重	99.9%	99.87%	99.85%
应付账款占流动负债比重	68.42%	81.24%	77.60%
资产总额	37 768	33 201	31 675
资产负债率	62.20%	59.06%	56.83%

　　T 公司的资产负债结构合理，资产负债率逐年下降。负债中流动负债所占的比重很大，近三年均在 99% 以上。在流动负债中，有固定偿还期限的短期借款保持稳定，维持在 3 000 万元左右；应付账款则规模较大，所占比重较高，表明公司在筹资时更多地选择了没有固定偿还期限的商业信用筹资。由此可以看出，T 公司的筹资风险主要来自两个方面：一是短期借款，二是应付账款。

　　借款筹资所带来的风险，虽然一直存在，但还款压力不大，且均为集团内的财务公司借款。我们也应该清醒地看到，财务公司对 T 公司的融资规模有所收紧，2016 年的借款数额较往年减少了 30 万元。T 公司需在稳住财务公司借款的基础上，积极寻找新的融资渠道。

　　应付账款应引起重点关注。受资金紧张的影响，T 公司的物资采购大多采用赊购的方式，在充分利用商业信用、减少资金支出的同时，大大增加了公司的筹资风险。

（三）投资风险分析

投资活动产生的现金流量详见表 3-7。

表 3-7 投资活动产生的现金流量

金额单位：万元

项目	2014 年	2015 年	2016 年
投资活动产生的现金流量：			
收回投资收到的现金			
取得投资收益收到的现金			
处置固定资产、无形资产和其他长期资产收回的现金净额			
处置子公司及其他营业单位收回的现金净额			
收到其他与投资活动有关的现金			
投资活动现金流入小计			
购建固定资产、无形资产和其他长期资产支付的现金	287	65	23
投资支付的现金			
取得子公司及其他营业单位支付的现金净额			
支付其他与投资活动有关的现金			
投资活动现金流出小计	287	65	23
投资活动产生的现金流量净额	-287	-65	-23

从表 3-7 可以看出，T 公司近三年投资活动产生的现金流量净额始终为负值，平均每年大约净流出 125 万元，表明公司的对外投资数额不大，均为固定资产、无形资产的投资，且逐年减少，公司面临的投资风险不大。同时，也存在投资方向不明确、投资额偏小的问题，给公司未来的发展带来较大局限。在资金允许的情况下，T 公司应不断寻求符合自身实际的投资行为，减少对煤机产品的依赖性，提升公司抵御风险的能力。

二、财务风险防范对策

一般来说，在市场环境下，财务风险是不可避免的，把风险消除这一说法也是不能实现的。只有加强防范企业财务风险，并努力化解企业财务风险，使企业最终实现财务管理目标，才是企业财务管理的关键一环。下面将在上述分析内容的基础上，从现金流量的角度谈谈如何防范企业财务风险。

1. 加强资金预算管理，全面控制资金流。拟定全面的资金预算管理计划，确定预算收入的可行性，审核资金支出的合理性，尽量做到收支平衡，如果收支存在缺口，需要重新编定预算，或增收或减支。预算执行过程中，应提高预算的刚性，杜绝无预算、超预算支出，同时需要落实资金收入情况，对执行偏差进行分析，对预算方案进行修正。需要注意的是，一般的资金预算周期与财务报表周期一致，按月编报，做到收、支在最短期间的匹配，一是为降低支付风险，二是为避免收支不匹配造成的资金时间价值的浪费。

2. 加强应收账款管理。加快应收账款回收，加速现金周转。以资金回笼为首要任务，加快应收账款周转，减少预付，增加预收，增强资金的流动性，切实提高企业经济效益。

一是建立企业信用管理制度。对往来客户建立信用档案，基本内容应包括：客户企业基本情况、财务状况及前期合同执行情况等，并对长期往来的客户信用状况进行定期维护，以保证其可靠性。根据客户信用状况，确定对其的信用政策，包括预付款条款、工程进度款、赊欠额度及时间等，在与客户签订合同时明确规定。

二是制定应收账款的分析、管理措施。加大对责任人及部门负责人考核扣款力度，以此督促业务人员加强应收账款清收。建立应收账款预警制度，定期分析应收账款账龄。对逾期时间较长的应收账款，采取必要的措施。提高合同履行质量，避免和减少企业自身履行合同质量不高造成应收账款和坏账的产生。对应收账款定期函证，以免债权灭失。

3. 加大融资力度，拓宽融资渠道。首先，做好"内源融资"，在强化降本增效、提高企业经济运行质量等方面下功夫，切实提高企业经济效益。因为更为长久可靠而且成本低廉的融资渠道是企业通过自身经营成果的累积才能达成的，盈利的资本化才能取得资金的增长。其次，寻求"外部融资"，一方面，吸引有实力的企业共同投资开发新项目，缓解项目资金紧张的局面，以确保项目的实施；另一方面，进一步拓宽债务融资渠道，通过提高直接债务融资比重，优化债务融资结构，合理利用商业信用，降低整体资产负债率，推行低成本融资，节约财务费用。

4.谨慎选择投资项目。煤机产品市场萎缩已是不争的事实，急需开发新产品，但在选择投资新的项目时要避免产能过度和重复建设，不重复引进和盲目进口国外技术和装备，规避扩大产能、盲目多元化可能导致的资金链紧张的投资风险。

"现金为王"，这是企业经营者的共识。资金的风险，是企业最大的风险。本节以 T 公司为例，按照"提出问题—分析问题—解决问题"的基本思路，从现金流量角度分析企业面临的财务风险，及时调整相应的财务战略和经营战略，防患于未然，使企业在激烈的市场竞争中占据有利地位，最后从加强资金预算管理、加强应收账款管理、加大融资力度和谨慎选择投资项目四个方面提出防范措施，保障企业的正常生产经营。

3.3　开展可控成本对标，降低财务风险 ①

对标管理又称标杆管理，是指企业持续不断地将自己的产品、服务及管理实践活动等同行业内或行业外的标杆企业进行比较，借鉴学习他人的先进经验，改善自身不足，从而追赶或超越标杆企业，创造优秀业绩的良性循环过程。本节以 A 公司为例，介绍其在困难时期开展可控成本对标的做法，以保持其经济基本平稳运行。

---

① 改编自《A 公司开展可控成本对标的做法》，《财务与会计》2018 年第 1 期，作者为单春平，经编者整理。

一、可控成本对标机制的建立

（一）建立组织机构，明确工作职责

A 公司成立了可控成本对标工作领导小组，组长由公司负责人担任，生产技术部、机电部、经营财务部等业务部室负责人为小组成员。领导小组下设办公室，办公室设在经营财务部，办公室主任由经营财务部负责人兼任，生产技术部、机电部、经营财务部等相关业务人员为办公室成员，经营财务部设专人负责可控指标的审核汇总分析。公司可控成本对标工作领导小组的主要职责是：负责可控成本对标的领导工作；平衡和协调可控成本对标工作中相关重大问题；确定可控成本对标工作方案；负责对所属公司部分评价内容的考评以及年终可控成本对标工作总体评价结果的审定；对 A 公司各业务职能部门和责任人本项工作的履职情况进行考评。

公司可控成本对标工作领导小组办公室的主要职责是：拟定可控成本对标工作方案、工作考核办法；根据年度成本管控工作重点，调整、修改可控成本对标项目、对标参数；组织编制可控成本对标软件及建立数据库；组织、督导各公司开展可控成本对标工作；向 A 公司领导报送可控成本对标相关分析资料，向各公司反馈对标结果；适时组织召开公司内的经验交流会；对所属公司可控成本对标工作进行季度评价，向可控成本对标工作领导小组提交年度总体考评初步结果。

A 公司可控成本对标工作领导小组办公室相关成员单位，分别按照本部室职能，履行可控成本对标专业管理职责。要求 A 公司下属各矿业公司结合自身实际，成立相关领导机构和办事机构。

（二）确定对标项目和对标参数

A 公司根据下属各矿业公司生产实际情况，经过反复征求各单位意见，决定暂选取具有共性、可比性的原煤材料费、原煤电费、原煤材料修理费、原煤设备修理费、洗煤材料费、洗煤电费和洗煤修理费共 7 大项、30 小项对标项目，设定 42 个对标参数（见表 3-8）。

表 3-8　A 公司可控成本对标项目明细

对标项目	对标参数	计算方法
一、原煤成本		
（一）原煤材料费		
1.坑木	消耗产出率	投入量（立方米）/原煤产量（万吨）
2.拱形支架	消耗产出率	投入量（架）/掘进进尺（米）
3.电缆	消耗产出率	投入量（米）/原煤产量（万吨）（不含井口、大巷主电缆）
4.钢丝绳	消耗产出率	投入量（米）/原煤产量（万吨）（不含主副井提升大绳及 3 分以下细绳）
（二）原煤电费		
1.原煤生产综合电费	消耗产出率	原煤生产总电量（千瓦·时）/原煤产量（吨）
	峰谷比	原煤生产峰值用电量（千瓦·时）/谷值用电量（千瓦·时）
2.排水电量	消耗产出率	排水用电量（千瓦·时）/原煤产量（吨）
	峰谷比	排水峰值用电量（千瓦·时）/谷值用电量（千瓦·时）
（三）原煤材料修理费	消耗产出率	原煤材料修理费（万元）/原煤产量（万吨）
（四）原煤设备修理费	消耗产出率	原煤设备修理费（万元）/原煤产量（万吨）
二、洗煤成本		
（一）洗煤材料费		
1.介质	介耗	投入量（千克）/入洗原煤量（吨）
2.起泡剂	消耗产出率	投入量（千克）/洗后精煤产量（吨）
3.捕收剂	消耗产出率	投入量（千克）/洗后精煤产量（吨）
（二）洗煤电费	消耗产出率	洗煤生产总电量（万千瓦·时）/洗后商品煤产量（万吨）
（三）洗煤修理费	消耗产出率	洗煤设备修理费（万元）/洗后商品煤产量（万吨）

注：篇幅原因，此表只列举 42 个对标参数中重要的 15 项。

（三）制定考核奖惩办法

1.考核项目及标准详见表 3-9。

表 3-9 对标考核项目及标准

序号	标准分	考核内容	考核标准	考核方法	考核部门
1	5	建立可控成本对标工作机构	机构健全，责任主体明晰得 5 分；未设立机构扣 5 分；责任分工不具体扣 3 分	依据日常掌握情况做出公正评价	A 公司可控成本对标工作领导小组办公室
2	10	按季及时上报可控成本对标数据	漏报一次扣 5 分；迟报一次扣 2 分		
3	40	可控成本对标数据完整、真实、准确	上报对标参数不完整，每漏报 1 项扣 1 分（各公司对不涉及的个性指标提前向 A 公司可控成本对标工作领导小组办公室备案）；上报数据不真实、与实际结果有出入，每发现一项扣 5 分；每错报一项扣 2 分		
4	20	在公司内部开展横向对标，制定考核奖惩办法	未将可控成本对标工作在所属生产单位展开的，扣 10 分；基层所属单位未制定考核办法的，扣 5 分；未严格执行本公司考核办法的，扣 5 分		
5	25	对标分析	未根据 A 公司可控成本对标工作办公室反馈全公司、各单位对标结果，对本单位对标项目进行认真比对、查找差距、分析原因的，扣 10 分；分析不具体，无针对性改进措施的，扣 10 分		
6	加分项	抓好典型，组织经验交流	举办经验交流现场会。在 A 公司范围内举办一次加 10 分		A 公司可控成本对标工作领导小组
7	加分项	拓展对标内容	根据自身管理需要，在 A 公司统一对标项目基础上，增加可控成本对标内容，并采取有效措施，切实提高成本控制水平，使增加的可控成本对标项目成本有较大降低的，每一项加 3 分		
8	加分项	开展纵向对标	对本公司当期与历史数据进行纵向对标，采取有效措施，按可比口径计算，使对标项目参数有较大降低的，每一项加 5 分		

2.考核奖励方式。每季度，A公司可控成本对标工作领导小组办公室按照各公司工作完成情况进行考核打分，年终，可控成本对标工作领导小组组织可控成本对标工作领导小组办公室，对各公司全年完成情况进行汇总和总体评价，将考核评价结果提交A公司可控成本对标工作领导小组审定后，作为可控成本对标活动奖励依据。依据考核评价得分结果，由A公司对综合得分在100分以上的各矿业公司予以表彰奖励。所需奖励由A公司核实后增加工资指标。年末，A公司可控成本对标工作领导小组，根据A公司各业务职能部门和责任人对本项工作的履职情况，对其进行考评，对优秀单位（个人）予以表彰。

3.A公司下属各矿业公司结合自身开展可控成本对标工作的实际情况，自行制定内部考核与奖励办法。

（四）对标方法及结果的使用

A公司要求下属各矿业生产单位每月进行30小项对标项目对标，把《可控成本对标项目明细表》上报到各单位的对标管理办公室。对标管理办公室将数据进行汇总后，通过与外部标杆单位、年初预算、历年发生情况，以及本年度累计发生情况相关数据的对比分析，排查出扭亏增盈工作的制约因素，责成主要管控部门分析原因，并及时优化、调整，提出相应的整改措施，并通过对标，重点改进和完善在成本控制中各个方面的管理措施，从井下生产设计开始，到煤炭升井后的洗选加工，实施低成本、高效益管理模式，挖掘内部潜力，加强过程控制，实现由粗放型管理向科学管理、精细管理的转变。同时按照考核制度进行严格考核、兑现。A公司可控成本对标工作领导小组办公室负责适时组织召开公司内的经验交流会，搭建各公司相互学习、借鉴的平台。

二、可控成本对标机制的具体实施

（一）提高认识、转变观念，督导开展对标活动

A公司成立了党政主要领导为组长、班子成员为副组长、机关有关部门负责人为成员的活动领导小组，结合活动要求，各位副职对分管专业进行专题研究，推进本专业成本对标工作的全面开展。同时组织召开下属各矿业公司党政主要领导参加的对标活动的动员会和推进会，要求各矿业公司针对可控成本对标管理工作进行认真讨论和研究，并制定对标工作安排意见及实施方案，纳入公司年度重点工作。

（二）营造氛围、跟进措施，强化对标落实

基层区科是可控成本对标的一线单位，是对标的单元主体。因此要充分运用各种宣传手段，提高员工认识，使对标工作成为干部员工的日常自觉行为。同时及时总结各单位在活动中涌现出的好经验、好做法，树立多个代表公司形象的"旗帜"和"标杆"。通过对标，力求从管理方法、管理措施及管理手段等方面分析存在的差距，加以改进。

（三）统计分析、找出差距，制定措施弥补短板

表 3-10 是 A 公司下属两矿业公司（AZ、AL）2016 年第二季度可控成本相关数据。AZ 和 AL 两公司年设计产量一样，矿井均是破产重组后的洗精煤矿井，是百年老矿。开采强度和煤层的地质条件有一定的相似性，因此这两个公司结成对标单位。下面以 AZ 和 AL 两个公司为例，简要分析。

表 3-10　A 公司下属矿业公司 2016 年第二季度可控成本对标情况

对标项目	对标参数	AZ	AL
一、原煤成本			
（一）原煤材料费			
1. 坑木	消耗产出率	38.26	49.54
2. 拱形支架	消耗产出率	0.63	0.89
3. 电缆	消耗产出率	224.51	326.49
4. 钢丝绳	消耗产出率	521.31	432.58
（二）原煤电费			
1. 原煤生产综合电费	消耗产出率	63.48	67.89
	峰谷比	1：1.02	1：0.8
2. 排水电量	消耗产出率	28.56	31.23
	峰谷比	1：1.03	1：0.67

对标项目	对标参数	AZ	AL
（三）原煤材料修理费	消耗产出率	0.23	0.15
（四）原煤设备修理费	消耗产出率	2.84	6.32
二、洗煤成本			
（一）洗煤材料费			
1.介质	介耗	2.89	3.21
2.起泡剂	消耗产出率	0.14	0.17
3.捕收剂	消耗产出率	1.24	1.01
（二）洗煤电费	消耗产出率	8.02	9.24
（三）洗煤修理费	消耗产出率	0.12	0.29

从原煤材料费4项对标参数来看，AZ公司有3项指标优于AL公司，1项指标差于AL公司。如坑木，AL公司坑木消耗产出率高达49.54立方米/万吨，经公司生产技术部专项分析后，主要有以下原因：（1）各综采工作面地质存在顶板破碎情况，需要加大支护投入，木材用量增加；（2）AL公司原煤产量偏低，万吨耗计算时偏高。对此，AL公司相应制定了改进措施，提高了采掘工作面支护质量，减少劈冒，同时开切眼、铺道应逐步以铁代木。

从原煤电费4项对标参数来看，AZ公司4项指标均优于AL公司。经机电部专项分析，AZ公司在电量管理上已经建立了一套节电管理体系，利用废旧的巷道改造成水仓，白天减少排水开泵时间，利用水仓蓄水，夜间集中排水，充分利用电价谷段价格低的优势。而AL公司设备老化，能耗高，水泵效率低；个别水仓小、水仓清挖不及时等。

当然，在实际管理中，还会有一些不可预见性的材料投入，会对对标参数产生一些影响，如生产过程中冒顶、地质等条件变化，支护方式的改变，设计决策失误等都会增加材料投入，分析时要将这些因素剔除。

（四）强化兑现，促进对标工作再上台阶

考核兑现在具体实施中显得尤为重要，它能充分调动员工开展对标活动的积极性。2016年年初，A公司从工资总额中拿出950万元的专项工资用于下属各矿业公司开展对标活动的考核激励。在对第二季度可控成本对标活

动考核中，AZ 公司因为推进工作认真、到位，还主动增加对标参数，考核得分 128 分，第二季度考核时奖励该公司专项工资 50 万元。而 AL 公司因对标工作不积极，机制不到位，漏报迟报，措施不到位等只得了 73 分，不仅没有得到工资奖励，而且被通报批评。

三、可控成本对标取得的成效

A 公司从 2011 年开始实施可控成本对标以来，成本逐年下降，经济效益逐年提高。2016 年 A 公司综合成本同比降低 15%，其中：管理费用同比降低 870 多万元，"四费"降低 31% 以上。尤其 AZ 公司洗煤厂，在可控成本对标工作中，从精细化出发，严格工艺流程，注重查找问题，降低了介耗，取得了成效。该厂 2014 年累计平均介耗为 3.54 千克 / 吨，在 A 公司下属四个选煤厂中是最高的。该厂除了与 AL 公司洗煤厂对标外，还选取了当时介耗最低的 A 公司下属另一矿洗煤厂作为标杆，通过对标，查找差距，采取了对喷水进行严格管理、对磁选效率及时测定、对脱介筛及时查验、控制好悬浮液的黏度和分流量、加强对加介质岗位司机的培训等措施，取得了显著效果。2015 年第一季度以来，该厂介耗持续下降，1 月介耗为 2.87 千克 / 吨，2 月介耗为 1.87 千克 / 吨，3 月介耗为 1.65 千克 / 吨，第一季度平均介耗为 2.13 千克 / 吨，在整个煤炭行业内达到了较高的成本管理水平。

2020 年 6 月国务院国资委正式印发了《关于开展对标世界一流管理提升行动的通知》，提出以对标世界一流为出发点和切入点，以加强管理体系和管理能力建设为主线，聚焦战略管理、组织管理、运营管理、财务管理、科技管理、风险管理、人力资源管理、信息化管理等 8 个重点领域。本案例对标标的谈不上世界一流，但也能算得上比较先进的成本指标。成本指标还包括如折旧、摊销、人工成本等因素，结合企业实际情况，在本案例中这些指标算作不可控指标范畴。案例中 A 公司从成本结构着手，如解剖麻雀般将成本项目逐项进行分解，为每一分解项确定标杆，比照标杆查找自身差距，采取对策，进一步做好原洗煤生产过程中的成本控制，实现从环节控制向流程控制转变，扎实推进全面成本管理工作的开展，深入挖掘降本提效的潜力，提高公司经济运行质量。

3.4 "深度参与"，强化基建财务风险管理 [1]

无论是合同风险，还是财务风险，都是企业在经营过程中的风险。企业在筹建或基本建设中存在风险吗？本案例在对现有基本建设项目情况进行现场调研的基础上，就如何加强企业基本建设财务风险管理做进一步探讨，以有利于企业加强基本建设财务管理。案例单位为大型煤炭集团企业，近年来项目建设工作任务繁重，项目建设关系着企业加快结构调整和经济转型。各重点建设项目总体投资均过亿元，甚至达到几十亿元，项目工程量大，管理相当繁杂。

一、现有基本建设项目情况

2008 年以来，随着公司科学战略转型，加快结构调整，全面推进"一基五线"发展新思路，积极构建现代产业体系，建设项目逐年增多，资金投入越来越大。截至 2013 年初，公司正在进行的基本建设项目共计 8 个，其中包括：某矿 300 万吨续建工程（2012 年已经验收交付资产），项目概算 8.7 亿元，项目累计完成投资 8.9 亿元；某矿 180 万吨／年新建项目，项目概算 14.9 亿元，截至 2012 年 8 月底累计完成投资 13.7 亿元。

二、当前基本建设财务管理存在风险

1. 缺乏统一、规范的基本建设财务管理制度。

目前，国家出台的基本建设财务管理政策主要有：《国有建设单位会计制度》（财会字〔1995〕45 号）；《国有建设单位会计制度补充规定》和

---

[1]　企业调研课题，执笔人：侯利燕。经编者整理。

《企业基建业务有关会计处理办法》（财会字〔1998〕17号）；《基本建设财务管理规定》（财建〔2002〕394号）；《财政部关于解释〈基本建设财务管理规定〉执行中有关问题的通知》（财建〔2003〕724号）。上述制度的制定年限都较早，对于当前企业基本建设项目的财务管理需求已不适应。一是基本建设项目的定义尚不明确。尤其是对于已经实行基本建设财务和企业财务并轨的单位，如何区分基本建设项目和一般性固定资产投资项目目前没有明确的标准。二是适用范围尚不明确。虽然上述制度中规定实行基本建设财务和企业财务并轨的单位，不执行上述制度，但对该部分企业投资的基本建设项目如何进行会计核算没有统一的规定，是执行新会计准则还是执行基本建设财务管理规定，目前审计机构对此也说法不一，这也给企业制定基本建设管理办法增加了难度。

目前公司尚没有统一的基本建设财务管理办法，各单位都参照上述文件规定，结合自身实际，对基本建设项目进行核算和管理。从调研情况看，各单位对基本建设项目的核算情况各有差异。如有的单位会计核算太简单、会计科目设置不尽合理；会计核算科目同项目不能保持一定的对应关系或会计核算不准确；会计记录未做到及时、完整等；财务核算不准确给后期工程决算增加了工作难度，甚至造成资产不实，一些相关费用的发生及归纳不能明确界定等，最终导致竣工决算的数据不准确。

2. 财务人员参与项目建设的程度有待提高。

（1）在基建工程的前期工作阶段，有的单位财务部门未能有效参与项目的可行性研究和论证决策、招投标及合同签订等前期工作。在工程建设中，由于前期工作准备不足，常出现概算变更随意性较大、预算及设计不合理、超财力办事、超预算开支等情况，其重要原因之一在于财务人员参与不够，未能充分发挥其参谋、助手、协调和监督的职能作用。

（2）在项目实施过程中忽视财务管理和财务人员作用的现象十分普遍。在实际工作中，工程施工当中的设计变更、预算调整，材料、成本核算，自购材料和设备采购等工作，财务部门由于权责不明很少参与，起不到事中控制和监督的作用，造成了工程成本的上升和建设资金的浪费。

（3）在项目交付使用阶段，工程竣工验收后，未能及时完整地办理资产交付使用手续，未能及时列入单位固定资产管理，影响了资产反映，造成资产管理不到位，底数不清。

3. 工程进度款资金支付存在风险

公司基本建设项目资金需求大，若把关不严，会给财务付款带来很大风险。

（1）不按合同规定和工程进度需要付款。一些单位工程款项支付比较随意，付款不是凭合同，而是根据单位领导的指示；有的则不根据工程进度付款，而是在施工单位的强力公关下由单位领导决定付款；有的预算控制不严，不按预算付款。这往往造成过多支付工程或设备款、质量保证金无法预留等情况的出现。

（2）工程进度款支付过多，造成后期工作被动。一些单位不按规定的比例支付工程进度款，进度款支付过多，造成后期工作的被动：一方面，造成工程无法结算，长期挂账，久拖不决；另一方面，施工单位偷逃税款，造成国家税款的流失。此外，一些单位没有按规定留足工程尾款或质量保证金，发生质量问题时，施工单位经常拒绝保修。

4. 项目投资超概算问题突出

作为投资总额控制指标的初步设计概算，是建设项目决策的具体实施方案，也是编制项目施工图预算的最高限额，将项目投资总额控制在概算之内，事关项目投资决策的落实以及集团公司投资资金预算的严格执行。当前，很多企业项目投资超概算问题比较突出，造成资金缺口难以弥补。超概算的主要原因有：一是项目初步设计不到位，存在漏项或不足，一些必要的配套项目未考虑，造成项目概算先天不足；二是部分项目修改设计不履行相应的审批程序；三是施工图预算的审查与设计概算不衔接，甚至一部分项目不按批复的初设概算进行施工图设计或不按施工图预算进行施工；四是一部分项目属"钓鱼"工程，项目主办单位为了获得项目的许可，人为压低投资额，造成项目实际投资额超概算。

5. 财务人员基本建设经验不足

基本建设财务管理是一项"麻雀虽小，五脏俱全"的工作，需要财务人员掌握财务会计各岗位的专业知识。如财务人员缺乏相关职业经验，将造成各项财务工作难以开展，给项目建设、工程管理带来一定的财务风险、资金风险和执业风险。很多企业专业从事基建财务管理的人员较少，现有基本建设项目配备的财务人员可能大都缺乏基建财务核算和管理经验，甚至很多为刚毕业的学生，财务管理经验贫乏，很难满足项目施工、业务开展以及内部控制制度制定的需要。

三、提高基本建设财务管理水平的对策

1. 充分认识基本建设财务管理工作的重要性

建设单位特别是单位领导应充分认识基本建设财务管理工作的重要性，为财务部门及财务人员真正全过程参与工程建设提供保障和条件。以制度形式明确财务部门在基本建设过程中的地位和职能作用。凡是涉及项目投资控制内容的，必须明确财务部门的职权和应承担的责任。

2. 进一步规范基本建设项目的核算与管理

公司应依据国家政策规定，结合基本建设项目实际情况，制定基本建设财务管理办法，进一步规范基本建设项目的会计核算，加强基本建设财务管理。所属各单位可在此基础上，制定相应的具体实施细则。另外，各建设单位要严格执行公司内部控制制度和财务管理制度，确保工程项目核算的真实、可靠与及时。

3. 强化基本建设财务管理知识的培训

随着公司的不断发展，基本建设项目财务会计的职能性越来越强，财务部门在工程管理中的作用主要表现为：一是参与项目可行性研究中的经济论证；二是强化对投资资金的预算控制；三是强化投资项目价款结算、支付过程中的审查控制；四是做好项目竣工财务决算和资产交付清册工作。

财务部门在工程管理中的作用对工程管理财务人员的素质提出了更高的要求，公司应重视和加强基建财会人员队伍的培训、学习，有计划地安排

好《中华人民共和国会计法》《中华人民共和国合同法》《中华人民共和国预算法》《中华人民共和国政府采购法》《中华人民共和国招投标法》《国有建设单位会计制度》《基本建设财务管理规定》《建设工程价款结算暂行办法》《建设工程质量保证金管理暂行办法》《关于进一步加强中央基本建设项目竣工财务决算工作的通知》等不同专业知识的培训，不断更新专业知识，通过采取自己学习、向兄弟单位学习、各项目建设单位内部交流等多种形式，让基建财会人员更好地了解基本建设的程序、管理要求、财务管理要点等，以便更好地参与项目建设的管理。

4. 提高财务人员在项目建设过程中的参与度

财务人员要从事前、事中、事后各环节参与工程项目的建设，不断加强基本建设财务管理工作。

（1）抓好项目经济评审工作。可行性分析作为项目前期管理的一项基础性工作，目前还存在不会做可行性研究或抓不住要点，论证深度不足，对项目不做客观、公正的评价论证，掩盖矛盾和风险，为"可行"而研究，造成项目投资预测失真，误导投资决策的现象。因此，各级财务人员应全面贯彻落实公司项目经济评审有关实施办法，推动经济评审内容编制的规范化；各相关单位应做好本单位项目经济评审工作，最大限度减少项目风险；基建财务人员应加强学习，提升综合素质和专业水平；公司项目经济评审组要采取委托专业中介机构评审、邀请外部专家参与评审、评审前咨询专业问题等方式，提高项目经济评审工作的效果。

（2）建立、完善合同管理制度，对工程合同把关。财务部门要依据经济法、合同法知识，积极参与工程合同的会审，对工程合同中涉及工程款项支付、质量保证、保修金及违约责任的条款进行审查，保证这些条款符合国家相关法规规定，防止因合同签订不当而蒙受经济损失或发生纠纷，降低合同风险。

（3）积极有效地参与工程施工管理，发挥基建财务事中控制、管理和监督的职能。工程施工过程中，要明确财务部门的职责，财务人员要参与工程管理，经常深入施工现场，了解工程施工进度、工程质量、存在问题等情况，掌握第一手材料，以便更好地做好工程管理、进度款拨付和决算审核。严把设计、预算变更、调整关，对变更设计、预算调整应当参与审核，并现场勘察，做到准确无误，从而控制工程成本的增加。

（4）认真参与工程项目交付阶段的工作，发挥基建财务事后监督、管理和评价的职能。工程竣工结算时，财务部门要及时主动参与材料整理等各项清理工作，参与审核施工单位提交的工程量、竣工决算书，对支出项目是否合法、数额是否合理、手续是否合规等要严格把关，不符合规定的支出内容一律不得在项目成本中列支；工程验收后，要分析概预算执行情况、投资完成情况、资金使用情况，并及时、准确地办理资产交付使用手续，及时进行固定资产管理和计价核算，防止资产管理不到位和底数不清。

5. 把好资金支付关，严格基建资金管理

为进一步加强和规范建设工程价款结算，保证资金合理、有效使用，有效防范财务风险，促进集团公司建设项目健康发展，公司根据相关法律、法规和集团公司内相关管理制度规定制定了公司工程价款结算管理办法。公司所属各单位要建立健全项目资金管理制度及资金监督、控制措施，明确各职能部门及人员的职责分工和相互的关系，建立项目建设内部制约制度、稽核制度、使资金管理有章可循、有据可依，充分发挥财务人员财务管理职能。

企业基本建设，一般在企业筹办阶段，通常会面临人员素质参差不齐、制度不健全、管理比较粗放的问题。在企业基本建设期，做好财务风险管理，需要财务人员进行"深度参与"。项目立项时，要参与项目经济评价，参与项目可行性研究；项目推进时，要参与项目的招投标，参与项目合同的签订；项目实施时，要参与项目管理的制度制定，参与施工当中的设计变更、预算调整，材料、成本核算，自购材料和设备采购等工作，发挥事中控制和监督作用；项目交付时，要参与项目工程竣工验收，参与资产交付使用，及时进行固定资产管理；项目完成后，要参与项目的后评价，做好项目的"复盘"，总结经验和不足。

3.5 构建企业税务风险"防火墙" ①

随着市场经济体制的不断深化，国家税收法规政策体系愈加繁杂，税务部门税收征管更加严格，企业生产经营面临的税务风险越来越大。特别是对于大型企业，如果税务风险应对不慎，就会对企业经营目标和效益产生较大影响。如何有效构建税务风险防范机制、助推企业转型发展，成为企业亟须解决的重要课题。

一、企业税务风险

企业税务风险是指企业的涉税行为未能正确有效地遵守税法规定，而导致企业未来利益损失的可能。一般表现在两个方面：一方面，主客观原因导致企业对税收法规的理解和执行产生偏差，遭受税务等部门的查处而增加税收滞纳金、罚款等额外支出的可能性；另一方面，企业因多缴税款或未用足税收优惠政策等而减少应得经济利益的可能性。

税务风险作为风险的一种，具有"三性"的特点：一是客观性，企业税务风险是客观存在的，而不以企业或个人的主观意识为转移；二是普遍性，企业税务风险存在于每个企业日常的生产经营中，无论企业大小，均或多或少存在税务风险；三是预先性，企业税务风险先于税务责任履行而存在。

风险往往意味着损失，税务风险在不同程度上会对企业未来经济利益产生影响。缴纳税款对企业而言本就是一笔资金支出，滞纳金等额外支出更会给企业增加经济负担，从而影响企业的正常经营。同时税务违法行为会影响企业信誉，破坏企业在社会公众和合作方心目中依法诚信经营的形象，给企业带来负面影响。

二、企业税务风险成因

要想有效防范税务风险，必先了解引起企业税务风险产生的关键因素，

---

① 企业调研课题，执笔人：赵建蕊。经编者整理。

深入分析解剖内在原因和外部影响，并采取行之有效的具体措施。这样，才能从根本上排除税务风险产生的不确定性，努力减小税务风险对企业产生的影响。

一是内控管理不够健全。内控制度能够合理保障企业经营管理合法合规、资产安全、财务报告和相关信息真实完整，是企业经营管理中不可或缺的一项制度。内控制度不健全或实施不到位，信息传递错误，极易使企业在生产经营和涉税工作中产生税务风险。

二是税收法规频繁变动。目前，我国正处于税制改革和税收法规频繁变动的时期，税率的变化、优惠政策的调整，使企业税务核算和管理愈加复杂。如果不能及时获取新信息、了解新政策，就会造成经济业务适用税收法规不当，给企业带来税务风险。

三是市场秩序混乱。虚开发票、代开发票和经济舞弊等违法行为时有发生，虽然多为小企业所为，但会使与其合作的大企业遭受连带责任，如补缴税款、缴纳滞纳金和罚款等，即使经济业务真实合法，善意取得不合规发票，仍不能逃脱补缴税款的处罚，使企业蒙受损失。

四是税务机关拥有裁量权。税法赋予了税务机关一定的自由裁量权，且税收法规存在模糊地带，让税务机关在执法过程中存在一定弹性。企业作为纳税人，在税款征纳环节中处于相对劣势的地位，极大增加了企业的税务风险。

五是涉税人员税法知识欠缺。大企业内部机构、岗位设置复杂，一项经济业务涉及部门多、人员杂，一些涉税人员往往缺乏税收意识和税法知识，从而造成取得发票不合规、滞留发票超期不得抵扣税款等问题，给企业带来多缴税款的损失。另外，税法知识欠缺会影响涉税人员的主观判断，使涉税人员处理经济业务时不能从企业整体上把握税收适用法规，可能会导致纳税不准确或税务筹划失败的风险。

三、有效构建税务风险防范机制

企业应该健全内控管理体系，贯彻执行税务政策，严格核算税费，依法履行纳税义务，积极开展税务风险的识别和应对，合理控制税务风险，有效建立相对完善的税务风险防范机制，降低企业经济损失，营造良好外部环境，为企业实现经营目标提供保障。

一是完善企业内控机制。税务风险的普遍性，让税务风险存在于企业的采购、生产、销售等经营管理的各个层面和环节，从企业管理人员到基层员工，都需防范税务风险。企业应充分认识到，合法合规的经营管理是防范税务风险的前提条件，建立完善的内控机制是防范税务风险的重要保障。企业应制定实施相关内控制度，构建企业内控机制，进一步优化内控环境，提升企业经营管理水平和风险防范能力。

二是健全税务管理体制。企业财务部门要设立税务处室或专责机构，来建立健全企业税务核算与管理机制，组织税务政策的贯彻实施及税务人员培训，指导企业涉税业务处理，申报缴纳企业各种税费等。若是集团性质企业，所属二、三级成员单位应分别设置专职或兼职的税务管理和核算人员，负责本单位的税务管理和税费核算等相关工作。从总部到成员单位形成上下联动的税务管理模式，更加便于税务核算和管理，以及税务政策的传达和执行，避免企业内部信息沟通不畅带来的风险。

三是多渠道贯彻落实税务政策。财务部门通过财政部、国家税务总局、中国税务网和与税务机关的政策沟通，及时收集整理与业务密切相关的税务政策和管理规定，可编制下发财税信息，并利用内部网站、电子邮箱等多种载体，有针对性地转发给成员单位相关人员，使其及时了解国家政策变化并贯彻执行。可定期辑印《企业税务政策辑要》，为各级人员开展税务管理工作提供参考。同时加强对税务管理和核算人员的税务培训，通过内训和外培的形式，根据税务风险控制点，有针对性地加强税收法规的学习，了解掌握最新税务政策，提升税务管理水平和业务处理能力，为降低和防范企业税务风险奠定坚实基础。

四是积极开展税务筹划。税务筹划是把双刃剑，税务筹划既隐含着税务风险，同时也是税务风险防范的重要手段。在依法纳税的前提下，用好用足税收优惠政策，可为企业管理者提供有价值的税务筹划方案，为企业带来经济利益，而盲目地进行税务筹划，则会给企业带来税务风险。企业应坚持遵纪守法、诚信纳税的税务筹划理念，税务管理人员充分参与企业重大对外投资、重大并购或重组以及合同或协议签订等重大事项的决策，有效开展税务筹划，为企业科学发展发挥积极作用。

五是建立与税务机关沟通协调机制。企业应了解税务机关的工作程序和部门分工，主动加强与税务机关的联系和沟通，争取在税法的理解上与税务机关取得一致意见，特别在某些模糊和新生事物的处理上应得到税务机关的认可，最大限度地防止税务风险转变为税务违法。近年来，各级税务机关重视纳税服务职能，加强对大企业的税收管理，成立了大企业税收管理处，主要承担对大企业提供纳税服务和税源管理等责任。比如，开滦集团一直重视与税务机关各层面的沟通协调，并于 2012 年，与河北省税务局签订了税收遵从协议，双方以合同文本的形式互有承诺，明确税企双方税收风险防控的权利和义务，建立和发展了税企双方透明、信任的互动式新型关系，为有效沟通搭建了更为便利的平台。

我看过一篇文章《税务风险非小事 防控措施需给力》[①]，里面讲到税务风险是这样描述的：企业不防控税务风险，企业负责人就会变成税务"消防队长"，到处"灭火"；企业发生税务风险，不仅会造成资金损失，而且纳税信用等级会降低，甚至被列入税务黑名单。税务风险防控既是企业管理者的必修课，也是税务部门优化纳税服务、实现管理方式变革必须解决好的重要课题。税务出现风险，损失的不仅是"里子"，还有"面子"。构建企业税务风险的"防火墙"，"防"是最重要的，本案例在分析概括企业税务风险形成的五种原因基础上，着重介绍了防范风险的五项措施。这五项措施中，第五条——建立与税务机关沟通协调机制，即说明掌握税收政策出台背景，准确理解税收政策，与税务机关保持一致显得尤为重要。

[①] 引自 2014 年 5 月 5 日《中国税务报》，作者：田俊。

案例

针对税务局下发《企业涉税风险提示书》的回复

按照税务局下发的《企业涉税风险提示书》要求，为有效防范涉税风险，我公司针对贵局提出的几项异常指标进行了详细自查，具体情况分析回复如下。

一、主营业务成本率

我公司 2016 年主营业务成本为 49 098 万元，主营业务收入为 33 417 万元，主营业务成本率为 146.93%，比行业标准 97.22% 高。

原因是我公司属于破产改制的煤炭企业，2015 年，继续受市场变化影响，煤炭市场不景气，煤炭市场大环境的供过于求，煤炭产品滞销，各种相关的煤炭产品持续降价，其中精煤价格由 2014 年的 741.03 元 / 吨跌至 596.70 元 / 吨，降幅达到 19.48%，其他洗煤产品价格由 2014 年的 167.73 元 / 吨跌至 120.24 元 / 吨，降幅达 28.31%，严重影响了我公司产品销售收入，使公司主营业务收入大大降低。另我公司属老企业，系统复杂，人员众多，仍承担着很多社会负担，导致固定成本占比达到 70% 以上，公司的收入无法承受巨大的成本负担，内忧外患造成公司主营业务成本率指标偏高于行业标准。

通过上述分析，我公司不存在多转成本或者虚增成本、减少利润而少缴税款的问题。

二、销售毛利率变动率与税负变动率弹性系数

按照销售毛利率的计算公式，我公司 2015 年主营业务收入为 33 417 万元，主营业务成本为 49 098 万元，销售毛利率为 −46.93%，2014 年主营业务收入为 51 651 万元，主营业务成本为 65 372，销售毛利率为 −26.56%，由此可以算出销售毛利率减少 20.37 个百分点，据此算出毛利率变动率为 76.69%。

据应纳税额占应税销售额的比率推算出 2015 年税负为 7.73%，2014 年税负为 8.86%，税负变动率为 −12.75%，弹性系数为 −6.06，与标准系数 1 比较偏低。

弹性系数之所以小于 1，是因为从 2012 年开始煤炭市场的持续低迷，使得煤炭价格逐年下降，年降低幅度在 20% 左右，累计降幅达到 59%，尽管我公司通过降本增效等措施实现综合成本 2015 年比 2014 年降低 1.5 亿元，仍不能弥补降价带来的损失，成本倒挂现象依然严重，导致 2014 年和 2015 年销售毛利率为负数。从数值来看，销售毛利率与增值税税负都呈减小趋势，符号相反，使得弹性系数为负，低于标准系数 1。但不存在实现收入不计提销项税额和虚抵、多抵进项税额的问题。

三、存货周转率与主营业务收入变动率弹性系数

2015 年度存货周转率与主营业务收入变动率弹性系数为 0.50，低于正常弹性系数 1。

主要是我公司为破产改制，属资源枯竭矿井，煤炭资源极为有限，原煤产量和洗后商品煤量逐年减少，且煤炭市场产能过剩，煤炭产品价格的持续下降，使得 2015 年主营业务收入比 2014 年减少 18 234 万元，原因如下：其一是降价影响收入减少 8 226 万元；其二是销量减少影响收入减少 9 683 万元；其三是减少转供电用户，使得收入减少 325 万元。因此主营业务收入变动率为负数。

受矿井系统复杂等原因的影响，主营业务成本中 70% 为固定成本，可压缩空间很小，但为了尽量弥补降价损失，公司不得不采取降低职工薪酬的方法来节约成本，2015 年比 2014 年主营业务成本减少 16 274 万元，降幅为 24.89%，仍没有达到收入减少额度。所有主营业务收入下降幅度高于存货周转率的下降幅度，但不存在少报收入的问题。

通过以上分析，贵局提出的指标呈现异常状况的情况，主要是受煤炭市场持续低迷、产能严重过剩导致的市场降价和企业资源枯竭、系统复杂、社会负担重引起的成本居高不下的影响，不存在人为调节收入和成本的情况。

某矿业有限公司

2016 年 10 月 9 日

这个案例背景是税务局从税收征管系统中发现企业部分指标与行业标准、正常指标等偏差度较大，向企业发送《企业涉税风险提示书》要求予以解释。一方面说明税务部门税收征管越来越严格，另一方面说明企业面临的税务风险越来越大，要求企业进一步重视税务风险管理体系建设。

延伸阅读

从某演员事件看税务监管 [①]

2021 年 4 月底，国家广播电视总局发文责成北京市广电局对电视剧《倩女幽魂》制作机构涉嫌违反制作成本配置比例有关规定启动调查，同时要求北京市广电局、上海市广电局等配合税务部门对有关公司和某演员签订"阴阳合同"、拆分收入获取"天价片酬"、偷逃税等涉嫌违法行为进行调查，如有违法违规情况将严肃处理。税务问题造成的企业和个人损失，历来屡见不鲜。从某明星因"阴阳合同"，连补带罚 8.8 亿元；到西北避税"天堂"霍尔果斯大量企业排队注销。这些税务问题不仅对个人造成了重大的经济损失，还给个人名誉带来了不可逆转的破坏。

近年来，大数据、云计算作为风险分析工具被正式运用到税收管理工作中。各级税务机关在画像思维的实践、运用方面做了许多探索和尝试。多渠道、多维度地把散落在纳税人端、税务端及其他部门、领域的碎片化数据整合起来，用大数据分析的方式，勾勒出企业的行为痕迹，还原企业真实的业务逻辑，给企业做出立体"画像"。随着税收征管越来越智能化，税务机关锁定企业税务风险变得越来越容易。

在金税三期严征管下，国家税务总局先后颁布多个相关文件，这些文件强调了"加大'营改增'建筑企业重点稽查""互联网＋涉税大数据""互联网＋数据共享"在稽查中的重要作用。运用大数据技术能为税源管理、涉税稽查、调查取证等工作提供信息支持。2019 年 3 月 1 日，原国税、地税两套金税三期系统并库，税务总局、各级税务机关与其他政府部门的网络进一

---

① 据公开资料整理。

步打通，税务机关获取的企业信息更加全面、精准。

据江苏省大企业税收服务与管理局相关负责人介绍，这些数据既有能反映采购、销售情况的企业内部数据，也有能反映市场变动、行业整体状况等外围信息的第三方数据，维度多、体量大。另外，数据加工能力更加智能化。以国家税务总局深圳市税务局为例，税务人员利用人工智能搭建人工智能风控平台，结合税务登记数据、个人征信数据等多维度数据，利用机器学习的算法进行建模，为企业画像，根据画像结果精准识别税收风险，风险识别命中率高达 90%。

事件中，根据公开报道，该演员的"税务筹划"居然是由并不专业的其母进行的，其母实践中采用"阴阳合同"这种方式来逃避缴纳税款，肯定难逃税务监管的"法眼"。真正的税务筹划，是指通过对涉税业务进行策划，在不违反法律、法规（税法及其他相关法律、法规）的前提下，通过对纳税主体的经营活动或投资行为等做出一整套完整的纳税操作方案，从而达到节税的目的，合法合规，没有税务风险。

3.6 抓住经济评审"要点"，降低项目投资风险 ①

企业要可持续发展，项目建设作为支撑不可少，今天的重点项目建设就是明天的经济结构，是企业可持续发展的重要支撑。要推进重点项目的建设，重点是要建立适应企业发展要求的经济可行性分析工作机制，确保项目的经济可行性，实现项目的预期收益，实现企业的可持续发展。本案例以开滦集团为例，介绍开展经济评审的目的和主要内容，用具体案例来阐述经济评审的"要点"，有很强的指导性。

---

① 企业调研课题，执笔人：覃春平、闫玉荣。经编者整理。

一、开展项目经济评审工作理论与实践的沿革

（一）财会系统成立课题组进行专题研究

2009 年，为有效解决集团公司项目投资建设遇到的实际问题，探讨项目经济评审体系机制在开滦集团适用的有效性，集团公司财务部专门成立课题组进行项目经济评审工作机制设计方面的研究工作，研究的课题成果《集团公司重大新建及并购项目经济可行性分析工作机制设计》被录入同年度《开滦集团财会系统政策研究成果报告》。该课题简要介绍了经济可行性分析的原则、内容和方法，对项目经济可行性分析中集团公司各相关部门的职责和流程进行了设计，提出了如何对分析结果进行验证，以及此工作中对相关部门绩效评价与考核的相关建议。该课题是财会系统对项目经济评审工作研究的雏形，为集团公司后来开展项目经济评审工作提供了参考价值。

（二）陆续出台了与项目经济评审工作有关的相关办法

1. 2010 年 6 月，战略发展部门为适应开滦集团战略发展需要，切实加强建设项目前期管理工作，对原《开滦集团公司建设工程项目前期工作管理办法（试行）》进行了修订，下发了《开滦集团公司建设项目前期工作管理办法》，该办法明确了重大建设项目需要加强经济审查工作，集团公司建设项目前期工作设立专门领导小组，其中：经济审查委员会负责重大建设项目前期管理的经济审查工作，在集团公司完成技术审查论证的基础上负责审查建设项目的投资规模及构成、资金筹措、财务评价、风险分析及防范等工作。该办法规范了集团公司重大建设项目需要开展经济评审工作。

2. 2011 年 2 月，资本运营部为提高集团公司资本运营项目咨询的科学性，保证咨询论证工作规范有序实施，制定下发了《开滦集团资本运营项目咨询论证实施细则（试行）》，该实施细则明确了集团公司投资委员会下设经济评审组，经济评审组由集团公司相关部门组成，负责资本运营项目发展战略和发展规划要求、经济效益、融资方案、纳税筹划方案、经济风险防范等方面的经济审核论证工作。该实施细则规范了资本运营项目需要开展经济评审工作。

3. 2011 年 6 月，为有效防范集团公司投资风险，提高资金使用效益，

促进集团公司项目经济评审工作科学、公正、有序进行，财务部根据《开滦集团公司建设项目前期工作管理办法》和《开滦集团资本运营项目咨询论证实施细则（试行）》的相关规定，制定下发了《开滦集团公司项目经济评审实施办法（试行）》，该办法明确了集团公司及其二级公司项目经济评审范围、提供可行性研究报告有关经济内容的具体要求、经济评审内容、经济评审组织机构及职责分工、经济评审程序等相关内容，该办法为集团公司开展建设项目、股权收购项目经济评审工作提供了具体的指导作用。

二、开展项目经济评审工作的目的和内容

（一）项目经济评审的概念

项目经济评审是可行性研究的有机组成部分和重要内容，是项目决策的重要依据，是形成国家投资合理化的重要手段和有效方法，是实现国家目标的科学手段和重要工作。

（二）项目经济评审的目的和实施的必要性

项目经济评审的目的是依据国民经济发展战略和产业、地区发展规划的要求，在完成产成品市场需求预测、厂址选择、工艺技术方案选择等工程技术方案的问题上，计算项目投入的费用与产出的效益，对拟订方案的经济可行性和合理性进行比较分析，做出全面的经济效益分析。

集团公司"十二五"期间项目投资数量多、投资金额大，项目投资选择上和投资收益上均存在较大的不确定性，开展项目经济评审工作，有利于对集团公司投资项目经济效益进行科学分析，为领导决策提供客观的决策依据，从而增加项目投资成功的可预见性和概率。

（三）集团公司项目经济评审内容

集团公司项目经济评审工作主要分新建及改扩建项目和股权收购项目两大类：新建及改扩建项目需要进行项目投资估算分析、融资方案选择、财务评价、风险分析等；股权收购项目需要分析项目股权投资方案、项目实施的必要性、新公司或目标公司的基本情况和组建方案、项目投资规模及融资方案、项目预期效益情况和风险防范措施等内容。

三、项目经济评审工作在集团公司的实际运用

（一）集团公司项目经济评审情况

集团公司财务部组织经济评审成员单位对提交到集团公司的10个项目进行了项目经济评审工作，其中：建设项目3个，股权收购项目7个；集团公司投资项目5个，控股子公司投资项目2个，国和汽车公司投资项目2个，兴隆矿务局投资项目1个。投资项目涉及领域广泛，如煤炭领域、港口储运、铁路建设、选煤厂建设、装配制造、节能环保、汽车板块、医药板块等。

从项目经济评审实施以来的效果看，通过开展项目经济评审工作，经济评审组出具的客观评审结论为集团公司领导决策提供了有用的参考依据。

（二）项目经济评审的具体应用

2011年2月，集团公司所属二级公司向集团公司上报了其拟收购某矿资源开发利用方案及相关资料。在开发利用方案技术经济中，列示的相关指标如表3-11所示。

1.单位生产成本估算。

表 3-11　单位生产成本估算

单位：元/吨

序号	项目名称	单位成本
一	经营成本	89.47
1	外购原材料	26.95
2	燃料及动力费	9.51
3	职工薪酬	17.13
4	修理费	6.16
5	地面塌陷补偿费	3.5
6	其他支出	26.22
二	折旧费	16.35
三	维简费	3.5
四	井巷工程费	2.5

续表

序号	项目名称	单位成本
五	煤炭安全生产费	3
六	摊销费	9.75
七	煤炭价格调整基金	15
八	矿山地质环境治理保证金	0.65
九	财务费用	2.01
1	生产期利息	
2	流动资金借款利息	2.01
3	短期借款利息	
十	生产成本小计	142.23

2. 销售收入估算。

（1）销售价格参考当地现行的市场行情。根据煤质资料分析确定本项目商品煤折合单位原煤不含税价为 220 元 / 吨。

（2）经估算，项目达产年销售收入为 26 400 万元。

3. 财务分析。

（1）财务评价指标。

矿井主要财务评价指标详见表 3-12。

表 3-12　建设项目财务指标

序号	名称	单位	指标	备注
1	所得税后财务内部收益率	%	11.72	
2	所得税后财务净现值	万元	2 912	
3	所得税后投资回收期	年	6.12	
4	所得税前财务内部收益率	%	13.03	
5	所得税前财务净现值	万元	4 202	
6	所得税前投资回收期	年	5.17	
7	资本金财务内部收益率	%	13.41	
8	总投资收益率	%	11.12	

序号	名称	单位	指标	备注
9	项目资本金净利润率	%	10.76	
10	投资利润率	%	11.14	
11	投资利税率	%	12.21	
12	盈亏平衡点	%	51.13	
13	借款偿还期	年	4.98	

（2）盈利能力分析。

从本矿井的计算指标看，所得税后财务内部收益率为11.72%，高于煤炭行业基准收益率10%，远高于目前商业银行的贷款利率6.12%，投资利润率为11.14%，投资利税率为12.21%，资本金财务内部收益率为13.41%，所得税后投资回收期为6.12年。

为此，财务部及时组织召开了该矿收购的经济评审会议，参加会议的有法律事务部、资本运营部、人力资源部、审计部、技术管理部、秘书处、房产部及相关设计院的有关人员。会议按集团公司项目经济论证相关要求，对该矿资源开发利用方案及相关资料进行了讨论和论证，建议项目单位主要应对以下内容进行补充和完善。

①折旧费单位成本估计过低，吨煤折旧费为16.35元，按方案中提供的相关数据，若一般设备按10年测算，吨煤折旧费应为20.56元。

②安全生产费标准列示低，方案列示吨煤安全生产费为3元，按当地相关制度规定吨煤安全生产费应为10元。

③财务费用估计过低，方案列示吨煤财务费用为2.01元，按项目估算总投资及65%的银行贷款来源预计，经营期吨煤财务费用应为13.16元，远远高于方案估计费用。

④方案中缺少井巷工程、土建工程、设备及安装工程等估算表，还缺少项目投资的现金流量表、资产负债表及利润表等。

⑤在对上述各项指标进行合理估计后，单位成本比方案中的142.23元/吨将至少高出24元/吨，达到166.23元/吨，该矿项目的所得税后财务内

部收益率将会比方案中的 11.72% 低。

为了进一步对上述各项指标进行合理估计，经济评审组又选取了集团公司相关矿井进行对标，找出差距。该矿开发利用方案预测税后盈利为 2 000 万元左右，若考虑上述指标差异增加的成本费用，税后利润将可能由获利变为亏损。但在以后的生产经营过程中，通过加强材料运用及用电管理、优化劳动组织等措施，使该矿的材料、电力、人工成本降至对标矿井的成本水平，其效益可以达到该矿资源开发利用方案中的盈利水平。

（三）经济评审存在的问题

通过对集团公司 10 个项目的经济评审情况来看，存在不同程度的一些问题，如：有的项目可行性研究的编制简单，缺乏经济评审分析需要的基础数据；有的成本测算数据没有依据和明细；有的销售收入预测与市场调研偏离太多；有的经济技术参数选用已过时效性；有的项目甚至没有效益分析等。这些问题也加大了项目经济效益评审的难度。

四、经济评审下一步工作建议

1. 进一步加大项目经济评审的培训力度，提高经济评审人员综合素质和专业水平，确保经济评审质量。

项目经济评审工作涉及的知识面广、领域多，对经济评审人员的素质和能力要求高。经济评审人员需要具备宏观经济、市场营销、资本运营、项目管理、财务税收、行业管理等多方面专业知识。因此，集团公司应进行强化项目经济评审知识的专题培训。培训形式可采取：一是邀请集团公司内部专家进行业务交流培训；二是邀请集团公司外部专家进行项目经济评审专题培训；三是派出相关人员到外部参加专业机构举办的培训班。通过组织多种形式的培训，可以有效提高项目经济评审人员的综合素质，确保项目经济评审成果的质量。

2. 全面推行二级公司项目经济评审责任制。

对于非集团公司直接投资组建的项目，二级公司通常是项目的直接投资建设单位或项目的直接上级管理层。因此，要充分发挥二级公司的职能作用，让二级公司切实负起责任，把项目经济评审工作落实到位，形成客观的经济评审结论，为集团公司最终决策提供参考依据。因此，集团公司应全面推行二级公司项目经济评审责任制：一是督导二级公司落实集团公司下发的《开滦集团公司项目经济评审实施办法（试行）》，要求二级公司对其所属的新建、并购项目积极组织好本级公司的项目经济评审工作；二是鼓励二级公司针对本级公司行业特点，结合集团公司项目经济评审实施办法，制定出本级公司项目经济评审实施细则，并将其推广到三级项目单位。

3.加强项目投资效益的考核。

项目竣工投产后，将项目可行性研究报告中的预期效益纳入项目单位年度绩效评价考核体系，增加投资超支额、预期投资效益实现情况、财务生存能力、偿债能力等指标，并按一定的系数折合成当期的利润指标。若项目达到预期效益，可按项目投资额度一定的比例减少其利润考核指标数值，反之则增加其利润考核指标数值。对于领导非常关注的成本项目，可以对该指标设置最大值，若某个成本超过预先设定的最大值，显示红色预警，超过最大值60%的，显示黄色预警，其他情况显示绿色。对于有些指标，可以设置具体的权重和分值，然后算出总分，进行排序，从而达到评价的目的。

在企业中，我们经常能见到，项目可行性研究做得非常漂亮，投资回收期短，内部收益率高，但只要项目一投产，投产之日即亏损之日，少则几年，多则十几年。前国务院国资委主任李荣融在《遵循规律办企业》一书讲过，项目投资设计出了问题，靠后期是很难弥补损失的。因此，做好项目投资经济评审尤为关键，要排除一切人为因素，公正、客观地做出判断。在经济评审中，一般财务人员参与得比较多，要把握两点：一是收入的可靠性，往往可行性研究中对市场估计会过于乐观；二是成本费用的全面性，不要估计不足、考虑不全面、存在成本漏项，造成评价缺乏科学性和客观性。

3.7 "从一而终"，企业清算也要做好财务风险控制 ①

企业在关闭清算过程中，往往容易忽视清算过程中的财务风险。本案例以一家新型建材分公司为例，揭示企业关闭清算期间的难点和痛点，存在的风险及如何防范，对企业做好关闭清算有较强的借鉴意义。

企业清算是指在企业面临终止经营情况下，负有企业清算义务的主体按照法律规定的要求、程序对企业的资产、负债、股东权益等做全面清理和处置，让企业与其他社会主体之间的权利和义务依法合规终止。新型建材分公司是国有集团企业所属分公司，2011 年受原材料和市场等因素影响，经营不善，成为集团公司重大亏损源。因公司产品属于淘汰落后产品，扭亏无望，经集团公司决策，新型建材分公司于 2011 年底停产，2012 年初进入关停清算阶段，并积极开展关闭清算工作。到 2014 年年中，历经两年半，新型建材分公司完成了人员分流、资产处置、关闭前审计、档案移交、相关法律诉讼等绝大部分工作，基本完成关闭清算工作。

一、关闭清算主要财务事项

（一）确定资产处置原则

因新型建材分公司属于国有企业，对资产定性和处置比较谨慎，在上级公司指导下，资产处置确定了以下四项原则。

1. 正确看待历史原则。

不良资产是在一个历史过程中产生的，历史上的经营理念、经营方法、经营者的素质、宏观经济形势、体制改革的进程、国家经济政策的制定与转变等都会对资产的运营与发展产生影响，要充分了解不良资产产生的原因才能对其做出正确的评价。

2. 准确把握现实的原则。

将不良资产放到现实形势下审视，要对当前的经济形势有客观准确的估

---

① 企业调研课题，执笔人：刘悦会。经编者整理。

计，对市场经济发展的各环节要把握准确，找准不良资产的缺陷，对要处理的对象做出包括定性和定量的正确评估和鉴定。

3.严格遵守处置程序的原则。

资产的管理与处置，特别是国有资产的处置要以国家有关政策法规为依据，严格履行报告审批制度，执行客观评估资产价值的原则，集体制定、逐级审批处置方案，使处置工作合法合规，在处置过程中不产生新的问题。

4.极力避免后患的原则。

处置资产是一项政策性很强、经济性特征突出的工作，力争一次性解决在处置过程中出现的各种问题，避免给以后工作带来新的问题。

（二）依法合规处置资产

在资产处置过程中，新型建材分公司严格按上级部门批示进行处理。

一是对于通过研究决定留用的土地、房屋建筑物及供水、供电、供暖的设备资产，采取多种措施加以保护，在集团公司确定接收单位后，确保实物资产和财务账面得以顺利移交。

二是对于闲置设备处置，首先经集团公司设备管理部门在集团公司内部调拨使用4台套，其次是集团公司内部让售29台套，再次是通过招标选定拍卖机构，由拍卖公司组织拍卖358台套，遵循了设备管理使用先集团内后集团外和处置效益最大化的原则。

三是对于债权性资产，想尽一切办法回收资金，账款确实无法回收的，依照集团公司相关规定，提供可靠的合法依据予以核销。

四是对于历年来累积形成的产品资产损失，通过统计、测量、计量等手段确定损失数量，将损失的原因形成书面报告上报，再由集团公司各部门组成的专家小组对损失数量和形成原因进行会议论证和现场鉴定，最后形成集团公司意见向省国资委上报请示报告，经省国资委批准进行相应的财务核销工作。

（三）加强费用控制，加强资金管控

在新型建材分公司关闭清算过程中，涉及的清算费用包括：（1）管理、变卖和分配公司清算财产所需要的费用；（2）公告、诉讼、仲裁费用；

（3）聘请会计师、律师等专业人士的费用；（4）清算组成员的工资、差旅费、办公费；（5）为债权人共同利益而支付的其他费用，包括解决经营过程中的因纠纷而形成的补偿或赔偿等；（6）其他清算过程中需要支付的费用。

在关闭清算阶段，公司资金流入来源于资产处置、存货销售和债权回收，在此需要加强资金管控，管理上严格执行预算签批制度，所有费用实行清算组负责人和上级管理部门联签制度。同时清算留守组每月根据收支情况做好资金预算，待实际费用发生时，还要由上级管理部门财务负责人签批才能支出。

（四）加强债权的清收

为确保企业债权应收尽收，清算组需要克服人员紧张、债权分布繁杂、证据不规范等各种困难，甚至需要千方百计搜索有关债务人的信息，以便债权及时清收，对于确实不能回收的债权，按规定申请核销。2012 年 3 月，新型建材分公司应收债权 877.29 万元，至 2014 年 6 月 30 日，除一笔 23.18 万元的债权属于未决诉讼无法清收外，其余债权全部清收完毕。

（五）加强清算审计

集团公司聘请会计师事务所对新型建材分公司开展了两次专项审计。一次是 2012 年第一季度，对以前年度的经营情况进行了阶段性的审计；另一次是 2013 年年中，对新型建材分公司清算阶段的情况进行审计。通过两次专项审计，确保资产处置符合国家及集团公司相关制度规定，确保清算期间各种费用支出的合理合规。

（六）加强档案的整理和移交

档案是企业的重要资料，新型建材分公司从进入关闭清算阶段开始，就安排专人整理保管档案。清算组于 2013 年 7 月向集团公司档案馆移交了第一批自公司成立 2001 年至 2013 年的文书档案、技术档案、人力资源档案和 2001 年至 2011 年的会计档案等资料；2014 年 8 月向集团公司档案馆移交了第二批档案，包括部分文书档案、经营销售合同等档案以及 2012 年至 2013 年的会计档案等。2014 年会计档案和未终结的诉讼案件档案及日后形成的新档案，由专人负责保管，待新型建材分公司注销后一并移交集团公司档案馆。

二、清算过程中的难点和问题

（一）如何在人员少、工作烦琐的情况下提高清算效率

公司进入关闭清算阶段，不同于正常持续经营，清算组人员不足，难以招人，通常一人多岗，一岗多职，工作杂且烦琐。如何组织清算组成员高效开展工作，是清算中的一个问题。解决这个问题主要是在不同清算阶段采取不同绩效考核办法，"大棒加胡萝卜"。

清算之初，集团公司制定了《新型建材分公司薪酬考核的补充管理办法》，办法中明确的考核指标为企业利润、营业收入、产量及产品合格率；2012年建立了《关于新型建材分公司留守组年底前完成工作任务的专项考核办法》，成立了集团公司督导工作组、确定了工作的总体目标和具体目标，从存砖销售、设备处置、应收账款清收、库存材料处置等几方面进行考核；2013年制定了《关于新型建材分公司2013年关闭清算工作考核办法》，主要从尽快完成关闭清算角度出发，从设备处置、应收账款清收、审计工作、法律诉讼等几方面加大考核力度。通过上述考核，使清算组工作目标明确、措施到位、工作安排合理，大大促进了清算工作高效有序进行。

（二）妥善处理员工安置问题

公司清算期间，人员分流或解除劳动合同是整个清算工作的重中之重，各类人员情况不同、意愿不同，分流岗位与员工意愿的矛盾很难解决，稍有不慎就很有可能激起员工的强烈不满甚至引起其过激的行为，造成不稳定因素，给清算工作带来困难，甚至使清算工作不能正常进行。这虽不是财务工作最直接的工作内容，但其中涉及经济补偿问题，不容忽视，财务人员也要把握好政策，既要依据《中华人民共和国劳动合同法》做好补偿金的支付工作，又要利用政策维护集团公司的利益。

（三）为规范核销提供可靠的法律依据

由于新型建材分公司多年形成的应收账款有一部分属于恶意拖欠，也

有一部分属于对方确实因公司执照吊销、当事人死亡、当事人失踪、经营不善无财产可供执行等情况。要解决这类问题，就必须利用法律。但是人民法院在处理诉讼案件过程中，对立案的证据有严格的规定，开庭、判决、结案也有规定的时间，对其他方面也有严格的规定。如何取得法律依据，按规范核销债权性资产损失，实现高效率快速清算是一个非常棘手的问题。为此新型建材分公司认真研究集团公司相应的财务制度和规定，把握政策，多方沟通，最大限度地加快了工作进度。

三、关闭清算的启示

（一）要根据关闭清算企业的实际情况，做好统筹规划

企业关闭清算是一项系统工作，要按规定程序进行，而且在清算过程中，很可能会面对一些突发状况，但目前我国关于企业的清算方面还没有可操作性的规定，在企业关闭清算之初，就要做好统筹规划。认真制定实施方案，明确阶段目标，做出分步安排，落实具体责任。有了规划，在组织清算过程中，还要注重方法，规范程序，严格执行相关规定。避免清算工作效率低下、清算时间过长和衍生问题的出现。

（二）要组织高素质、有原则、有责任心人员组成清算组

清算工作繁重而艰苦，组织好清算组，清算工作才能有一个好的开端。企业关闭清算期间，清算组成员肩负着资产处置的重任，涉及大额的资金流转，权力大，同样责任也重。素质低、职业道德不强的清算人员，有可能造成清算工作效率低，甚至造成国有资产的流失。因此必须选取具有一定专业知识、具备高度组织纪律性、拥有认真负责的敬业精神和吃苦耐劳的思想品德的人员组成清算组，确保清算工作卓有成效。

正如本节开头所说那样，企业因各种原因倒闭了，财务风险容易被忽视或淡化。企业清算需要关注的几点：一是要依法合规地处置资产，尤其是国有资产；二是要加强债权的清收和费用的控制，清算也需要发生费用，因为企业终止经营，资金来源存在不确定性，没有资金的保障，清算工作很难推进；三是企业档案的移交，确保资料不丢失；四是要做好企业清算的审计，确保所有清算工作依法合规、费用合法合规。

3.8 企业的"自我救赎"之路

　　Z矿业公司是一家百年老企业，资源枯竭，遗留问题多，历史包袱重，在经营路上一直步履蹒跚，生存很艰难。企业经营面临着五大风险：战略风险，经历了百年，企业要发展，转型之路何去何从；财务风险，企业现金流已经断裂，基本靠"输血"活着；市场风险，煤炭市场低迷，企业煤炭库存高；运营风险，企业日常经营难以维持；法律风险，企业外债较多，多次被债权人告上法庭。2016年国务院印发《国务院关于煤炭行业化解过剩产能实现脱困发展的意见》，工作目标是：在近年来淘汰落后煤炭产能的基础上，从2016年开始，用3至5年的时间，再退出产能5亿吨左右、减量重组5亿吨左右，较大幅度降低煤炭产能，适度减少煤矿数量，使煤炭行业过剩产能得到有效化解，市场供需基本平衡，产业结构得到优化，转型升级取得实质性进展。Z矿业公司毫无意外地被列入关停并转的范围。但回顾应对各种风险的这些年，尽管很艰苦，该公司一直在"自我救赎"，努力"挣扎"地活着，有许多可圈可点的措施。

一、企业基本情况及经营现状

　　Z矿业公司是历史悠久的国有大型煤炭企业，始建于1906年，1910年1月正式投产，最高年产量曾达到460万吨。Z矿业公司实施政策性破产后2009年成立了多元股权公司。矿井生产能力核定为165万吨/年。企业的主要经营范围是：原煤开采、洗选加工；煤炭批发；铁矾土加工；矿车、水泵、阀门制造；机械零部件加工；电器机械及器材、矿车、水泵、阀门修理；货物装卸；矿用设备、房屋租赁等。企业主要产品有精煤、沫煤、煤泥等，主要供应给钢铁、冶金、焦化、发电等大型企业。煤炭品种为12级肥煤、沫煤和煤泥。

Z矿业公司自破产重组以来，由于人员包袱问题未得到根本解决，以及国家要求高突煤炭企业投入大量资金进行安全整改等方方面面的制约，加之受煤炭市场持续低迷影响，企业持续亏损，经营情况如下。

1. 资金效益情况。企业破产重组以来，受宏观市场环境的影响，经营成果每况愈下。截至2015年年底，累计亏损58 000多万元。

由于连年亏损，企业对外欠款数额巨大，现金流极度紧张，对正常的生产经营秩序构成了严重冲击。截至2016年5月末，货币资金结余747万元，而应付款已达5亿多元。

2. 劳动用工情况。受破产影响，企业职工为3 900多人，用工较为复杂，既有重组人员，又有农民劳务工、社区劳务工、劳服公司劳务工，还有部分返聘人员。

3. 剩余资源情况。截至2015年12月31日，矿井资源总量为6 400多万吨，但大多为建下压煤，矿井可采储量仅为750万吨。考虑14水平不再进行投新工程，只利用现有的14西1石门进行部分开采，矿井可排产储量为459万吨。

4. 遗留问题情况。Z矿业公司遗留问题比较多，比如采矿权到期问题，采矿证变更问题；多宗土地确权问题、土地证及房产证办理问题；搬迁蹋补面临巨额费用支出问题；企业承担公共职能及费用问题，已累计发生费用8 000多万元。

二、"四自经营"，搞活机制

2011年以来，Z矿业公司为改变生存发展的现状，进一步适应市场变化的不利因素，在上级公司指导下，开始实行"四自经营"，即自主经营、自负盈亏、自我约束、自我发展。通过在人力资源管理、劳动工资管理、财务管理、投资管理、资产盘活、生产组织、物资管理、产品销售、后勤服务及设备租赁和资源利用等方面给予适当放权，以充分调动企业的积极性、主动性，进一步挖掘管理潜能，探索资源枯竭矿井自我生存、自我发展的新路子、新模式，主要做法如下。

（一）推广利润中心承包机制，全面建立利润中心体系。

Z矿业公司实行人为利润中心，即在企业内部按照内部结算价格将产品或劳务提供给本企业其他利润中心，以建立内部利润的责任中心。这类利润中心的产品主要在本企业内转移，一般不与外部市场发生业务上的联系。

1. 利润中心要合理划分。利润中心的划分，既要考虑其相对独立性，又要区分其重要性。结合企业业务性质及内部单位构成，可以建立一个三级利润中心体系：基层各辅助生产单位作为一级利润中心，负责向上一级的利润中心提供劳务、供应、运输等服务；二级利润中心为采掘开等一线生产单位，这些单位担负着原煤生产的任务，将生产出的原煤以内部结算价格转移给最上级的利润中心；三级利润中心设定为洗煤厂，其将内部购入的原煤按照客户要求生产出各样的洗后产品。

2. 利润中心内部结算价格是关键。企业以成本为基础制定内部结算价格，即以全年的利润指标为起点，从产品生产环节倒序分解各生产流程，计算出每个利润中心的成本，进而确定内部结算价格。

3. 利润中心承包机制要以点带面展开。企业在综一队试点运行了承包责任制，并取得一定成效。为此可以点带面，在综二队、采二队、掘进区、开拓区、洗煤厂、抽采区、通风区、储运科等基层单位全面推广利润承包机制，真正实现指标的层层分解。

4. 建立量化考核与奖惩机制。为充分调动各利润中心的生产积极性，要建立完善的考核机制与奖惩机制，即确定承包指标后，对各利润中心进行严格的量化考核，并与其工资挂钩，按经营业绩提取工资，彻底消除"等、要、靠"思想，实现责权利的统一。需要注意的是，在考核与奖惩过程中，一定要做到量化、可执行化和透明化，这样才具有可信力，以防其他问题的产生。

（二）加强利润中心的成本控制，压缩成本规模

1. 调整用工结构，推进减人提效工程，降低人工成本支出。受员工基数较大影响，企业人工成本较高，职工薪酬所占比重达60%以上，但生产效率却有待提高。

一是从调整理顺机关机构设置、优化人力资源配置入手，继续深化人事、用工、分配制度改革，真正构建企业内部管理人员能上能下、员工能进能出、收入能增能减的有效机制，推进"一岗多责"和"一职多能"的"兼并带"岗位管理。目前企业已开始实施机关调整方案和机关操作岗位员工定员方案，实现机关减员 50 人以上。

二是发挥好人力资源市场"蓄水池"作用，进一步规范企业用工管理，同时调动各利润中心自我压缩用工，由各成本中心合理确定本单位的岗位定额，通过量化考核、尾数淘汰、岗位调整、待岗培训、降薪安置等措施，充分发挥市场机制的调节作用，最终达到优化人力资源结构、降低企业人工成本的目标。

三是针对返聘人员和劳务人员较多问题，要积极探索减人提效的新途径、新方法，大力推进劳动力"四个转移"，通过出台新的用工政策、内退政策等，做实劳务人员清退和"四工"转化工作，推进减人提效工作向纵深发展，从而达到降低人工成本、提高劳动效率的目的。

2. 加强生产过程精细化管理，真正做到提质降本增效。

一是以市场化精细管理软件为平台，以"四自经营"为契机，在原有设备管理基础上，推进设备修理、零星土建等业务招投标制。对于中小型设备修理、地面零星修缮推行"外委转内包"。

二是实施物资使用档案化，推进物资一站式管理，实施井下集中修、发、储循环管理，推进支架、卡缆等周转材料在井下进行周转、调修；坚持废旧支架"拼接改"和旧坑木复用，把握住各用料环节，最大限度地压缩材料投入成本。

三是充分用好、用活上级公司给予的"四自"政策，把握物资采购环节，坚持货比三家、科学决策、公开透明和随用随采的原则，最大限度降低物资采购成本，减少资金占用。

四是严格控制机关部门费用支出，将其纳入各部门的考核范围，对各部门费用支出进行严格的动态管理，真正实现利润与成本费用指标的闭合管理。

通过"四自经营"的推进，企业经营取得了一定的成效，2013年企业商品煤量同比增加8.48万吨，利润亏损5 749万元，同比减亏2 416万元。

三、深化机制，市场化、精细化管理

"四自经营"经过几年的运转，取得了一定的进展，但一些深层次的问题还是难以得到解决，比如因市场持续低迷，造成2014年亏损严重；人员富余问题改革不彻底，员工思想不稳定，管理难度大；成本居高不下；企业仍缺乏活力。为此，企业党政班子经多次讨论、论证，下定决心打破现有体制机制，划小核算单位，放开手脚，背水一战。从2015年下半年开始，在"四自经营"基础上，Z矿业公司开始推行市场化、精细化管理，主要实行三个创新突破。

1. 在体制机制上创新突破。一是实施全面预算管理。根据2015年的实际经营情况，在有保有压的前提下，2016年实施全面预算管理。二是全面推进项目队管理模式。借鉴对外劳务输出队的管理模式，在企业内部全面推进项目队管理模式。三是继续实施岗位化管理和年度目标考核机制。四是全力推进安全预控体系建设，保证2016年为安全生产自然年。

2. 在市场化精细管理上创新突破。2016年统筹推进了矿业公司市场化、基层区科精细化和班组价值化工作。一是在采、掘、开业务上全部实施预算承包，各种费用一包到底，强化月度计划刚性控制，重点围绕材料、人工、电力、修理、设备租赁等费用，按产量、进尺严格结算考核。二是推进市场机制向班组延伸。加快向班组、岗位延伸，规范日清日结，提高班组、岗位工作效率。三是地面、后勤单位实行部位承包、岗位承包。四是洗煤厂完善洗煤商品量与各项消耗、人工成本挂钩考核机制，全面提高洗选效益。五是进一步加大改革力度，洗煤厂、制修厂、更衣室等受客观因素影响较小的单位和部位在原模拟法人运转的基础上实施切块经营。

3. 在减人提效上创新突破。一是取消优越工种、加强"兼并带"工作，用减下来的人员顶替外雇劳务人员，降低劳务费用；二是积极搭建外拓型机构，并以此为基础组建专业化、精英化的劳务输出队伍，扩大对外创收队伍

的规模，逐步形成管理型、技术型、经验型、劳务型共存的外拓团队，为企业走出一条开源之路提供保证；三是试行区科模拟法人运转，激活区科潜能；四是继续推进企业机构改革工作，依据生产经营客观需要，合理确定生产型机构设置，并采取倒推的形式精简辅助和井上单位，积极解决"大配置小产出"的问题；五是全面推进定员、定编、定额工作，推进部位化、一站式服务、机关机构整合等工作，鼓励员工离岗创业。Z 矿业公司内部用工总量比上年下降 10%。

四、利用化解产能政策，谋求转型发展

围绕供给侧改革，国务院 2016 年出台了《国务院关于煤炭行业化解过剩产能实现脱困发展的意见》。为谋求转型发展，根据矿井可采储量、人员安置以及企业生产经营实际，2016 年下半年企业确定了稳经济、用政策、谋转型的总体工作思路。

（一）稳经济

经济工作是一切工作的生命线，是保持员工队伍稳定和社会稳定的基础。为此，企业从稳产、开源、瘦身入手，将全年经济总量稳定在一定水平。

1. 稳定原煤生产。十三东大巷涌水，导致十三东主力工作面停产后，产量一直徘徊在 2 000 吨。一是积极调整生产布局，加快准备进度，使 3697、3837、2537 尽早投入；二是积极分析十三东出水机理及下一步对回采的影响，完善新的出煤系统，使 3232、3392 尽早投入，下半年产煤 55 万吨，商品煤量 38 万吨；三是加快十四西一石门的准备进度，使 2017 年第一季度安装结束，确保 2017 年产量持续稳定在 100 万吨以上。

2. 充分发挥洗煤厂入洗能力。Z 矿业公司洗煤厂入洗能力为 180 万吨，为此企业积极落实大精煤战略要求，结合采购外部煤炭，扩大入洗量，增大资金流。一是本矿自产洗末在经济合算的情况下全部反洗，全年入洗 20 万吨；二是外购兄弟单位洗末 10 万吨，外购原煤 15 万吨，增加入洗量。

3. 做大工程服务业。充分利用矿业工程公司平台，发挥队伍优势，在

组织开拓对外输出的基础上，2017年在托管矿井方面力争有所突破。

4. 尝试涉足生活服务业。坚持走出去，企业对酒店餐饮、小区物业、连锁超市等承包经营、输出劳务。2016年员工达到80人，2017年达到150人。

5. 盘活闲置低效资产。

（1）土地房产方面。根据土地确权测绘数据统计，生产区域外，零散土地房产共计18宗227.3亩（1亩≈666.67平方米）。除用于员工活动的球场、体育楼外，有9宗土地房产可以通过转让、出售、拍卖、出租的方式盘活，与国土部门及房地产管理部结合，力求效益最大。

（2）闲置设备方面。企业共有闲置设备928台套、电缆13 749米。积极和兄弟单位结合，根据集团公司内各单位设备需求，进行转租或让售。

6. 深化改革，推进体制机制创新。

（1）深化机关机构改革。一是做实市场部。进一步下放管理权限，理清各部门交叉职能的基础上，将模拟法人运转模式运用到各市场部工作中，把各市场部作为经营核算的主体，独立核算。二是组建工程项目部，负责对外业务的开发与管理，进一步明确责权利，确保创收目标的圆满完成。三是深化机关减员工作。按照集团公司统一要求，本着小机关大服务的原则，将机关管技人员总量控制在80人以内。

（2）深入推进市场化精细管理。一是完善分配机制。建立科学的绩效评价办法，加大考核力度，真正实现区队收入和绩效挂钩。二是推进主辅工序间交易的实施。本着调动积极性和减少内耗相结合的原则，合理确定市场部间和单位间的主体工序与辅助工序，并合理确定主辅工序间的交易价格。三是全面推进项目制管理。运用项目承包的方式，整合人、财、物等资源，合理组建多层次的专业化队伍，实现区域、工程、部位的项目制管理。

（3）全面推进岗位化管理。一是完善定岗定编方案，确保岗位设置符合企业发展需要，为岗位化管理工作顺利推进提供保证。二是按照"先机关后基层，先中层后一般"的顺序，通过公开招聘、公开直选、组织推荐等竞争上岗形式，稳步推进管技上岗工作。三是做实年度目标考核。在工作内容相对稳定的业务型岗位，继续推进年度责任目标考核工作，以职能、责任、工作内容为目标，按照层级管理的模式，逐级签订年度目标责任书。将过程考核和结果考核有机结合，实现优胜劣汰。

（二）用政策

《国务院关于煤炭行业化解过剩产能实现脱困发展的意见》出台后，与之相关的系列文件正在制定与发布，研究政策、充分利用政策是转型的关键。一是成立转型领导小组，责任到人，及时收集信息、分析政策。二是超前谋划减人提效方案，从完善工程实施计划入手，简化系统、优化设计，将产量、用工总量科学合理匹配。在此基础上，打破常规思维，摒弃习惯做法，突破岗位工种、管理范围、管理职能界限，加大岗位"兼并带"力度，推行跨工种兼职，实行一人多职、综合作业，为减人提效创造条件。三是围绕财政补贴、费用减免认真研究、积极跑办。

（三）谋转型

面对煤炭"去产能"的新要求和企业经营困局，企业坚持边探索边实践，逐步确定了"一基两柱"的转型工作思路。一基，即将工程服务业培育为基础产业，通过 3 年的努力，由原煤生产为主逐渐过渡到工程服务为主，队伍稳定在 1 500 人左右，年实现创收 1.5 亿元。两柱，即发挥土地房产及配套服务设施齐全的资源优势，以安置辅助、地面人员为重点的两个支柱产业：一是依托现有土地资源，和地方政府协作，开发现代产业园；二是做强生活服务业，对内依托现有管网和配套的生活服务设施，为园区提供食住行及供水、供暖等服务，对外依托集团公司品牌，开展家政、安保等服务。园区建设是两个支柱产业的发展平台，即将企业 2 400 多亩土地以及周边可配套开发的 1 000 多亩土地统筹考虑，拟分三个园区进行建设：A 园区为古冶北外环以南排矸场区域，规划为劳动力密集型的制造园区；B 园区为外环以北、企业生产区域以南，规划为加工园区；C 园区为企业现在生产在用区域，待停产后开发。力求以创新、协调、绿色、开放、共享的发展理念，砥砺奋进，再创基业。

通过深化经营机制和利用化解产能政策，谋求转型发展的同步推进，企业经营取得较好的经营成果。2016 年企业利润完成 −4 208 万元，比同期减亏 16 511 万元，原煤制造成本总额比同期下降 6 357 万元，下降幅度为 14.93%；综合成本总额，比同期下降 7 890 万元，下降幅度为 15.32%。在创收方面，充分驱动依托矿业工程公司平台和自身能动性的两个"轮子"，寻求对外项目创收。先后组建了 3 个矿业工程项目队，还有返井钻机钻探、机电维修服务、洗煤劳务输出、餐饮服务等直接闯入市场，对外管理技术服务和劳务输出最多达到 352 人，累计创收突破 1 700 万元。在瘦身降本方面重点推进三大工程：一是节电工程，通过大力推进减线减面，优化通风系统，比上年节省电费 493 万元；二是减人提效工程，通过推行一站式服务、部位整合承包、鼓励自主创业、严格用工管理等，减少 259 人；三是节支降耗工程，通过严控材料投入、细化成本管控以及回收复用等一系列措施，综合成本同比降幅较大。在改革突破、谋转型方面，做实市场化，根据性质不同，分别做成利润中心和费用控制中心，明确责权利。探索实施项目制管理。在模拟法人运转试点的基础上，扩大模式范围，推行项目制管理，赋予项目队用工权、分配权，自主经营，独立核算，从体制上激发员工积极性。

从 2017 年 1 月起 Z 矿业公司实现了扭亏增盈，开始获利。从 2011 年开始巨额亏损到获利，企业从领导到员工，上下一心，经过"自我救赎"，实现了浴火重生。虽然企业深层次问题没能彻底解决，企业面临的五大风险依然存在，但风险已经有所下降，最主要的是解决了"活下去"的问题。

《哪吒之魔童降世》有句经典的台词，"我命由我不由天，是魔是仙，我自己说了算"，用在 Z 矿业公司身上不为过，是生是死，企业自己说了算。从经营举步维艰，到 2017 年开始扭亏增盈，这不是偶然，从"自我救赎"之路来看是必然，"救赎"是成功的。给普通企业启示的关键是这四个方面：一是上级公司的政策支持；二是企业领导到员工，上下一心，统一思想很重要；三是搞活机制，放手一搏，企业从"要我经营"变为"我要经营"，通过搞活机制，让企业利益和员工利益捆绑在一起，一荣俱荣，一损俱损；四是真抓实干，一切以效益为中心，利用政策增加效益，转换机制出效益，通过资产盘活效益，对外拓展创造效益。

延伸阅读

企业应对资金风险措施

受煤炭市场持续恶化严重影响，Z 矿业公司生产经营持续亏损，生产经营资金缺口逐步加大，资金极度紧张。另受年初十三矿东大巷对应范围发生底鼓并同时伴有底板涌水增大现象影响，造成 3392 和 3232 两个主力工作面停产，导致利润预算缺口进一步加大。2016 年 Z 矿业公司按正常衔接预计原煤产量完成 85 万吨，企业利润持续亏损。为此，企业党政领导多次组织召开班子扩大会议，按照两会及扭亏脱困提高经济运行质量要求，积极组织原煤生产，挖掘最大潜力，实现减亏 2 000 万元以上。

为有效应对企业目前资金紧张局面，最大限度降低资金短缺造成的不良影响，加强资金链安全保障，提升资金风险防范与化解能力，保证企业持续生产经营，经企业研究决定，特制定应对资金风险的具体措施，保证资金链安全。具体措施如下。

（一）加快资产周转，增加经营活动净现金流量

1. 争取各种形式的财政补助。积极与税务局沟通，争取将 2014 年土地使用税资金尽快返还到位，对 2015 年土地使用税 584 万元和房产税 42 万元予以适当减免，其他税种在依法合规前提下申请缓交或少交；积极配合集团公司申报各项材料，争取瓦斯抽采利用项目的财政补助资金 80 万元尽快到位；与兄弟社区合作，积极争取集团公司和当地政府的支持，解决瓦斯气源不足问题、附近村庄自来水问题，从而减轻企业负担。

2. 加快存货周转，增加现金流，减少流动负债。采取积极的销售政策。按时走访用户，随时掌控用户信息，合理调整各产品的销售走向，减少库存煤的资金占用，实现收入的最大化。细化 2016 年预算，合理安排生产计划，降低各种材料的库存水平，确定合理的库存，减少储备资金的占用。到年末将存货控制在预算范围之内。

3. 加强应收账款的清收，增加现金流入。对外承揽工程的收入，做到及时结算，杜绝应收账款的产生，完善包保责任体系，逐级落实责任；大力压

缩预付款项支出，提高资金运营效益。各项应收账款的清收与各单位及部门的党政正职工资挂钩，严格落实考核政策，确保无新增应收账款。

4. 盘活企业无效低效资产，合理配置资源，提高固定资产利用效率，使闲置的资产得到充分利用。做好企业的设备、房产和土地的清查工作，力争盘活闲置土地 13 宗、房产 8 处，增加资金收入 500 万元，并探索引进民营资本，以增强企业活力。

5. 加大对外创收力度。依托矿业工程公司平台，加大开拓、钻探、掘进、安拆队伍的输出，全年对外创收不低于 6 000 万元。目前，企业已与 Q 公司签订劳务输出合同，达成合作意向；与 C 公司签署开拓劳务输出协议，队伍已正式进驻 C 公司。

（二）加强提质降本，增加自身积累，提高经济效益

1. 健全发展战略。以实施"四自经营"为着力点，及时调整优化发展战略和工作思路，加强顶层设计，打破常规，制定实施改革体制机制、资本运作和资源开发等 12 项重大课题，逐步将企业引入多元化发展轨道。

2. 加强煤质管理，保证原煤和商品煤质量，立足煤层赋存条件和市场需求，加强原煤质量管理，推进"大精煤"战略，发挥洗煤生产能力，提高精煤回收率 1.5 个百分点。

3. 加强成本管控，努力降低各项成本费用。通过加大成本管控力度，量化基层单位成本考核指标，严格控制各类可控费用支出，在 2015 年大幅压缩的基础上，实行再压缩、再控制。加强物资管理，降低材料成本投入 10% 以上；强化用电管理，2016 年原煤电费再下降 10% 以上，年节约电费 100 万元；对四清泵房进行"躲峰排水"改造，年节省电费 83 万元；年度大修费用下降 8% 以上，管理费用压缩 10% 以上，其中招待费、差旅费、会议费压缩30% 以上。

4. 强化减人提效工作，加强用工管理，优化岗位工种设置，大幅压缩工资与劳务费，全面推进定员、定编、定额工作，推进部位化、一站式服务、机关机构整合等工作，鼓励员工离岗创业。Z 矿业公司人工成本比上年下降10% 以上。

5. 开展技术攻关工作。推广液压柔性掩护支架、大倾角悬移支架、采面出口支护新工艺，增强采掘工作面生产能力，实现减线减人。搞好煤炭资源开发，合理开采边角余煤，挖掘呆滞资源。通过大力推进技术创新，增加企业效益 500 万元。

6. 创新安全管理。建立以危险源辨识和风险评估为基础，以风险预控为核心，以不安全行为管控为重点的安全预控管理体系，强化主体责任落实，提高安全管理水平。

（三）严格资金管控，提高资金运营效益

1. 坚持量入为出、以收定支、保证重点、效益为先的原则，严格控制投资预算。

2. 资金实行刚性控制，加强预算管理，遵循先有预算后有支出的原则，严禁超预算或无预算安排支出。

3. 强化资金分类管控，适时启动资金预警机制，按照"工资—安全必需支出—社保—公积金—贷款利息—税金—电费"等顺序办理付款，并视资金状况由后向前酌量减付或停付资金。

4. 在保证简单生产的情形下，大幅压缩材料采购资金支出，同比降低 15% 以上；对集团公司批复的项目进行再压缩，杜绝装修装饰改造工程支出。

5. 及时统筹、调度企业资金，确保企业正常持续经营。若仍有资金缺口，及时向上级公司汇报严峻形势，申请资金支持。

Z 矿业公司在"自我救赎"中把财务风险作为五大风险中的重中之重，把应对资金带来的风险纳入企业日常最重要的管理工作。在具体措施上采取了近乎"冬眠"的经营方法，来维持企业低成本运转。如加快资产周转，加强提质，实现开源；加强降本，严格资金管控，实现节流。这为在生存线上苦苦挣扎的中小企业提供了较好的样板。

企业面临的风险各式各样，复杂多变，不会是静态的、一成不变的，会随着企业发展、业务拓展而变化。本章选取了 8 个有代表性的"点"，实现"多点开花"，让大家触类旁通。合同协议起草与审核，这是企业都会面

临的、遇到的，合同或协议是法律风险的核心构成要素。很多合同协议，内容繁缛，用词晦涩难懂，我们提出要"拨去迷雾"，抓住要点；企业"现金为王"，如何通过一张现金流量表来发现资金问题，防范财务风险，不仅是财务人员，而且是每一名风险管理者需要学与做的；成本管理决定企业的市场竞争优势，企业要想可持续发展，不仅要降低财务风险，还要降低市场风险；其他"点"如基本建设面临的财务风险，企业面临的税务风险，项目投资风险，企业关闭清算涉及的财务风险，还有去产能企业面临的"活着"的风险。这8个"点"有个共同点：不管是什么风险，最终都会带来财务风险。因此我们强调业财联动，将财务贯穿于企业内部各个环节，渗透到企业经营活动的各个层面和全过程，通过流程式的财务监督，业财联动，及时纠正经济活动中可能产生的各种风险。

第 4 章

"举一反三"，
分析案例防风险

4

以史为镜，可以知兴替。总结一些有代表性的经典风险案例，更能指导企业做好风险管理。经过认真筛选、修改完善、综合评定，从不同的风险角度，我们选取了 6 个具有较强代表性和较高警示价值的案例，供大家学习和交流。警钟长鸣，将风险防患于未然，希望企业能够借鉴案例所带来的启示，未雨绸缪，稳健经营。

4.1 永煤集团信用债违约事件　风险类型：财务风险

一、案例背景 [①]

永煤集团全称是永城煤电集团有限责任公司，是河南省国有大型煤炭企业，我国 500 强企业之一，全国工业重点行业效益十佳企业之一。产业涵盖煤炭开采洗选、金属矿业采选、煤化工、发供电、机制、铁路运输、轴承制造、矿建、商贸等。其控股股东为河南能源化工集团（持股占比 96.01%），后者为河南省国资委下属独资公司。集团核心业务是煤炭开采洗选。

2020 年 2 月 12 日，永煤集团发行 "20 永煤 SCP003"，发行总额为 10 亿元，利率为 4.39%，期限为 270 天。2020 年 11 月 10 日，永煤集团因未能按期兑付该超短融券到期应付本息，构成实质违约，涉及本息金额共 10.32 亿元。2020 年 11 月 11 至 13 日，由于永煤事件持续发酵，冲击投

---

① 据公开资讯整理。

资者信心，债券市场受到显著冲击。部分信用债一级市场取消发行，相关行业、相关省份的部分信用债出现暴跌，债市恐慌情绪爆发，部分产品赎回压力较大，波及利率债市场，资金面紧张，3 天内 10 年期国债收益率上行幅度达 4-5BP。

2020 年 11 月 21 日，金融委第四十三次会议提出，金融监管部门和地方政府要从大局出发，建立良好的地方金融生态和信用环境，秉持"零容忍"态度，严厉处罚各种"逃废债"行为，维护市场公平和秩序。2020 年 11 月 24 日，永煤集团兑付"20 永煤 SCP003" 50% 本金至主承销商监管账户。市场情绪有所缓和。

二、原因分析

通过对公开资料信息进行整理分析，直接原因主要有以下两点。

1. 非核心业务迟迟未剥离，吞噬利润，2018 年至今连续亏损。永煤集团核心业务为煤炭开采洗选，业务收入占比约 50%，贡献 90% 以上利润，近年来毛利率保持在约 40%，处于行业中上水平。但非煤业务盈利能力较弱，且一直未能剥离，其中化工业务近年毛利率快速下降，从 18.1% 降至 2.1%，拖累集团经营，受化工业务影响，永煤集团 2018 年归属于母公司所有者的净利润亏损 11 亿元，2019 年亏损扩大至 13 亿元，2020 年前三季度亏损 3.2 亿元。

2. 关联方占款严重。永煤集团的母公司河南能源化工集团是对外融资主体，截至 2019 年末，永煤集团关联方应收账款达 104.5 亿元，占全部其他应收款的 64.1%。账面资金余额大部分是受限资金，大部分已借至豫能化、关联化工企业等，刚发行的中期票据用于归还其他借款。从 2020 年 6、7 月已出现流动性资金紧张的风险，针对此次超短融券还本付息，集团采取了发债、出售股权、协调政府资金、股权质押等多种措施筹措资金，但无一落实到位导致最终违约。

间接原因主要有以下三点。

1. 违约事件超出市场预期。永煤集团账面资金充足，于 2020 年 10 月 20 日刚发行评级为 AAA 的 2020 年度第六期中期票据，募集资金用于偿还债务，在传统信用分析框架下，永煤集团应具备偿还能力，且永煤集团为河南省重点工业企业，市场普遍认为永煤集团应具备债务偿还能力。

2. 信用债市场风险事件主体多为拥有 AAA 评级的国有企业，打破市场对国有企业信用债的刚兑信仰。2020 年 10 月 23 日，华晨集团因未能按期兑付"17 华汽 05"本息，构成实质违约，加上此次永煤事件，短期已出现两次国有企业 AAA 债券违约。此外，近期还陆续出现部分国有企业信用债延期、技术性违约等风险事件。

3. 违约事件出现连锁负面反应。此次事件引发市场对国有企业逃废债的担忧。一方面从账面来看，资金余额应足够偿付此次 10 亿元短期融资券。2019 年末，永煤集团主要贷款银行的授信额度仍余 1 002 亿元；2020 年第三季度，永煤集团现金及现金等价物余额为 328.2 亿元；此外，2020 年 10 月下旬，公司刚发完"20 永煤 MTN006"。另一方面存在资产转移嫌疑。2020 年 11 月 2 日永煤集团公告，将优质核心资产与资不抵债煤化工资产一并无偿划出，令市场产生疑惑。

三、主要启示

1. **企业要重视战略风险，发展要聚焦主业。**永煤集团在巅峰时期即确定了多元化战略，向煤化工、钼矿、轴承等扩张，煤炭生产的经验对其他行业而言可借鉴程度有限，如此无异于二次创业，失败率极高。且其战略激进，在扩张中忽视煤化工产业自身发展规律，投资激进，模式陈旧，发展盲目。多元化战略本身无错，但实施难度极大，必然伴随着多元化风险，一味地求大，而不是做强主业会导致失败。

2. **企业要正确披露信息。**永煤控股 11 月 2 日公告称，公司持有的 5.06 亿股中原银行股权，无偿划转至河南机械装备集团有限公司，6.5 亿股划转至河南投资集团，另有四家子公司股权划转至河南能源化工集团化工新材料有限公司。安阳鑫龙煤业（集团）有限责任公司 38% 股权、鹤壁市福祥工贸有限公司 100% 股权、鹤壁市福兴工贸有限公司 100% 股权、鹤壁福源煤炭购销有限公司 100% 股权，则划转到永煤控股。但永煤控股在上述公告中称，划转已经完成，却未提及划转时间。第一财经记者查询国家企业信用信息系统及其他渠道，没有发现中原银行股权变更的工商登记，而中原银行也未就此披露，划转的具体时间无从得知。也正是这次划转，引发了市场逃废债的担忧，引起了恐慌。

3. 债务期限结构要合理。短贷长用，短期兑付压力大，导致现金流紧张。永煤集团流动负债逐年上升，截至 2020 年第三季度，流动负债占比72.9%。此外， 2015—2019 年短期有息负债占比由 20% 升至 36.5%，长期有息负债占比由 42.5% 降至 23.8%，有息债务整体占比稳定但结构恶化。伴随债券融资难度加大，公司短期兑付压力增加，2020 年、2021 年分别有 50亿元、80 亿元以上的债务偿还压力。

永煤集团后续债务偿还压力较大，而债券市场融资难度显著提高，债务到期如何解决仍是核心问题。当前永煤集团未偿债券规模达到 234.1 亿元，其中半年以内到期未偿债券规模达到 120 亿元。即使针对 2020 年 11 月 10日违约的超短融券付息及本金，后续债券偿还压力仍较大，对于债券市场仍存在潜在冲击。违约潮后信用融资难以回到前期水平，未来永煤集团融资环境会进一步恶化，债券发行难度加大，经营压力加大，形成负向循环，相关风险需警惕。同样作为大型煤炭产业集团的冀中能源集团，命运也非常类似，因多元化扩张，背上了沉重的债务包袱，但受累于 2020 年永煤控股债券违约一事，冀中能源集团目前无法顺利从债市获得融资，以至兑付压力骤增，一度出现"技术性违约"（技术原因导致的违约）。

4.2 海航集团破产重整的警示 风险类型：战略风险

一、案例背景[①]

2021 年 1 月 29 日，海航集团发布公告，称收到海南省高级人民法院发

————
① 据公开资讯整理。

出的《通知书》，相关债权人因集团不能清偿到期债务，申请人民法院对集团破产重整。集团将依法配合人民法院进行司法审查，积极推进债务处置工作，支持人民法院依法保护债权人合法权益，确保企业生产经营顺利进行。海南省高级人民法院 2021 年 2 月 10 日宣布依法裁定受理海航集团等七家公司破产重整之后，海航集团旗下航空主业核心平台海南航空控股股份有限公司也在 2021 年 2 月 18 日发布公告称，10 家子公司（新华航空、长安航空、山西航空、祥鹏航空、乌鲁木齐航空、福州航空、北部湾航空、科航投资、海航技术、福顺投资）已被人民法院裁定受理重整。据海南省高级人民法院 2021 年 3 月 3 日发布的编号为（2021）琼破 1 号～（2021）琼破 7 号共七份公告显示，海航集团一共将有 325 家公司共同进入破产重整程序。

　　海航系上市公司 *ST 海航、*ST 基础、*ST 海创于 2021 年 4 月 29 日晚发布 2020 年年度报告。*ST 海航（600221）年报显示，2020 年公司实现营业收入 294.01 亿元，同比下滑 21.61%。其中，运输收入 264.89 亿元，同比下降 61.62%，辅营收入 29.12 亿元，同比下降 13.83%；归属于母公司所有者的净利润亏损 640.03 亿元，同比下滑 12 431.16%，创造了 A 股有史以来最大的年度亏损新纪录；基本每股收益 –3.834 元 / 股，同比下滑 64 000%。*ST 基础（600515）年报显示，2020 年公司实现营业收入 63.15 亿元，同比下滑 45.23%；归属于母公司所有者的净利润亏损 77.37 亿元，同比下滑 410.63%；归属于母公司所有者的扣非净利润亏损 86.37 亿元，同比下滑 727.88%；基本每股收益 –1.979 9 元 / 股，同比下滑 410.63%。*ST 海创（600555）年报显示，2020 年公司实现营业收入 1 250.59 万元，同比下滑 17.40%；归属于母公司所有者的净利润亏损 2.06 亿元，归属于母公司所有者的扣非净利润亏损 3.18 亿元；基本每股收益 –0.16 元 / 股。

　　2021 年 3 月 30 日，已经进入破产重整的 *ST 海航发布公告，披露破产重整的进展。截至第一季度，已有 1 513 家债权人向管理人申报海航控股的债权，申报金额共计人民币 2 016.38 亿元。同时，另外两家进入破产重整的海航系上市公司 *ST 基础和 *ST 海创也披露了最新的债权申报情况，三家上市公司的债权申报总额已达 3 989 亿元。

企查查平台显示，海航集团自身风险高达 2 223 项，其中包括被限制高消费 7 项、失信被执行信息 4 项、被执行信息 63 项、被起诉和人民法院开庭公告 920 项、股权冻结和股权出质 211 项等。这意味着海航集团凭借"自救"难以走出困境，只能寻求外界救援，而破产重整的新生之路，能否上演"涅槃重生"尚待时日。

据海航集团官方网站介绍，海航自 1993 年创业至今，经历 28 年的发展，从单一的地方航空运输企业发展成为跨国企业集团。海航集团以航空运输主业为核心，致力于打造中华民族的航空品牌。海航集团旗下有参控股航空公司 14 家，参与管理机场 13 家，机队规模近 900 架；开通国内外航线约 2 000 条，通航城市 200 余个，年旅客运输量逾 1.2 亿人次；旗下海南航空连续 10 年获评 SKYTRAX 全球五星航空公司；旗下海口美兰国际机场为全球第 8 家、国内首家（除港澳台地区）SKYTRAX 五星级机场。

二、原因分析

据海航集团官方消息称，自 2017 年末爆发流动性风险以来，在各方支持下，海航集团积极开展"自救"，但未能彻底化解风险。受 2020 年新冠肺炎疫情的叠加影响，流动性风险有加剧趋势。2020 年因疫情服务业无疑受影响最大，而航空运输业又是其中受冲击非常严重的行业之一。据交通运输部数据，新冠肺炎疫情期间民航客流量不足高峰时期的十分之一，以 2020 年 2 月 10 日为例，单日旅客运输仅 20.92 万人次，比 2019 年春运同期减少 89%；客座率仅 39.45%，比去年同期减少 49.34 个百分点，单日旅客量和客座率均创近十年来春运期间新低。行业运输量呈现断崖式下跌，导致中型航空公司每天亏损达到"千万级"，大型航空公司每天亏损更是达到"亿级"。这是导致海航集团破产的直接原因。

但纵观海航集团发展史，导致海航集团陷入危机的原因还有以下三点。

1. 举债扩张没有形成高质量发展。十多年的快速并购之下，海航集团的资产规模快速扩张，营业收入规模也因新资产的纳入而不断增长。体量急剧膨胀，但投后管理跟不上，或者只有投，没有管，导致大规模并购活动并没有给企业带来业绩上的提高。从盈利能力上来看，由于各业务板块的协同效应没有真正发挥，毛利率和净利率出现了明显的下滑。随着业务版图的扩张，航空运输主业的占比不断下滑，海航科技2017年前在集团营业收入中的占比已经高达50%，但毛利率却维持在低位，难以为海航集团贡献较高的利润。

2. 高负债经营已经埋下了"地雷"。海航集团举债扩张，面临巨额偿债压力，每年还需支付巨额的财务费用，如2017年海航集团财务费用支出共288.74亿元，净利润却只有81.27亿元，可见债务负担之重。在2017年前后去杠杆加快的背景下，海航集团融资成本和融资难度不断加大，债务压力进一步凸显。

3. 资产受限严重。2017年6月，随着银保监会要求各家银行排查对海航集团等多家企业的授信情况，海航集团的大规模扩张也开始宣告终结。海航集团旗下多家子公司股权被冻结，融资渠道进一步收窄。一方面由于为获取借款抵押，另一方面由于2018年后供销大集、海航基础等子公司因纠纷股权遭遇冻结，资产受限程度进一步加大。2018年海航集团受限货币资金规模高达490亿元，占货币资金总额的50%左右。在大量资产受限的背景下，海航集团的流动性压力进一步加剧，债务兑付能力下降。

三、主要启示

海航集团作为曾经的世界500强企业，这次却被新冠肺炎疫情打垮了，让人惋惜也让人痛惜。用扁鹊治病的逻辑，海航集团已经病入脊髓，疫情只是"最后一根稻草"。企业自身缺乏竞争力、管理不善等"基础疾病"，就很难经受住此次疫情的严峻考验。从海航集团事件中也可以看出，多元化既有可能规避风险，也有可能制造风险。多元化需要适度，要注意保证企业整体负债水平和现金流状况健康合理。目前很多企业的发展还是靠"买"和"卖"，还是那句话，"没有金刚钻，别揽瓷器活"，没有超强的管理能力，多元化经营往往弊大于利。未来海航集团的发展不可知，可能会重新站起来，也可能会停滞不前，但其他企业要引以为戒。

4.3 四川长虹形成巨额坏账　风险类型：财务风险

一、案例背景 [①]

四川长虹是 1988 年 6 月由国营长虹机器厂独家发起并控股成立的股份制试点企业；同年 7 月经中国人民银行绵阳市分行批准向社会公开发行普通股 360 万元。1994 年 3 月 11 日，四川长虹在上海 A 股上市，每股发行价为 1 元，但上市首日开盘价达到 16.80 元，收盘价为 19.69 元。作为国家"一五"期间的 156 项重点工程之一，长虹的净资产从 3 950 万元迅猛扩张到 13 亿元，曾为"中国彩电大王"，"长虹"品牌也成为全国性商标。

2001 年起，为实现长虹的海外战略、提高销售额，重掌大权的倪润峰迫不及待地想打开美国市场。在数度赴美考察之后，长虹与当时在美国市场有一定影响力的 APEX 公司接上了头，这家公司的掌舵人正是季龙粉，此人因拖欠国内数家电器公司的货款早已声名狼藉。但是从 2001 年 7 月开始，一车车的长虹彩电便源源不断地发向美国，由 APEX 公司在美国直接提货。2002 年，长虹的出口额达 7.6 亿美元，其中 APEX 公司就占了将近 7 亿美元；2003 年长虹出口额达 8 亿美元左右，APEX 公司占 6 亿美元。APEX 公司占据了长虹出口总额相当大的比重。长虹内部为此专门成立了 APEX 项目组，同时在美国设立了一个联络点，但是这个联络点不负责 APEX 项目的监管。货物发出后，季龙粉却总是以质量问题或货未收到为借口，拒付或拖欠货款。长虹一方面提出对账要求，另一方面却继续发货，APEX 方面总是故意搪塞或少量付款，对账没有结果，欠款却在继续增加。长虹海外营销部发现这其中的风险太大，曾下令不准发货，但是季龙粉总能说服长虹继续发货。于是在失去一次又一次"悬崖勒马"的机会后，造成积重难返的困局。APEX 公司对长虹欠款积聚高达 40 亿元，为甩掉这个沉重的负担，长虹不得不对其欠款计提巨额坏账准备。

---

① 据公开资讯整理。

二、原因分析

深入分析"长虹事件"发展过程，以下原因不可忽视。

第一，应收账款信用政策制定疏漏。信用政策的制定如同赊销经营这座"大厦"的"地基"建造。地基的牢固与否直接关系到上层建筑的稳固与否，信用政策制定的好坏直接关系应收账款回收的效果好坏，从而影响企业资产的优良。因此，只有建立严密稳固的信用基础才能在赊销经营时无后顾之忧。然而，在"长虹事件"中，四川长虹对与 APEX 公司的销售贸易所制定的信用政策可谓不严不牢。因为按照合同规定，接货 90 天内 APEX 公司就应该付款，否则长虹方面就有权拒绝发货，而之后奇怪的是当季龙粉以质量不好或者货物未收到为借口，拒付或拖欠货款时，长虹方面却置合同规定的付款期限于不顾，对季龙粉一再纵容继续发货。在没有严格的信用期间限制的条件下就很难保证能按时收回货款。客户信用差也是造成企业应收账款风险的主要原因。APEX 公司掌舵人季龙粉当时已经声名狼藉，无任何信用可言，但是长虹为了扩大出口，忽视了对进口方资信的调查坚持与之合作。长虹表示，APEX 公司最初尚能支付货款，但很快该公司便无法履行其付款承诺。2003 年 APEX 公司向长虹签发了 37 张支票，总价值为 7 000 万美元。中国银行曾多次与 APEX 公司的业务往来银行联系，要求兑换这些支票，但均遭拒绝。在这样漏洞百出的信用基础下，这座赊销的危楼怎能不轰然倒塌呢？若长虹能提前打牢这个"地基"，对客户的信用情况进行合理规范的考核评估又怎么会造成今天的局面呢？

第二，决策机制不科学不民主。"人治色彩"一直都是企业治理中的一大弊端。也存在很多"一股独大""一人说了算"的决策方式，这也是企业内外部监督不能有效实施，企业监督部门形同虚设、流于形式的一个重要影响因素。长虹的海外营销部曾下令不准发货。2003 年底，长虹曾专门派出高管与 APEX 交涉公司，但季龙粉撇下这些到美国的高管，与长虹高层会晤，结果 2004 年初长虹又发了 3 000 多万美元的货给季龙粉。在这样的高层独裁、领导有意不作为的体制下，内部监督部门也只能依附于高层而无从履行监督职责。没有有效的监管体制无疑给奸商转移国有资产亮了畅通无阻的绿灯，大大增加了经营决策的风险。

第三，转移控制风险措施不到位。国际保理业务是一项综合性的融资服务，它提供 100% 的出口信用风险担保，海外进口商的资信评估等服务能够有效转移企业在进出口交易中的收款风险。据调查，四川长虹与 APEX 公司的交易中原本有极其严密的保理流程安排。在二者的交易中，凡是赊销均走保理程序。APEX 公司、四川长虹、保理商三家签订合同后，保理商会通知零售商不得向 APEX 公司直接支付货款，而是把货款交给保理商，由保理商按照 10% 和 90% 的比例在 APEX 公司和四川长虹之间分配。然而，四川长虹却并没有严格按照这一过程进行交易，很多业务都没有经过保理商，以致在货款无法收回的情况下，保理商也不承担相应责任。不经过保理商的业务自然无法有效转移收款风险。

第四，对于销售、财务人员无相应激励机制。在有些企业中，为了调动销售人员的积极性，只将工资报酬与销售任务相挂钩，而忽略了产生坏账的可能性，没有将应收账款的回收纳入相关的考核体系中。因此销售人员为了个人利益，只关心销售任务的完成，而对于销售款项是否能够收回、何时能收回漠不关心，导致应收账款大幅上升。而对这部分应收账款，企业并没有采取有效措施要求财务部门或者经销人员全权负责追款，使得应收账款大量沉积，给企业经营造成了沉重负担，影响企业的前进。对于 APEX 公司巨额欠款的追讨，长虹内部并没有及时采取措施追讨。在美国设立的联络点也只能负责接待，这样一个内外部相脱节的机构设置，无从谈起对欠款的追讨采取强力措施。

第五，信用管理系统缺失，与国外企业交易风险大。我国的信用服务业发展缓慢，我国企业海外经营危险重重、险象环生。一方面，信用中介服务机构发展不健全，信用信息的搜集、整理和利用非常不规范，使出口企业对信用信息的检索和获取存在很多障碍，无法获取全面、准确、真实的海外企业资信信息。另一方面，企业对信用风险管理工作不到位，缺乏有关信用管理的立法，缺乏常设性的风险管理综合协调机构和信息资源共享的有效途径。监管部门每月为高层做的企业快报已经将长虹财务问题以数据的方式展现出来，按照常理，这应当引起注意，如果有关部门建立了规范的风险防范机制，采取有效的应收账款风险防范措施，就不会造成今天的后果。

三、主要启示

"长虹事件"又一次敲响了我国企业在赊销经营道路上的警钟：实施赊销经营战略既不能盲目只为扩大销售，也要防止应收账款沉积。具体应采取以下措施。

第一，严格信用政策制定，设置收款止损点。要制定严格的信用政策，为企业发展构筑坚实的根基。一是强化信用管理和对客户的资信管理。出口企业要建立完善的信用风险管理体制。对于客户必须事先得到它的信用报告，包括自己整理调查的资料。二是设立对进口商允许赊销额度和期限的止损点。超过此指标的交易就不再继续，以降低企业赊销造成的损失。赊销额度止损点还必须定期进行审核修订，以适应不断发展的新情况。三是加强对应收账款的管理。企业必须根据已掌握的客户信用资料，对应收账款的回收情况通过账龄分析法和间接调查法实施监督，了解客户付款的及时程度、已到期账款的增减情况等，以便及时发现问题，采取措施，并据此衡量企业的信用政策是否调整。对坏账应做到严格审核，积极催收，把损失降到最低限度，并用事先提取的坏账准备予以冲抵，避免因坏账引起利润下降。

第二，实行集体决策体制，督促领导有所为。一方面应采用集体决策，理顺内政。企业的重大决策，要在深入调查研究、广泛听取意见、进行充分论证的基础上，由董事会或股东代表大会讨论决定，未经董事会或股东代表大会集体讨论决定的，个人不得擅自做出重大决策。同时，还要要求每个参与决策的人员对企业的重大决策进行签字盖章，集体分担决策责任，以降低个人决策的风险，对企业"一人说了算"的现象进行有效的遏制。另一方面要建立风险预警机制。企业必须建立或指定财务风险管理专门机构，具体负责风险政策的制定和监督管理，定期检查风险程度，站在"对立面"提醒督促决策者。企业实施跨国经营一定要将风险预警体系设立到贸易一线，在贸易对象国或地区设立由我国企业外派人员与熟悉当地情况的本地人员组成的办事处。

第三，借助风险转移方式规避信用风险。一是采用国际保理业务。在出现收款困难时把风险转移给保理商，降低企业的损失。二是利用债权担保。企业在签订赊销合同时可选择有名望的大企业作为担保人，三方签订等额的担保合同。这样一旦债务人违约，债权人可根据合同规定向担保人索赔，或通过抵押物、质押物、留置物受偿或利用债权担保将信用风险转移给银行或其他企业。三是使用出口信用保险。出口企业投保出口信用保险可以变不确定的大额坏账损失为确定的可计入成本的保险费开支。企业投保后通过与信保公司的合作，可以获得从卖方调查、出运登陆、风险监控等一整套服务，当企业遇到其承保负责范围内的损失时，可及时获得经济赔偿。

第四，收账人员收入与款项收回共进退。企业在努力做大市场这个"蛋糕"的同时，也要记得分一杯羹给真金白银的收账人员。他们的努力对"蛋糕"的完成有不可忽视的作用。所以，应在企业内部建立清账奖励制度，讨回的老账按回收金额的一定比例提取奖金，对收账人员予以奖励。这样不仅能提高收账人员的工作积极性，还能尽量减少应收账款的额度。同时，应对业务部门实行销收一体化，从销货到收款的整个业务流程具体落实到有关部门和人员，以保证资金按时按量回笼。一旦发生债务纠纷，应认真分析原因，按现行法律和行政制度寻找合理的解决方法。

第五，建立企业信用名单。企业要设立风险管理综合协调机构，增强风险意识，及时应对可能出现的风险。同时，应建立完善的客户档案。客户档案应包括以下内容：客户基本资料与信用资料、赊销合同、以往交易记录、相关评价等。管理部门依靠完整的客户资料和跟踪客户的信用状况，确定客户的信用额度，建立完备的国内外企业信用信息库，以便于国内企业在与外国企业进行合作时能及时了解其真实的信用状况。对于有不良记录的国外企业，管理部门可制定"黑名单"，防止更多企业受害。

第六，完善企业考核目标。在一个只注重经济利润的环境下，如果一个股东拥有战略决定权，但对于资源的投入和回报的时间性没有正确的期望值，就会纵容和潜意识地引导管理者具有"短期利益最大化"的价值取向，从而危及企业长远利益。所以为避免企业采用因追求短期业绩而损害长远利益的"利益折现"经营模式，政府考核企业经营应综合考虑其商业和非商业因素，促进企业由销售导向型向研发导向型转变。建立以企业成长性为核心的评价体系，不能仅依据企业的现金净流量及其他财务指标进行考核，还要综合考虑评价企业的财务风险控制水平、可持续发展能力、内部控制水平以及对社会和对环境的影响等，建立一种全方位、立体化的评价模式，使企业领导能综合考虑企业的长期可持续发展性。

4.4　D 电厂投产之日即亏损之日　风险类型：市场风险、运营风险

一、案例背景

D 电厂 2009 年 4 月进入商业运行，有装机容量为 2×150 兆瓦抽凝汽轮发电机组，配 2 台 490 吨超高压循环流化床锅炉。初步设计年发电量为 14.85 亿千瓦·时，供热量为 290 万百万千焦。受主客观因素的影响，自投产以来一直处于亏损经营状态。2012 年 4 月至 5 月，经审计部对 D 电厂 2011 年度经济效益完成情况审计，报告 D 电厂截至 2012 年 3 月实际已累计亏损 34 166 万元。

二、原因分析

D 电厂自投产以来，连年亏损，究其原因，一方面受国家宏观经济政策和资本结构不合理的双重影响，始终面临电价偏低、燃煤成本偏高和利息负担沉重的巨大压力；另一方面也存在管理相对粗放、设备长期达不到稳定经济运行、"非停事故"过多、用电率高等主观因素。

（一）客观上存在电价较低、供热市场范围受限、财务费用偏高等难以控制因素

1. 受国家宏观政策影响，市场电价较低。从国家电力行业整体来看，

"市场煤、计划电"的体制性格局使电力企业难以承受煤价频繁上涨和电价调整滞后造成的刚性成本增加，火电行业普遍严重亏损，2011 年全国火电行业在年底电价上调后仍有 70% 亏损。D 电厂面临同样的困局，2011 年 D 电厂电力平均单位售价为 0.337 3 元／千瓦·时，而实际单位成本在 0.35 元／千瓦·时以上，单位售价难以弥补单位成本，其中主要原料动力煤价格执行大用户市场价。

自 2009 年投产至 2011 年，上网电价（调价前）一直维持在 0.37 元／千瓦·时（现执行 0.42 元／千瓦·时，含脱硫电价 0.015 元／千瓦·时，电价上调 14%），而电煤价格却在不断上涨，由投产时煤价 0.067 3 元／大卡（1 大卡 ≈ 4185.8 焦耳），涨到目前的 0.088 88 元／大卡，煤价上涨 32%。因此，虽然 2011 年调整电价后火力发电企业经营形势有所好转，但电力企业经营困难的状况已经持续三四年，煤电倒挂依然十分严重且短期内难以改变。

2. 产品单一，增收扭亏受到市场限制。D 电厂主要产品是电力和热力，发电受华北电网上网负荷限制，在 D 电厂投产运行这几年，由于受国家宏观经济政策影响，高耗能用电减少，机组发电负荷较低；同时还受华北电网"两个细则"考核，发电量最多不超过 18 亿千瓦·时，依靠电量增长缓解经营压力的空间有限。供热同样也受市场条件的限制，一方面是原设计对当地不锈钢厂供热，而现在其自产自用导致需求减少；另一方面是虽然当地供热小区随着地方规划逐步增加，但仅在冬季取暖期供热，导致目前公司工业供热市场不足，热电联产优势难以发挥。2011 年全年供热量为 169 万百万千焦，仅为设计值 290 万百万千焦的 58%。

3. 资本结构中借款比例较大，财务费用负担较重。项目投资中贷款比重较高，造成利息费用居高不下。D 电厂工程总投资 16.14 亿元，而资本金仅为 4.05 亿元，其余全部靠银行贷款。由于投产后连年亏损，又要还本付息，目前已向母公司内部借款 3.45 亿元，截止到 2012 年末，D 电厂借款余额共计 13 亿元，实际资产负债率已高达 90% 左右，濒临资不抵债、破产的窘境，现金流量依赖新增母公司内部借款维持平衡。此外借款规模的不断增加和利率的多次上调，造成财务费用几年来持续增加，财务费用由 2010 年的 7 533 万元升至 2012 年的 9 199 万元。高额的还本付息支出使 D 电厂处于资金断链的困境中，截至目前已累计归还贷款本息达 6.8 亿元，还本付息的巨大压力也造成设备的技术改造资金投入不足，导致生产事故率偏高，影响生产发展后劲及发电的经济效益，这对于当前本处于亏损经营状态的 D 电厂来说，压力巨大。

（二）生产经营中管理相对粗放、设备长期达不到稳定经济运行、"非停事故"过多、用电率高

面对较先进的循环流化床锅炉等设备，尤其在运行初期，由于管理、技术、操作人员从经营管理、生产运行上均缺乏大中型机组并网发电的经验，生产运行不够稳定，技术经济指标有待改善提高。在技术管理、生产组织和现场管理上相对比较粗放，造成设备的现场管理和超前维护等工作不到位，导致机组"非停事故"次数较多。管理的不到位及设备调控技术的不成熟，造成机组负荷没有达到最佳经济点，表现在煤耗高及用电率偏高。目前 D 电厂发电标煤耗及用电率与同类型电厂先进指标比较仍偏高，这些直接造成收入减少，成本增加，亏损额居高不下。

三、主要启示

D 电厂主要问题是"顶层设计"出了问题，对国家宏观经济的研究、电力行业的研究、电力市场的研究不到位，资本结构安排不合理，再加投后的生产管理跟不上，投产之后不达预期是必然。前面提到过，前国务院国资委主任李荣融在《遵循规律办企业》一书讲过，项目投资设计出了问题，靠后期是很难弥补损失的。本案例虽然只讲到 D 电厂 2012 年 3 月的经济效益，据了解，直至今日，D 电厂仍在持续亏损。

4.5 一张银行承兑汇票遗失带来的风险　风险类型: 法律风险

一、案例背景

2012 年 5 月，某集团公司财务部财务科在例行出具银行承兑汇票到期托收稽核表时，发现一张已到期的银行承兑汇票仍未托收到账。该票据信息为：票面金额 120 万元，出票日期 2011 年 11 月 16 日，到期日 2012 年 5 月 16 日。票据来源是集团所属销售公司 2012 年 3 月 6 日收取的 A 钢铁公司煤款。出票人：L 建设集团股份有限公司。付款行：J 银行浙江支行。

负责票据托收的财务人员立即查找托收凭证，托收凭证记载该票于 2012 年 5 月 8 日委托 Z 行新华支行托收，该行出具了银行正式托收凭证。票据管理人员立即联系该行客户经理与柜台管理人员，追查票据现存情况。经查，Z 行新华支行于 2012 年 5 月 9 日通过特快专递将该银行承兑汇票发往付款行 J 银行浙江支行，5 月 11 日被付款行以其中一手背书章不清晰为理由退回。Z 行新华支行柜台人员说未收到该票据。

在集团公司财务部一再追问下，Z 行新华支行承认票据确实无法找到。原因是通过进一步调查，J 银行浙江支行在退票时，以挂号信方式邮寄，2012 年 5 月 17 日因 Z 行新华支行疏忽，由当值保安签收，因一般票据退回是以 EMS 或其他快递寄出的，未引起重视，又正值该行内部搬迁，由于保管不善遗失。

2012 年 6 月 12 日，Z 行新华支行给该集团公司出具票据遗失的详细经过说明与承诺，表示将积极协助集团公司办理相关挂失手续并承担应负责任。

二、应对措施

2012 年 6 月 13 日，集团公司财务部召开紧急会议，并将相关情况通报法律事务部。根据事实，财务部、法律事务部起草了《关于对一张 120 万元银行承兑汇票办理挂失止付并公示催告的请示》并上报集团公司领导，并立即飞赴浙江，到当地承付行办理挂失止付手续，到当地人民法院办理公示催告手续。

经提前联系当地人民法院，要求提供集团公司为最后一手持票人的书面证据、集团公司营业执照、法定代表人身份证、授权书等相关证件。财务部立即联系所属销售公司，要求提供票据来源的相关证明：与钢铁公司签订的煤款销售合同、增值税专用发票以及前手开具的背书转让银行承兑汇票的证明原件。

三、资金追回到账

经财务部、法律事务部、销售公司收集相关证据后，2012 年 6 月 23 日，财务部工作人员和 Z 行新华支行客户经理飞赴浙江，到 J 银行浙江支行和当地人民法院分别办理挂失止付和公示催告手续。

经过 2 个月的法定公示，2012 年 8 月 28 日，浙江当地人民法院做出除权判决并送达出票行。2012 年 8 月 30 日，J 银行浙江支行将 120 万元资金安全打到集团公司账户。

四、该案例涉及的相关法律规定

根据《中华人民共和国票据法》规定：公示催告程序，是指按照规定可以背书转让的票据在被盗、遗失或者灭失的情况下，人民法院根据票据持有人的申请，以公示的方法，告知并催促不明确的利害关系人在一定期限内申报权利，到期无人申报权利的，依法做出除权判决的法律程序。

可以背书转让的票据被盗、遗失或者灭失，可以申请公示催告。公示催告期间由人民法院根据实际情况决定，不得少于六十日。公示催告期间，转让票据权利的行为无效。利害关系人应当在公示催告期间向人民法院申报。人民法院收到利害关系人的申报后，裁定终结公示催告程序。公示催告期间没有人申报的，人民法院做出判决，宣告票据无效。自判决公告之日起，申请人有权向支付人请求支付。

（一）公示催告的申请

各单位持有的票据遗失或者灭失时，应立即向支付行申请挂失止付，要求支付人停止支付，并向票据支付地基层人民法院申请公示催告。向人民法院申请公示催告，应提交以下材料：

1. 公示催告申请书，写明票面金额、出票人、持票人、背书人等票据基本内容和申请的事实理由等；

2. 申请人是最后持票人的证明；

3. 企业法定代表人（负责人）身份证明；

4. 企业法人营业执照或营业执照复印件；

5. 授权委托书；

6. 票据存根、票据背书粘单复印件（如有）；

7. 人民法院要求提供的其他资料。

公示催告期间，利害关系人向人民法院申报权利，人民法院裁定终结公示催告程序的，申请人应当根据实际情况通过协商、仲裁、诉讼等方式解决。涉嫌刑事犯罪的，应及时向公安机关报案。

公示催告期间，没有人申报权利的，人民法院做出判决，宣告票据无效的，申请人应立即向支付人请求支付。

（二）票据权利的申报

1. 各单位持有的票据被他人申请公示催告的，应当立即与前手背书人、支付人、受案人民法院等取得联系，获取相关信息，并在公示催告期内向受案人民法院申报权利。

2. 公示催告期间，不得进行背书转让。

3. 向人民法院申报票据权利，应提交以下材料：票据权利申报书，写明申报权利的事实、理由和请求；企业法人营业执照或营业执照复印件；企业法定代表人（负责人）身份证明；授权委托书；票据存根、票据背书粘单复印件；人民法院要求提供的其他资料。

4. 人民法院裁定终结公示催告程序后，应当对该票据可能存在的风险进行评估，根据实际情况选择承兑、协商、仲裁、诉讼等方式处理。涉嫌刑事犯罪的，应及时向公安机关报案。

5. 公示催告期内未申报权利，致使人民法院做出除权判决，宣告票据无效的，应当及时通过协商、仲裁、诉讼等方式解决。涉嫌刑事犯罪的，及时向公安机关报案。

五、该事件带来的风险提示

（一）票据来源必须合法

在进行挂失止付的过程中，人民法院要求提供反映持票人权利的真实性文件，其中包括签署的销售合同、税票和前手证明。如果该票据来源不合法，或是从个人、黑市购入的票据，则一旦票据遗失，将无法按法定程序挂失，出现资金无法追回的风险。

（二）收取票据要认真审核

收取银行承兑汇票时应重点审查以下几个方面。

一是关注票据期限。银行承兑汇票签发期限最长为6个月，不能收取签发期限超过6个月的银行承兑汇票。如果收到票据的时间晚于票据到期日，不得收取。票据签发日期、每手背书日期的先后顺序不能颠倒。

二是印章要规范。印章应加盖在规定的位置。票据需续粘单时，应在粘缝处加盖骑缝印章，加盖骑缝印章时不能偏离，骑缝两侧都应有印章文字；同一单位或其他单位的大、小印章之间彼此应分离，不能粘连；加盖的印章要清楚，不能模糊、出现重影或不完整；印章为银行预留印鉴章，如单位公章或单位财务章，小章为法定代表人或财务负责人章。

三是背书要连续。票面收款人（第一收款人）与票据第一背书人（票据背面第一印章）应当一致，如不符则背书不连续，不能收取。票据后一印章应与前手（前一格）上方"被背书人"处的书写文字或加盖的条形印章一致，如不符则背书不连续，不能收取。除因票据背书空间问题需续粘单外，前后印章不能一致，否则属于自己背书给自己（不允许）。因票据背书空间问题需续粘单时，应在粘缝处加盖骑缝印章，并在后续的粘单上加盖同一印章。如骑缝印章与后续粘单加盖的印章不一致则背书不连续，不能收取。因票据背书空间问题需续粘单时，在粘缝处不能有其他加盖印章的痕迹。"被背书人"处书写的单位（或加盖的条形印章）不能重复或同时有两个单位，否则背书违背常理或不规范，不能收取。"被背书人"处文字必须使用碳素墨水笔书写，字迹清楚，不能有刮、擦、涂、挖、改、抹、补、加等情况。所续粘单格式与票据背面格式要一致，目前为两格的格式。

四是票据外观要整洁，不能有油渍、水渍、污渍、磨损或缺损等。

收取票据时认真审核能有效避免票据被承兑行频繁退回，避免后续问题的发生。

（三）要由专人负责票据保管

对有价证券、票据的保管必须由专人负责。对退回票据的接收应该由专人负责，不能由保安、值班室人员代为保管，防止票据丢失。本案例中，Z行新华支行保安人员接收重要邮件，反映出Z行新华支行管理出现混乱，没有分清保管责任，造成票据遗失。

（四）要及时办理票据公示催告

票据遗失后，持票单位要立即采取补救措施。如果不及时办理挂失止付手续，票据被不法分子持有后，有可能变成"伪造票"或"克隆票"，造成再次背书流转或资金流失，带来不必要的风险。

（五）要加强日常票据管理

一是要加强到期托收票据的风险管理。建立到期托收票据的稽核制度，按月统计到期托收票据明细表，对超过票据托收日期的票据要及时查明资金未到账原因并落实票据状态。二是要加强对在保管票据的日常监管，要通过网络、银行查询等手段查询票据状态，了解是否有被挂失或已公示催告的风险；有条件的单位可以委托银行建立"票据池"，与银行签订相关合同委托银行打包办理相关查询业务。三是要严格执行公司承兑汇票管理暂行办法相关规定，不得获取来源不明的票据和到个人处办理贴现，避免资金风险。四是要做好危机应对与处理。对可能或已经出现损失的票据，要按照法律法规，做好法律维权工作，同时按照公司法律纠纷案件管理暂行办法及时向法律事务部、财务部上报案件。

（六）要加强普法学习

随着市场的变化，票据纠纷呈增多趋势，因票据引发的案件往往金额较大，且形式多样。因此，就必须要求各级财务人员进一步增强法律意识，学习相关法律知识，正确运用法律武器保护合法权益，避免出现因不懂法而给企业带来不必要损失的情况。

六、主要启示

这个案例金额、事件影响并不大，但企业及时应对、挽回损失的做法是值得总结和思考的。虽然这是个偶发性事件，但只要风险管控到位了，它就是不可能发生的事件。该集团公司还发生过通过追索解决挂失票据款项，挽回损失的事情。事情经过比较简单，一张银行承兑汇票，中间一持票人采取不正当手段获取该张汇票的票据权利，并以正常途径作为货款结算导致了一系列的承兑汇票纠纷。为此，该集团公司加强了票据风险管理，比如，定期排查银行承兑汇票挂失风险。公司承兑汇票挂失只能通过人民法院办理，查询票据是否被挂失，可以登录"中国法院网"，输入票号查询，如果该票据已经被挂失，则可以通过查询了解，避免票据支付后造成更大的影响和损失。自己查询的同时，委托银行在收票前进行查询查复、在持票期间利用银行的票据系统定期查询。加强银行承兑汇票票面检查，仔细核查票据出票日期、出票人、收款人、到期日及企业预留印鉴、银行汇票专用章等基本信息。加强票据防伪检查，检查票据纸张、油墨、印刷等内容，积累票据真假辨别的实践经验，依据票面纸张的荧光反应、油墨的荧光渗透性、字体打印凹凸感及打印隔色等防伪信息对票面进行检查。公司承兑汇票票面防伪更多依靠财务人员的经验和知识，因此不断提升财务人员辨别票据真伪的能力尤为重要。加强公司承兑汇票信用风险防范，对公司承兑汇票签发银行进行关注和审核，以预防到期不能承兑的风险。

财务风险警钟长鸣，防范财务风险不仅能够有力地维护企业资金安全，也能从根本上提升企业经营管理水平。千里之堤，溃于蚁穴，每一个细微的风险点都有可能给企业造成不可挽回的损失。我们要不断深挖内潜，切实提升风险防范意识,力争将风险发生的可能性降至最低,充分发挥财务管理职能,为企业转型发展保驾护航。

上面选取的六个案例各具特点,可以用风险图谱来描述。永煤集团信用债违约事件属于红色区域,发生可能性大,影响程度也大,选择了降低风险:采取各种控制技术和方法来减少风险事故发生后的不利影响和损失,即积极与各方协商妥善的债务解决方法,努力达成债务延期或和解方案,公司将努力通过外部融资、资产处置、压缩开支以及寻求外部多方支持等措施全力筹措偿还资金。海航集团破产重整事件属于红色区域,发生可能性大,影响程度也大,同样也选择了降低风险:接受破产重整,借助政府的力量,最大限度地保障债权人的利益。四川长虹巨额坏账事件同样也属于红色区域,在风险策略上做了一些努力,2005 年换了董事长后,加快了追讨的步伐,下决心与季龙粉决裂;季龙粉以涉嫌票据诈骗的名义被四川省公安厅经侦总队请回了成都,后续不得而知。D 电厂投产即亏损事件属于红色区域,风险应对策略围绕降低风险积极开展,比如开展提质降本增效工作,强化生产管理工作等,但也很难扭转亏损之困局。一张银行承兑汇票遗失的事件属于绿色区域,风险应对策略选择了规避风险,积极努力,挽回损失。

延伸阅读

任正非:财经合规服务于业务　有法律风险不能一概说 No[①]

任正非在伦敦的全球财务风险控制中心听取贸易合规和金融合规汇报的讲话,主要风险观点如下。

1. 风险管理要贴近项目,而不是贴近大规则。风险管理者要懂规则,更要懂业务,要负责把规则转化成业务行动,并监督落实。风险管理者不是要贴近金融,也不是贴近财经,而是要贴近业务。财经也是要对业务服务的。

———————————
① 引自公开资料,经编者整理。

2. 金融合规要服务于业务。金融合规的目标也是"多产粮食"，而不是影响或阻碍"粮食的生产"。法律上有风险和障碍的地方，不能一概说No，而是要找到合规的解决方案，指导一线合规地把业务做成，最终目标还是要紧紧锁在"多产粮食"上。台风来了，不是放弃水稻，而是把水稻扶起来，这样虽然会减产，但还有粮食。必要时，风险管理者要背上"背包"，拿上"铁锹"，奔赴"战场"，与业务部门一同在"战壕"中解决问题。

金融合规的管理要适度，不是所有金融条款都适用于所有的业务场景，要具体问题具体分析。基线是一个管理参考线，不仅仅是一个严格的高压线，风险管理者要研究的是如何规避风险。风险管理者要懂得规则，更要懂得业务，要负责把规则转化为业务行动，在业务行动中督促落实。风险管理者走上"战场"，有两方面好处：一是可以培训前线指挥官，二是可以丰富自身经验。风险管理者需要增加人力，可以增加编制，要充分利用伦敦的人才优势。

3. 风控中心现在已经建设了基本的规则，规则建设后就要推广。就像美国权威机构说的，规则是可控的，但是执行不可控。这也就意味着风险管理者要更多地到一线去，保障项目成功，"多产粮食"。要关注和加强对全球子公司业务执行的监督和管理。对于员工个人的非工作违规或者违法行为，公司不袒护。专家要到一线去蹲点，要知晓业务，业务也要符合风险管控的要点，这样循环迭代，管理矩阵就建立起来了。

4. 企业的业务越做越好，攻击目标越明显，议论的人会越来越多，小漏洞就越容易被抓住和放大。所以要管好风险。怎么管好？就是要走到业务中去，飞到风险国家去。风控中心要走出围墙，要走到现实生活中去。那些知名将领为什么能打好仗？就是自己到战场上去看地形。不去看地形，就是纸上谈兵。风险管理者也应该去一线看"地形"，"滚上一身泥"，才能成为真正的专家。

5. 对于重点领域的合规建设，要将自己作为全球领导者。要对美国盯得最严的国家做好合规和风险控制。业务有难度，可以对考核进行调整。不能做的事情，和业务部门达成决议，就坚决不碰。

6. 对付金融危机的好办法，就是提高合同质量。当前注重合同质量，不要趋向保守，也不要产生一些不敢干、缩手缩脚的情况。管理风险的主官还是要"英勇奋战"，要在长期奋战与学习中增强战略洞察能力与决断力，以及对执行的高效协调能力，更需要增强对预算、核算的管理能力。要逐步地提高合同质量。

风险管理者要背上"背包"，拿上"铁锹"，走上"战场"，风险管理者的工作重点是看"工事"牢不牢。有风险、有问题与管理风险的主官谈谈以及直接在会上讲，是十分正确的。关键决策点掌握不准的，应举手，举手是求助，不应讨论视为反对，即使有不同意见，也是为解决问题而提出的。围绕目的来讨论问题，矛盾虽多，也只是角度不同，目标都是走向胜利。

附录

中央企业全面风险管理指引

关于印发《中央企业全面风险管理指引》的通知

各中央企业：

企业全面风险管理是一项十分重要的工作，关系到国有资产保值增值和企业持续、健康、稳定发展。为了指导企业开展全面风险管理工作，进一步提高企业管理水平，增强企业竞争力，促进企业稳步发展，我们制定了《中央企业全面风险管理指引》，现印发你们，请结合本企业实际执行。企业在实施过程中的经验、做法及遇到的问题，请及时反馈我委。

国务院国有资产监督管理委员会

二〇〇六年六月六日

中央企业全面风险管理指引

第一章　总则

第一条　为指导国务院国有资产监督管理委员会（以下简称国资委）履行出资人职责的企业（以下简称中央企业）开展全面风险管理工作，增强企业竞争力，提高投资回报，促进企业持续、健康、稳定发展，根据《中华人民共和国公司法》《企业国有资产监督管理暂行条例》等法律法规，制定本指引。

第二条　中央企业根据自身实际情况贯彻执行本指引。中央企业中的国有独资公司董事会负责督导本指引的实施；国有控股企业由国资委和国资委提名的董事通过股东（大）会和董事会按照法定程序负责督导本指引的实施。

第三条　本指引所称企业风险，指未来的不确定性对企业实现其经营目标的影响。企业风险一般可分为战略风险、财务风险、市场风险、运营风险、法律风险等；也可以能否为企业带来盈利等机会为标志，将风险分为纯粹风险（只有带来损失一种可能性）和机会风险（带来损失和盈利的可能性并存）。

第四条　本指引所称全面风险管理，指企业围绕总体经营目标，通过在企业管理的各个环节和经营过程中执行风险管理的基本流程，培育良好的风险管理文化，建立健全全面风险管理体系，包括风险管理策略、风险理财措施、风险管理的组织职能体系、风险管理信息系统和内部控制系统，从而为实现风险管理的总体目标提供合理保证的过程和方法。

第五条　本指引所称风险管理基本流程包括以下主要工作：

（一）收集风险管理初始信息；

（二）进行风险评估；

（三）制定风险管理策略；

（四）提出和实施风险管理解决方案；

（五）风险管理的监督与改进。

第六条　本指引所称内部控制系统，指围绕风险管理策略目标，针对企业战略、规划、产品研发、投融资、市场运营、财务、内部审计、法律事务、人力资源、采购、加工制造、销售、物流、质量、安全生产、环境保护等各项业务管理及其重要业务流程，通过执行风险管理基本流程，制定并执行的规章制度、程序和措施。

第七条　企业开展全面风险管理要努力实现以下风险管理总体目标：

（一）确保将风险控制在与总体目标相适应并可承受的范围内；

（二）确保内外部，尤其是企业与股东之间实现真实、可靠的信息沟通，包括编制和提供真实、可靠的财务报告；

（三）确保遵守有关法律法规；

（四）确保企业有关规章制度和为实现经营目标而采取重大措施的贯彻执行，保障经营管理的有效性，提高经营活动的效率和效果，降低实现经营目标的不确定性；

（五）确保企业建立针对各项重大风险发生后的危机处理计划，保护企业不因灾害性风险或人为失误而遭受重大损失。

第八条　企业开展全面风险管理工作，应注重防范和控制风险可能给企业造成损失和危害，也应把机会风险视为企业的特殊资源，通过对其管理，为企业创造价值，促进经营目标的实现。

第九条　企业应本着从实际出发，务求实效的原则，以对重大风险、重大事件（指重大风险发生后的事实）的管理和重要流程的内部控制为重点，积极开展全面风险管理工作。具备条件的企业应全面推进，尽快建立全面风险管理体系；其他企业应制定开展全面风险管理的总体规划，分步实施，可先选择发展战略、投资收购、财务报告、内部审计、衍生产品交易、法律事务、安全生产、应收账款管理等一项或多项业务开展风险管理工作，建立单项或多项内部控制子系统。通过积累经验，培养人才，逐步建立健全全面风险管理体系。

第十条　企业开展全面风险管理工作应与其他管理工作紧密结合，把风险管理的各项要求融入企业管理和业务流程中。具备条件的企业可建立风险管理三道防线，即各有关职能部门和业务单位为第一道防线；风险管理职能部门和董事会下设的风险管理委员会为第二道防线；内部审计部门和董事会下设的审计委员会为第三道防线。

第二章　风险管理初始信息

第十一条　实施全面风险管理，企业应广泛、持续不断地收集与本企业风险和风险管理相关的内部、外部初始信息，包括历史数据和未来预测。应把收集初始信息的职责分工落实到各有关职能部门和业务单位。

第十二条　在战略风险方面，企业应广泛收集国内外企业战略风险失控导致企业蒙受损失的案例，并至少收集与本企业相关的以下重要信息：

（一）国内外宏观经济政策以及经济运行情况、本行业状况、国家产业政策；

（二）科技进步、技术创新的有关内容；

（三）市场对本企业产品或服务的需求；

（四）与企业战略合作伙伴的关系，未来寻求战略合作伙伴的可能性；

（五）本企业主要客户、供应商及竞争对手的有关情况；

（六）与主要竞争对手相比，本企业实力与差距；

（七）本企业发展战略和规划、投融资计划、年度经营目标、经营战略，以及编制这些战略、规划、计划、目标的有关依据；

（八）本企业对外投融资流程中曾发生或易发生错误的业务流程或环节。

第十三条　在财务风险方面，企业应广泛收集国内外企业财务风险失控导致危机的案例，并至少收集本企业的以下重要信息（其中有行业平均指标或先进指标的，也应尽可能收集）：

（一）负债、或有负债、负债率、偿债能力；

（二）现金流、应收账款及其占销售收入的比重、资金周转率；

（三）产品存货及其占销售成本的比重、应付账款及其占购货额的比重；

（四）制造成本和管理费用、财务费用、营业费用；

（五）盈利能力；

（六）成本核算、资金结算和现金管理业务中曾发生或易发生错误的业务流程或环节；

（七）与本企业相关的行业会计政策、会计估算、与国际会计制度的差异与调节（如退休金、递延税项等）等信息。

第十四条　在市场风险方面，企业应广泛收集国内外企业忽视市场风险、缺乏应对措施导致企业蒙受损失的案例，并至少收集与本企业相关的以下重要信息：

（一）产品或服务的价格及供需变化；

（二）能源、原材料、配件等物资供应的充足性、稳定性和价格变化；

（三）主要客户、主要供应商的信用情况；

（四）税收政策和利率、汇率、股票价格指数的变化；

（五）潜在竞争者、竞争者及其主要产品、替代品情况。

第十五条　在运营风险方面，企业应至少收集与本企业、本行业相关的以下信息：

（一）产品结构、新产品研发；

（二）新市场开发，市场营销策略，包括产品或服务定价与销售渠道，市场营销环境状况等；

（三）企业组织效能、管理现状、企业文化，高、中层管理人员和重要业务流程中专业人员的知识结构、专业经验；

（四）期货等衍生产品业务中曾发生或易发生失误的流程和环节；

（五）质量、安全、环保、信息安全等管理中曾发生或易发生失误的业务流程或环节；

（六）因企业内、外部人员的道德风险致使企业遭受损失或业务控制系统失灵；

（七）给企业造成损失的自然灾害以及除上述有关情形之外的其他纯粹风险；

（八）对现有业务流程和信息系统操作运行情况的监管、运行评价及持续改进能力；

（九）企业风险管理的现状和能力。

第十六条　在法律风险方面，企业应广泛收集国内外企业忽视法律法规风险、缺乏应对措施导致企业蒙受损失的案例，并至少收集与本企业相关的以下信息：

（一）国内外与本企业相关的政治、法律环境；

（二）影响企业的新法律法规和政策；

（三）员工道德操守的遵从性；

（四）本企业签订的重大协议和有关贸易合同；

（五）本企业发生重大法律纠纷案件的情况；

（六）企业和竞争对手的知识产权情况。

第十七条　企业对收集的初始信息应进行必要的筛选、提炼、对比、分类、组合，以便进行风险评估。

第三章　风险评估

第十八条　企业应对收集的风险管理初始信息和企业各项业务管理及其重要业务流程进行风险评估。风险评估包括风险辨识、风险分析、风险评价三个步骤。

第十九条　风险评估应由企业组织有关职能部门和业务单位实施，也可聘请有资质、信誉好、风险管理专业能力强的中介机构协助实施。

第二十条　风险辨识是指查找企业各业务单元、各项重要经营活动及其重要业务流程中有无风险，有哪些风险。风险分析是对辨识出的风险及其特征进行明确的定义描述，分析和描述风险发生可能性的高低、风险发生的条件。风险评价是评估风险对企业实现目标的影响程度、风险的价值等。

第二十一条　进行风险辨识、分析、评价，应将定性与定量方法相结合。定性方法可采用问卷调查、集体讨论、专家咨询、情景分析、政策分析、行业标杆比较、管理层访谈、由专人主持的工作访谈和调查研究等。定量方法可采用统计推论（如集中趋势法）、计算机模拟（如蒙特卡洛分析法）、失效模式与影响分析、事件树分析等。

第二十二条　进行风险定量评估时，应统一制定各风险的度量单位和风险度量模型，并通过测试等方法，确保评估系统的假设前提、参数、数据来源和定量评估程序的合理性和准确性。要根据环境的变化，定期对假设前提和参数进行复核和修改，并将定量评估系统的估算结果与实际效果对比，据此对有关参数进行调整和改进。

第二十三条　风险分析应包括风险之间的关系分析，以便发现各风险之间的自然对冲、风险事件发生的正负相关性等组合效应，从风险策略上对风险进行统一集中管理。

第二十四条　企业在评估多项风险时，应根据对风险发生可能性的高低和对目标的影响程度的评估，绘制风险坐标图，对各项风险进行比较，初步确定对各项风险的管理优先顺序和策略。

第二十五条　企业应对风险管理信息实行动态管理，定期或不定期实施风险辨识、分析、评价，以便对新的风险和原有风险的变化重新评估。

第四章　风险管理策略

第二十六条　本指引所称风险管理策略，指企业根据自身条件和外部环境，围绕企业发展战略，确定风险偏好、风险承受度、风险管理有效性标准，选择风险承担、风险规避、风险转移、风险转换、风险对冲、风险补偿、风险控制等适合的风险管理工具的总体策略，并确定风险管理所需人力和财力资源的配置原则。

第二十七条　一般情况下，对战略、财务、运营和法律风险，可采取风险承担、风险规避、风险转换、风险控制等方法。对能够通过保险、期货、对冲等金融手段进行理财的风险，可以采用风险转移、风险对冲、风险补偿等方法。

第二十八条　企业应根据不同业务特点统一确定风险偏好和风险承受度，即企业愿意承担哪些风险，明确风险的最低限度和不能超过的最高限度，并据此确定风险的预警线及相应采取的对策。确定风险偏好和风险承受度，要正确认识和把握风险与收益的平衡，防止和纠正忽视风险，片面追求收益而不讲条件、范围，认为风险越大、收益越高的观念和做法；同时，也要防止单纯为规避风险而放弃发展机遇。

第二十九条　企业应根据风险与收益相平衡的原则以及各风险在风险坐标图上的位置，进一步确定风险管理的优选顺序，明确风险管理成本的资金预算和控制风险的组织体系、人力资源、应对措施等总体安排。

第三十条　企业应定期总结和分析已制定的风险管理策略的有效性和合理性，结合实际不断修订和完善。其中，应重点检查依据风险偏好、风险承受度和风险控制预警线实施的结果是否有效，并提出定性或定量的有效性标准。

第五章　　风险管理解决方案

第三十一条　　企业应根据风险管理策略，针对各类风险或每一项重大风险制定风险管理解决方案。方案一般应包括风险解决的具体目标，所需的组织领导，所涉及的管理及业务流程，所需的条件、手段等资源，风险事件发生前、中、后所采取的具体应对措施以及风险管理工具（如：关键风险指标管理、损失事件管理等）。

第三十二条　　企业制定风险管理解决的外包方案，应注重成本与收益的平衡、外包工作的质量、自身商业秘密的保护以及防止自身对风险解决外包产生依赖性风险等，并制定相应的预防和控制措施。

第三十三条　　企业制定风险解决的内控方案，应满足合规的要求，坚持经营战略与风险策略一致、风险控制与运营效率及效果相平衡的原则，针对重大风险所涉及的各管理及业务流程，制定涵盖各个环节的全流程控制措施；对其他风险所涉及的业务流程，要把关键环节作为控制点，采取相应的控制措施。

第三十四条　　企业制定内控措施，一般至少包括以下内容：

（一）建立内控岗位授权制度。对内控所涉及的各岗位明确规定授权的对象、条件、范围和额度等，任何组织和个人不得超越授权做出风险性决定；

（二）建立内控报告制度。明确规定报告人与接受报告人，报告的时间、内容、频率、传递路线、负责处理报告的部门和人员等；

（三）建立内控批准制度。对内控所涉及的重要事项，明确规定批准的程序、条件、范围和额度、必备文件以及有权批准的部门和人员及其相应责任；

（四）建立内控责任制度。按照权利、义务和责任相统一的原则，明确规定各有关部门和业务单位、岗位、人员应负的责任和奖惩制度；

（五）建立内控审计检查制度。结合内控的有关要求、方法、标准与流程，明确规定审计检查的对象、内容、方式和负责审计检查的部门等；

（六）建立内控考核评价制度。具备条件的企业应把各业务单位风险管理执行情况与绩效薪酬挂钩；

（七）建立重大风险预警制度。对重大风险进行持续不断的监测，及时发布预警信息，制定应急预案，并根据情况变化调整控制措施；

（八）建立健全以总法律顾问制度为核心的企业法律顾问制度。大力加强企业法律风险防范机制建设，形成由企业决策层主导、企业总法律顾问牵头、企业法律顾问提供业务保障、全体员工共同参与的法律风险责任体系。完善企业重大法律纠纷案件的备案管理制度；

（九）建立重要岗位权力制衡制度，明确规定不相容职责的分离。主要包括：授权批准、业务经办、会计记录、财产保管和稽核检查等职责。对内控所涉及的重要岗位可设置一岗双人、双职、双责，相互制约；明确该岗位的上级部门或人员对其应采取的监督措施和应负的监督责任；将该岗位作为内部审计的重点等。

第三十五条　企业应当按照各有关部门和业务单位的职责分工，认真组织实施风险管理解决方案，确保各项措施落实到位。

第六章　风险管理的监督与改进

第三十六条　企业应以重大风险、重大事件和重大决策、重要管理及业务流程为重点，对风险管理初始信息、风险评估、风险管理策略、关键控制活动及风险管理解决方案的实施情况进行监督，采用压力测试、返回测试、穿行测试以及风险控制自我评估等方法对风险管理的有效性进行检验，根据变化情况和存在的缺陷及时加以改进。

第三十七条　企业应建立贯穿于整个风险管理基本流程，连接各上下级、各部门和业务单位的风险管理信息沟通渠道，确保信息沟通的及时、准确、完整，为风险管理监督与改进奠定基础。

第三十八条　企业各有关部门和业务单位应定期对风险管理工作进行自查和检验，及时发现缺陷并改进，其检查、检验报告应及时报送企业风险管理职能部门。

第三十九条　企业风险管理职能部门应定期对各部门和业务单位风险管理工作实施情况和有效性进行检查和检验，要根据本指引第三十条要求对风险管理策略进行评估，对跨部门和业务单位的风险管理解决方案进行评价，提出调整或改进建议，出具评价和建议报告，及时报送企业总经理或其委托分管风险管理工作的高级管理人员。

第四十条　企业内部审计部门应至少每年一次对包括风险管理职能部门在内的各有关部门和业务单位能否按照有关规定开展风险管理工作及其工作效果进行监督评价，监督评价报告应直接报送董事会或董事会下设的风险管理委员会和审计委员会。此项工作也可结合年度审计、任期审计或专项审计工作一并开展。

第四十一条　企业可聘请有资质、信誉好、风险管理专业能力强的中介机构对企业全面风险管理工作进行评价，出具风险管理评估和建议专项报告。报告一般应包括以下几方面的实施情况、存在缺陷和改进建议：

（一）风险管理基本流程与风险管理策略；

（二）企业重大风险、重大事件和重要管理及业务流程的风险管理及内部控制系统的建设；

（三）风险管理组织体系与信息系统；

（四）全面风险管理总体目标。

第七章　风险管理组织体系

第四十二条　企业应建立健全风险管理组织体系，主要包括规范的公司法人治理结构，风险管理职能部门、内部审计部门和法律事务部门以及其他有关职能部门、业务单位的组织领导机构及其职责。

第四十三条　企业应建立健全规范的公司法人治理结构，股东（大）会（对于国有独资公司或国有独资企业，即指国资委，下同）、董事会、监事会、经理层依法履行职责，形成高效运转、有效制衡的监督约束机制。

第四十四条　国有独资公司和国有控股公司应建立外部董事、独立董事制度，外部董事、独立董事人数应超过董事会全部成员的半数，以保证董事会能够在重大决策、重大风险管理等方面作出独立于经理层的判断和选择。

第四十五条　董事会就全面风险管理工作的有效性对股东（大）会负责。董事会在全面风险管理方面主要履行以下职责：

（一）审议并向股东（大）会提交企业全面风险管理年度工作报告；

（二）确定企业风险管理总体目标、风险偏好、风险承受度，批准风险管理策略和重大风险管理解决方案；

（三）了解和掌握企业面临的各项重大风险及其风险管理现状，做出有效控制风险的决策；

（四）批准重大决策、重大风险、重大事件和重要业务流程的判断标准或判断机制；

（五）批准重大决策的风险评估报告；

（六）批准内部审计部门提交的风险管理监督评价审计报告；

（七）批准风险管理组织机构设置及其职责方案；

（八）批准风险管理措施，纠正和处理任何组织或个人超越风险管理制度做出的风险性决定的行为；

（九）督导企业风险管理文化的培育；

（十）全面风险管理其他重大事项。

第四十六条　具备条件的企业，董事会可下设风险管理委员会。该委员会的召集人应由不兼任总经理的董事长担任；董事长兼任总经理的，召集人应由外部董事或独立董事担任。该委员会成员中需有熟悉企业重要管理及业务流程的董事，以及具备风险管理监管知识或经验、具有一定法律知识的董事。

第四十七条　风险管理委员会对董事会负责，主要履行以下职责：

（一）提交全面风险管理年度报告；

（二）审议风险管理策略和重大风险管理解决方案；

（三）审议重大决策、重大风险、重大事件和重要业务流程的判断标准或判断机制，以及重大决策的风险评估报告；

（四）审议内部审计部门提交的风险管理监督评价审计综合报告；

（五）审议风险管理组织机构设置及其职责方案；

（六）办理董事会授权的有关全面风险管理的其他事项。

第四十八条　企业总经理对全面风险管理工作的有效性向董事会负责。

总经理或总经理委托的高级管理人员，负责主持全面风险管理的日常工作，负责组织拟订企业风险管理组织机构设置及其职责方案。

第四十九条　企业应设立专职部门或确定相关职能部门履行全面风险管理的职责。该部门对总经理或其委托的高级管理人员负责，主要履行以下职责：

（一）研究提出全面风险管理工作报告；

（二）研究提出跨职能部门的重大决策、重大风险、重大事件和重要业务流程的判断标准或判断机制；

（三）研究提出跨职能部门的重大决策风险评估报告；

（四）研究提出风险管理策略和跨职能部门的重大风险管理解决方案，并负责该方案的组织实施和对该风险的日常监控；

（五）负责对全面风险管理有效性评估，研究提出全面风险管理的改进方案；

（六）负责组织建立风险管理信息系统；

（七）负责组织协调全面风险管理日常工作；

（八）负责指导、监督有关职能部门、各业务单位以及全资、控股子企业开展全面风险管理工作；

（九）办理风险管理其他有关工作。

第五十条　企业应在董事会下设立审计委员会，企业内部审计部门对审计委员会负责。审计委员会和内部审计部门的职责应符合《中央企业内部审计管理暂行办法》（国资委令第8号）的有关规定。内部审计部门在风险管理方面，主要负责研究提出全面风险管理监督评价体系，制定监督评价相关制度，开展监督与评价，出具监督评价审计报告。

第五十一条　企业其他职能部门及各业务单位在全面风险管理工作中，应接受风险管理职能部门和内部审计部门的组织、协调、指导和监督，主要履行以下职责：

（一）执行风险管理基本流程；

（二）研究提出本职能部门或业务单位重大决策、重大风险、重大事件和重要业务流程的判断标准或判断机制；

（三）研究提出本职能部门或业务单位的重大决策风险评估报告；

（四）做好本职能部门或业务单位建立风险管理信息系统的工作；

（五）做好培育风险管理文化的有关工作；

（六）建立健全本职能部门或业务单位的风险管理内部控制子系统；

（七）办理风险管理其他有关工作。

第五十二条　企业应通过法定程序，指导和监督其全资、控股子企业建立与企业相适应或符合全资、控股子企业自身特点、能有效发挥作用的风险管理组织体系。

第八章　风险管理信息系统

第五十三条　企业应将信息技术应用于风险管理的各项工作，建立涵盖风险管理基本流程和内部控制系统各环节的风险管理信息系统，包括信息的采集、存储、加工、分析、测试、传递、报告、披露等。

第五十四条　企业应采取措施确保向风险管理信息系统输入的业务数据和风险量化值的一致性、准确性、及时性、可用性和完整性。对输入信息系统的数据，未经批准，不得更改。

第五十五条　风险管理信息系统应能够进行对各种风险的计量和定量分析、定量测试；能够实时反映风险矩阵和排序频谱、重大风险和重要业务流程的监控状态；能够对超过风险预警上限的重大风险实施信息报警；能够满足风险管理内部信息报告制度和企业对外信息披露管理制度的要求。

第五十六条　风险管理信息系统应实现信息在各职能部门、业务单位之间的集成与共享，既能满足单项业务风险管理的要求，也能满足企业整体和跨职能部门、业务单位的风险管理综合要求。

第五十七条　企业应确保风险管理信息系统的稳定运行和安全，并根据实际需要不断进行改进、完善或更新。

第五十八条　已建立或基本建立企业管理信息系统的企业，应补充、调整、更新已有的管理流程和管理程序，建立完善的风险管理信息系统；尚未建立企业管理信息系统的，应将风险管理与企业各项管理业务流程、管理软件统一规划、统一设计、统一实施、同步运行。

第九章 风险管理文化

第五十九条 企业应注重建立具有风险意识的企业文化，促进企业风险管理水平、员工风险管理素质的提升，保障企业风险管理目标的实现。

第六十条 风险管理文化建设应融入企业文化建设全过程。大力培育和塑造良好的风险管理文化，树立正确的风险管理理念，增强员工风险管理意识，将风险管理意识转化为员工的共同认识和自觉行动，促进企业建立系统、规范、高效的风险管理机制。

第六十一条 企业应在内部各个层面营造风险管理文化氛围。董事会应高度重视风险管理文化的培育，总经理负责培育风险管理文化的日常工作。董事和高级管理人员应在培育风险管理文化中起表率作用。重要管理及业务流程和风险控制点的管理人员和业务操作人员应成为培育风险管理文化的骨干。

第六十二条 企业应大力加强员工法律素质教育，制定员工道德诚信准则，形成人人讲道德诚信、合法合规经营的风险管理文化。对于不遵守国家法律法规和企业规章制度、弄虚作假、徇私舞弊等违法及违反道德诚信准则的行为，企业应严肃查处。

第六十三条 企业全体员工尤其是各级管理人员和业务操作人员应通过多种形式，努力传播企业风险管理文化，牢固树立风险无处不在、风险无时不在、严格防控纯粹风险、审慎处置机会风险、岗位风险管理责任重大等意识和理念。

第六十四条 风险管理文化建设应与薪酬制度和人事制度相结合，有利于增强各级管理人员特别是高级管理人员风险意识，防止盲目扩张、片面追求业绩、忽视风险等行为的发生。

第六十五条 企业应建立重要管理及业务流程、风险控制点的管理人员和业务操作人员岗前风险管理培训制度。采取多种途径和形式，加强对风险管理理念、知识、流程、管控核心内容的培训，培养风险管理人才，培育风险管理文化。

第十章　附则

第六十六条　中央企业中未设立董事会的国有独资企业，由经理办公会议代行本指引中有关董事会的职责，总经理对本指引的贯彻执行负责。

第六十七条　本指引在中央企业投资、财务报告、衍生产品交易等方面的风险管理配套文件另行下发。

第六十八条　本指引的《附录》对本指引所涉及的有关技术方法和专业术语进行了说明。

第六十九条　本指引由国务院国有资产监督管理委员会负责解释。

第七十条　本指引自印发之日起施行。

致谢

在编著本书，逐个梳理这些案例时，我们仿佛看到了和这些案例的作者一起在企业忙碌的影子，每一个案例的背后都有一段或几段故事，如昨日重现，历历在目。这些案例的作者曾经都是我们比较亲密的战友，如今有的已经退休，有的已经离世，有的已经走上领导岗位，有的已经不知去向，让人感慨，让人唏嘘，让人难以忘怀。

编著本书要感谢的人有很多，感谢开滦集团财务战线的会计同仁，尤其是这些案例的作者，本书选取和改编的案例只是众多案例中很少的一部分，都是经验的总结，都是大家共同努力的结果、智慧的结晶；感谢开滦集团曾经或现在仍奋战在财务战线的领导——张志芳、董养利、郝常安、刘中元、王永瑞、谢向阳等，还有总部财务部和煤业分公司经营财务部的同事们，财务风险管理顶层设计包含了他们的智慧和汗水；感谢唐山开滦赵各庄矿业有限公司的李国儒、李子辉、刘占春等领导，还有公司经管、财务科和洗煤厂、后勤科等部门的同事们，我们和他们一起，在对外创收、推行模拟法人运转、搞活经营机制、践行市场化精细化管理等工作方面，一起并肩战斗过，并为本书贡献了许多一线素材。

感谢中国国新控股有限责任公司，在深化投资风险防范方面，坚决执行"四个不投"，严格做到"五个守住"，把好投资方向关、投资审查关、投资决策关、投后管理关，在防范投资风险方面给了我们很多启示；感谢中国文化产业发展集团有限公司及各位领导、同事，公司积极践行"1345"战略和开创性的改革，促使我们对企业风险管理案例分析进行了认真、深入的思考。

感谢财政部，感谢上海国家会计学院，感谢北京和厦门两家国家会计学院对我们全国会计领军人才进行了专业系统的培养，感谢我们所在的班级全国会计领军（后备）12期和14期的同学，有幸与他们做同学，使我们不仅格局和眼界有较大提升，对风险管理也有了更深入的思考。

感谢河北省财政厅，同时感谢财政厅白志平、车殿宝和尚立军，他们不仅对我们河北领军人才进行了专业系统的培养，还是我们成长路上的引路人、帮扶者。

感谢我们的父母覃增榜、黄兰芳、王树春、张翠兰，他们教育了我们，帮助和培养了我们。感谢我们的儿子覃子轩，为书中提供两幅插画，同时他正值高中开始时期，希望他将来能考上理想中的大学。

感谢上海国家会计学院李扣庆院长、国务院国资委二级巡视员毋贤祥、畅销财经书籍作者谢士杰百忙之中作序，感谢人民邮电出版社的刘晓莹等各位编辑，本书能够出版是大家共同辛苦和努力的结果。

本书相关内容及引文出处难免有疏漏之处，恳请广大读者予以批评指正。